国外基层社会治理

王杰秀　主编

中国社会科学出版社

南开大学出版社

天津

图书在版编目(CIP)数据

国外基层社会治理／王杰秀主编．—天津：南开大学出版社；北京：中国社会科学出版社，2020. 12
ISBN 978 - 7 - 310 - 06064 - 1

Ⅰ.①国…　Ⅱ.①王…　Ⅲ.①社会管理—研究—国外　Ⅳ.①C916

中国版本图书馆 CIP 数据核字（2021）第 002043 号

国外基层社会治理
GUO WAI JI CENG SHE HUI ZHI LI

中国社会科学出版社
南开大学出版社 出版发行

出版人：陈　敬　赵剑英
地址：天津市南开区卫津路 94 号　　邮政编码：300071
营销部电话：(022)23508339　营销部传真：(022)23508542
http://www.nkup.com.cn

北京君升印刷有限公司印刷　全国各地新华书店经销
2020 年 12 月第 1 版　　2020 年 12 月第 1 次印刷
240×170 毫米　16 开本　20.5 印张　296 千字
定价：128.00 元

如遇图书印装质量问题,请与本社营销部联系调换,电话:(022)23508339

目　　录

前　言

　　基层社会治理是重要的时代课题。20世纪末，针对市场失灵和传统政府干预的弊端，西方国家开始反思政府与社会、市场的关系。在这一过程中，政府、社会、市场三方互动成为社会治理的特征与趋势，而基层社区作为社会治理的基础单元被赋予了更重要的地位。但在现实发展中，基层社会治理不仅受制于地方的经济增长与财政投入，同时也受到社区自然禀赋和内部资源的影响。而且随着全球经济高速发展，贫困社区、移民社区、边缘社区的发展问题也成为影响城市整体竞争力的重要问题，是当今世界范围内难度颇高的基层社会治理课题。20世纪80年代以来，以英国为代表的西方国家在政府角色反思的基础上，提出了"第三条道路"理论，旨在通过国家权力与社会权力的双向互动，推动政治改革和社会发展。在这一过程中，通过地方分权和赋权，社区成为最基础的社会治理平台，扮演起城市建设者、政策推行者、网络开发者、组织建设者等多重角色，提出"能由市场机制解决的，让市场解决；能由社区自治解决的，让社区解决"，治理重心向基层社区下移，向社会服务转移；治理主体也从政府中心主义向政府、社会、公民多元协同转变；治理机制从自上而下的行政干预向制度化治理、市场化运作、民主化参与转变；治理方式从经验主义的模糊治理向科学化、专业化的精准治理转变。

　　目前，我国许多社区都存在建设主体单一、内在驱动乏力、"等靠要"思想严重等问题，我国正处在"社会管理"向"社会治理"转型的历史时期。2019年，党的十九届四中全会提出"建设共建共治共享的社会治理共同体""构建基层社会治理新格局"。基层社会治理是治国理政的基础,以社区为落点,服从于国家体制机制和政策体系。本书基于对文献和史料的梳理,选择国外基层社区中的社区治理平台建设、乡村过疏化治理、社区联合与协调机制、皮毛法与社区纠纷、社区应急管理等十余个问题进行重点研究,全面审视和剖析了国外(英国、美国、德国、日本、新加坡等)基层社会治理在发展进程中的经验与教训,旨在为我国基层社会治理提供可资借鉴的应用策略。

社区治理平台的三个维度

20世纪80年代末至90年代初，以英国为代表的西方国家在政府角色反思的基础上，塑造了社区"治理平台"。社区在国家治理中的功能与地位包含三个维度：一是社区的"政策试验场"属性；二是社区的"服务载体"属性；三是社区向"治理主体"的转变。

一 "第三条道路"：重新发现社区价值

不同国家对于社区的界定不尽相同。"社区"一词最早由德国社会学家滕尼斯于1887年在其著作《共同体与社会》中提出。滕尼斯认为，社区指由具有共同价值取向的同质人口组成的，关系密切、出入相友、守望相助、疾病相扶的，富有人情味的社会关系和社会团体。[①]

在美国，社区通常被认为是邻里的同义词，有时也用来描述整个市或镇。在德国，社区作为基层地方政府组织，有乡镇、区市等形态。英国的社区通常指市、镇和郊区。

社区最初多是由血缘关系组成的熟人社会，之后逐渐演变为以地缘为主的熟人社会，甚至部分快速扩张的社区会逐渐成为陌生人社会。随着经济社会发展，社区的复杂性和重要性日渐突出，社区治理也被纳入国家治理的宏观体系且历经变革。

---

① ［德］滕尼斯：《共同体与社会》，林荣远译，商务印书馆1999年版。

20 世纪末，针对传统国家干预的弊端以及市场失灵，西方国家提出"第三条道路"理论，旨在通过国家权力与社会权力的双向互动，推动政治改革和社会发展。在这一过程中，社区作为基础的治理单元被赋予了新的含义。

"第三条道路"的兴起缘于新自由主义与社群主义在社区层面的调和。其时，西方国家普遍面临经济危机和福利国家危机，社会冲突、矛盾日益加剧，为此，政府与学界在国家治理问题上争论不休。激进的左翼派鼓吹新自由主义，强调市场化、自由化和私有化，主张削弱经济社会中的国家角色以及权力下放。在这种理论影响下，英美等国一方面"大幅削减公共开支，积极推进公共部门私有化，导致政府对社区服务的投入急剧下降"①。另一方面，也促使"政府从服务供给的垄断者身份转变为服务购买的最大雇主"，社区照顾取代国家照顾；而偏向保守的右翼派则提倡社群主义，主张个体须从社群的整体利益出发，修复责任体系，构建权利与义务之间、个体与社群之间的平衡。

可以说，新自由主义和社群主义的出现，在一定程度上对社区治理的理论和实践产生了巨大影响。在这一阶段，社会力量参与社区治理的程度和空间得以拓展，同时，以市场为中心的社区发展理念由于过分关注财富创造和个人利益，侵蚀了社区共同体的整体利益，带来了新的差距和不平等。

20 世纪 90 年代，英国著名社会理论家、社会学家安东尼·吉登斯提出"第三条道路"理论。该理论强调转变国家干预方式，发展新的混合经济。"第三条道路"理论的政策落点是社区授权与社区参与，即"国家提供机会与授权，不再鼓励人们的依附性"②。从这个角度来说，"第三条道路"无疑是对新自由主义和社群主义的反思与融合：

---

① 吴晓林、郝丽娜：《国外社区治理研究的理论考察》，《中国民政》2015 年第 23 期。

② Great Britain, *Dept of Social Security New Ambitions for our Country: a New Contract for Welfare*, Secretary of State for Social Security and Minister for Welfare Reform, London: Stationery Office, 1998.

一方面倡导公共政策的集体途径及个人在社会福利中的责任；另一方面倡导社区志愿性行动，以对抗市场失灵。

社区也是新型政治的关注点所在。① "第三条道路"重新界定了政府在社区中的职能和地位，并将社区再次纳入政府的决策视野。在"第三条道路"理论影响下，20世纪末期，西方国家的政府在城市发展过程中逐渐扮演起发起者、组织者、协调者的角色，而自治的社区和居民开始作为重要的参与力量，展开了与"大政府""大企业"的对话。

在英国，现代治理被认为是"通过社区的治理"。2000年，英国中央政府环境部发表《我们城市的未来——城市复兴白皮书》，表明了社区发展的核心原则：强调居民参与为主题的发展战略，从而最终消除社会排斥，实现社区的可持续发展。② 报告还指出，社区是城市发展的最小单元，社区及其居民自下而上地主动发展才是整个国家和社会可持续发展的重点。

在美国，克林顿政府提出"授权区和事业社区"（Empowerment Zone and Enterprise Community，简称 EZEC，1993）法案，主张向地方和社区赋权（如发展规划、行政管理、社会政策等自主权利），同时提供财政援助，以便使地方和社区能够结合自身情况和特点，因地制宜，实现振兴。

在澳大利亚，为解决与人们生活息息相关的实际问题，政府开始转向与社区对话，并着重在社区发展中引入志愿组织等社会力量。可以说，西方国家通过地方分权和社区赋权，在基层社区构筑政府、市场、社会三方互动合作的治理格局，已成为一种趋势。

另外，社区照顾成为西方国家社会福利服务的重要模式。社区照顾由"社区内照顾"和"由社区来照顾"两方面组成，既包括由社会相关机构提供的正式服务，也包括由家人、朋友或邻居等提供的非

---

① ［英］安东尼·吉登斯：《现代性的后果》，田禾译，译林出版社2000年版。

② *Our Towns and Cities：The Future—Delivering an Urban Renaissance*，London：DETR 2000.

正式服务。其中，"社区内照顾"，是指政府和民间服务机构在社区内建立"小而专"的服务机构，如日间照顾中心、社区活动中心、老年之家等。由于其设立在服务对象的家门口，从地理和心理上来说都更贴近人们的日常生活，从而避免了大型机构隔离式的专业照顾所产生的负面效应。而"由社区来照顾"则指照顾者是家人、朋友、邻居和志愿者，比如"寄托家庭"、集体之家等，它是一种基于亲情、友情或爱心的活动，虽然提供的服务在专业程度上不及社会机构，却具有为被照顾者提供情绪纾解、情感支持等重要功能。

社区照顾之所以成为社会福利供给的输出模式，一个重要原因在于其本身的特性：社区是社会生活的具体场所，提供了人类生存、交往、情感等众多意义和价值。诸如邻里和谐、情绪抚慰等心理支持方面的需要，唯有通过社区和家庭才能得到满足。"社区有时能做到政府和市场不能做到的事情，因为社区成员拥有关于其他成员行为、能力和需求的重要信息，社区成员这些信息支持社区行为规范，并充分利用有效的、不会被通常的道德风险和逆向选择问题所困扰的保险安排。"[①] 由于国家福利供应不足，以及市场经济对弱势人群（如穷人）的天然排斥，公共福利服务更需要以一种贴近人们生活和需要的方式来提供，社区就是一种最好的媒介。

伴随着社会企业、非营利组织等的发展，社区在国家治理中的作用愈发重要，功能逐渐涵盖社会福利、公共服务、城市更新、青年发展、就业安置、教育培训、治安联防等多方面的内容。具体包括[②]：1. 社会融合。1995年联合国哥本哈根社会发展首脑会议提出，"使社区组织更大程度地参与制定和执行当地项目，尤其是在教育、保健、资源管理和社会保护方面"[③]。2. 社区贫困与反贫困。如欧洲的 EC（European Community）项目，拉丁美洲推行的"团结与社会主动性基

---

① 曹荣湘：《走出囚徒困境——社会资本与制度分析》，上海三联书店2003年版。

② 潘泽泉：《行动中的社区建设转型和发展》，中国人民大学出版社2014年版。

③ 李林凤：《从"候鸟"到"留鸟"——论城市少数民族流动人口的社会融合》，《贵州民族研究》2011年第1期。

金会"（FOSIS）、西非的马里苏德的农村社区发展项目（解决社区间的不平等）。3. 移民安置。如卡里巴大坝移民安置工程、学校及龙卷风避难所项目，欧洲的移民安置行动计划。4. 环境保护。如荷兰的社区发展工作与自然环境保护工程。5. 社区经济与再就业。20 世纪 70 年代，为促进经济发展，在社区层面为弱势群体创造更多就业机会，西方国家将社区就业和福利改制作为社会经济政策的核心议题。6. 社区经济与创收。如加纳创造收入计划、鱼苗养殖项目。7. 社区住房建设。如马阿塞住房项目、印度海啸之后的亚奇城市贫困方案。8. 社区养老服务。如老年人护理计划、社区护理中心、社区老年人康护中心。9. 城市贫困家庭发展。如菲律宾的 Marilao 都市农业计划。10. 特殊群体（长期失业者、丧失劳动能力者、单亲家庭、吸毒者、低收入者、移民或少数民族、青年人和残疾人等）就业。如孟加拉妇女信贷组织。11. 社会保障和福利。12. 社区教育与培训。如加纳的社区就业技能综合培训中心。13. 社区认同。如以色列的奥西姆·沙龙姆居民区指导委员会（NEC）。旨在消除宗教对立、文化冲突或民族战争。对城市发展来说，社区不仅是解决社会问题的落点，也是未来的社会治理模式的承载体。

二　作为"治理平台"的社区：三个维度

美国学者罗斯（Nikolas Rose）用"治理平台"① 这一概念总结了社区在国家治理中功能与地位。具体来说，包含三个维度：一是社区的"政策试验场"属性；二是社区的"服务载体"属性；三是社区向"治理主体"的转变。

（一）社区是社会政策的试验场

前述可知，西方诸国为缓解福利危机，采取了削减公共福利开支

---

① Rose N. , "Community, Citizenship and the Third Way", *American Behavioral Scientists*, 2000, 43（9）.

的政策，但这种做法显然与不断增长的福利要求产生了冲突。经济危机的到来使冲突加重，失业、贫困、社会排斥等社会问题亟待解决。

在"第三条道路"理论影响下，西方国家纷纷开始进行福利体制的改革，社会福利模式由国家提供保障为主的"消极福利"体制向鼓励个人、社会共同分担责任的"积极福利"体制转型。一方面，政府制定各种支持和优惠政策，帮助非营利组织在社区建设、服务领域发挥更大的作用，如伙伴关系协议，"大社会治理"等；另一方面，改革公共福利政策，降低救助年限，激励享有救济金的个人实现再就业，如扶持社区社会企业，创造新的就业形式等。诸多社会政策，都是从社区开始，使国家的制度转型得以落实到具体的政策执行层面，或者直接与社区的发展或治理相契合。

1. 英国

这一时期，新工党政府相继出台了一系列以社区为主体的社会发展政策，积极实践以社区为核心的治理理论。同时，以社区为载体，进行了政府职能转型、福利政策改革等大胆尝试。

（1）福利多元与混合福利政策

20 世纪 80 年代，英国保守党政府利用各种手段节制公共及社会支出，并提出福利多元化（welfare pluralism），强调福利的供给方，除政府之外，还需要有市场和社会（包括私营组织和非营利组织）的共同参与，亦即混合提供福利利益（welfare mix）。随后，政府在社会保险、社会服务以及志愿服务等领域制定政策，进一步拓宽福利供给的资金渠道。

（2）多元治理主体的"伙伴关系"

"伙伴关系"是界定各个治理主体之间关系时的一个重要概念，其包容性很强。政府各部门之间、中央与地方之间、公共和私人及第三部门之间、政府与公民之间、公民与社区之间的关系，都被赋予一种"伙伴"的含义。

政府与民间"伙伴关系"的政策实践，体现为一份政府与民间签署的多边的、促进性的协议。1998 年，英国政府提出"政府与志愿及社区组织关系协定"（The Compact on Relations between Government and the Voluntary and Community Sector，简称"Compact 协议"）。协议的两方分别是英国政府和英国的志愿及社区组织。其中，政府是合作的主导方。该协议虽然不具有强制性，但是该政策的主张，对基层社会治理的影响深远。

该协议由五个方面的守则构成，包括：资金与政府采购守则、咨询和政策评估守则、志愿守则、黑人与少数民族志愿和社区部门守则、社区守则。这是一种双向承诺的协议，在上述五个方面的守则中，政府采购和政策咨询是核心要素，资金又是关键问题；没有相应的资金落实，改善公私关系往往流于形式、无疾而终。

（3）"大社会"治理

"大社会"治理的主要做法是"赋权社区"：

一是赋予社区更多的权力，包括：地方政府赋予社区自我规划、自我管理、自我服务的权力。同时，成立以慈善为目的、公司化运作的资产公司，全部盈利用于社区各项服务。社区有权力接管此前由国家和政府所承担的社区服务；政府提供人力资源支持，派遣大约 5000 名经过培训的社区组织者到基层工作。

二是推出"国家公民服务"活动的"项目包"。如鼓励青少年参与社区服务并为之创造机会，培养责任意识和公民精神。

三是授予地方政府更大的财政自由权。如取消中央政府针对区域空间发展规划，让地方政府制定当地的住房政策。

四是培育慈善机构和社会型企业，最为实质性的举措是设置"大社会银行账户"，亦即把沉淀在银行账户内的"休眠"期在 15 年以上的资金拨给社会企业、慈善机构、志愿团体等"公民社会组织"，由他们运用这笔资金提供公共服务。

五是联合政府设立"大社会日"。鼓励部分公务员在这一天参与社区活动并纳入考核。

"大社会"治理的实质是要摆脱"撒切尔主义"的"自由经济和强势政府"的影响，修复其对英国社会和福利国家的创伤。但是"大社会"治理存在两个问题，致使政府面临挑战。一是如何避免陷入"公地悲剧"，包括：如何发挥个人的责任，如何监督个人自由权的运用等。二是如何搭建公民参与社区治理的载体和平台，如何运用好财政资金去购买服务，如何有效管理社会组织自筹资金等。

2. 美国

美国的自治传统决定其社会发展经由社区加以推动。在美国，社区工作的首要目标是帮助贫困居民，为其发展创造机会。第二次世界大战后，在联合国倡导下，美国开始探索通过社区发展解决城市化带来的社会问题。各级政府、部门制定了各种社区发展计划，涉及社会福利、医疗卫生、教育与就业、文化娱乐、贫困地区复兴、老年与残疾服务等多个方面。

在美国，大多数社会试验和革新都始于小的邻里或社区组织中。如芝加哥的自助兴建住宅计划、佛罗里达州潘尼拉斯县的社区青少年教育计划、北费城贫困地区的改造计划、加利福尼亚的医疗卫生发展计划、纽约南布朗兹的社区就业项目、亚特兰大市贫困社区服务项目等。①

3. 荷兰

在荷兰，社区发展的目的是推动社会重建，社区扮演了城市建设者、政策推行者、网络开发者和组织建设者的多重角色。在这一时期，国家推出的各种政策工具集中在与人们生活息息相关的领域。如，向老年人、妇女、青少年、残疾人、移民和少数民族提供针对性的帮助；制定与就业、住房、教育、健康等相关的政策方案等。

"弗莱斯曼计划"是荷兰在阿姆斯特丹试行的一项老年服务项目。该计划的初衷，在于取代当时盛行的国家和地方安置规划政策，缓解福利国家观念对住房、财政和老年人护理的负面影响。虽然最终该计划并没有很好地改善老年人的困境，但它的试行为社区老年服务提供了有益经验。1972 年，荷兰政府决定加强家庭护理，减少机构护理，

---

① 孔娜娜、张大维：《美国的社区建设是如何展开的》，《社区》2007 年第 15 期。

同时改变为老年人提供护理的传统结构和财政政策，把社会性住房、老年人的社区生活和养老院结合起来，建立居委会基金会和老年人中心，设置老年人顾问。①

4. 澳大利亚

澳大利亚政府在政策制定时，开始转向与社区对话，将焦点集中于对志愿组织和社会力量的利用。21 世纪初，针对社会和经济危机，澳大利亚州和联邦政府推出了一系列农村发展的公共政策，这些政策体现出全新的"社区"意识，使用了诸如社区发展、社会资本、伙伴关系和社会企业等概念，同时通过各种优惠政策促进了社区组织的发展。社区参与的观点和方法、政府与社会的互动与合作，得到了澳大利亚各级政府和民众的广泛认同。

5. 加拿大

在加拿大，政府、社区和民间团体形成紧密协作的伙伴关系：政府组织和指导，具体问题通过社区组织和民间团体主办。如，魁北克政府启动的"战胜贫困全民战略"，就是以社区为突破口，通过发动社区居民和组织共同参与，以解决住房、就业、教育、环境、卫生、安全等方面问题，达到消除贫困的目的。

加拿大的社区发展与社会支持、社会能力和成人教育等政策紧密联系。如，政府为青少年行为规范和预防而制定的"良好开端，美好未来"方案，旨在促进青少年能力提升，并为经济不发达地区的家庭提供援助。又如，专为学生设计的"贝尔公益计划"，目标在于让学生了解社区的需要，改善沟通技巧和集体精神。学生需要负责拟定计划书直至具体实施完成。在这个过程中，学生习得了有益的工作经验，社区也获得了所需的服务和援助。

（二）社区是基本公共服务的载体

西方国家福利体制改革的重点，是塑造社区的公共服务提供者角

---

① 潘泽泉：《行动中的社区建设转型和发展》，中国人民大学出版社 2014 年版。

色，以纠正政府失灵与市场失灵带来的公共服务缺位与低效。社区治理与政府的福利提供结合在一起。社区内各种组织活动都要与政府的福利政策对接，再由政府购买社区内各组织提供给居民的服务，构成"去机构化"的多元社区服务体系。

在这一时期，各种非营利组织、居民互助团体、社会企业迅速发展，在社会救助、扶贫助困、社工照顾等政府与市场不擅长的领域发挥作用，成为服务供给的重要力量，政府则转型为社区服务的购买者、促进者和管理者。政府通过外包、购买服务等方式，与社会组织及私有企业建立合作关系。

社区服务具有全方位、多元性、开放性等特征。社区不仅能够从政府、社会组织、家庭、社区居民等多方面获取资源，而且能够以多种途径满足人们在基本生活、康复护理、情感娱乐等多方面的物质及精神需求。

1. 社区照顾

从实施"撒切尔新政"开始，英国政府大幅度地削减福利支出，减少为孤寡老人和精神病人提供的住院式照顾，转而通过在社区提供养老干预和支持，使这些老人和残障人士得到照顾。政府购买并监督社会机构服务（包括私营机构、非营利组织、志愿服务机构），并为家庭照顾者提供喘息服务、日间照顾等支持。

2. 生活服务

英国的社区服务中心功能完备，设施齐全，既有为老年人和少年儿童提供的看护照顾，也有为成年人提供的娱乐和培训。

美国的社区服务内容具有针对性。包括为老年人及残疾人提供照料，为学前儿童提供看护，为学生提供实习和夏令营，为失业者提供职业培训和咨询，为低收入者提供资助；同时为居民提供文化、休闲及体育服务，如公园、图书馆、文化中心或体育场等。

3. 社区公共安全服务

英国的社区公共安全服务颇具特色，尤其是其中的睦邻警察服务、邻里守望和社区矫正制度。提供社区公共服务的是一个由地方政府、中央政府部门、私人机构、志愿者组织、宗教团体而构成的混合体。睦邻警察服务是一种社区警务工作模式，联合小组成员包括正式警员、特别警员、社区支援员、睦邻监察员等，对警民合作、维护治安、遏制发案十分重要。"邻里守望"指社区居民通过联合与合作，预防打击犯罪，提高本地组治安。"邻里守望"曾发展到8万多个，平均不到6户就有1户是邻里守望项目的成员。邻里守望最有价值的效果是通过守望相助，减轻了居民对犯罪活动的恐惧，提高了社区安全感。社区矫正制度是指在社区对犯罪人进行有效的教育改造，减少重新违法犯罪和维护社会稳定。

美国社区公共安全服务的主要功能包括：一是预防和打击犯罪；二是提供紧急援助；三是实行群防群治，帮助社区居民共同实施犯罪防御。

4. 社区医疗卫生服务

英国是社区医疗卫生服务的发源地。英国实行医药分离制度，医疗服务基本免费，病患只需支付一部分的医药费。英国国家医疗卫生体系由社区全科诊所、社区初级医院和综合或专科医院构成。全科医生是整个医疗服务系统的"守门人"。按规定，除急诊和性病诊疗外，居民患病必须先找社区的全科医生诊治。如果全科医生不能处理，则由其负责转诊到适合的医疗机构，并由其代表患者向这些机构购买服务。

政府向私人性质的全科医生和全科诊所购买基本医疗和保健服务的做法，体现了"提供者与购买者分离、资金跟着患者走"的理念。

5. 公共住房保障服务

英国政府近年来推行了两种公共住房保障计划：

一是"可持续社区：所有人的家园"计划。其旨在让人人拥有配套设施（如交通、水电、教育等）齐全的美好家园；享受住房保障资格的认定程序严格，家庭人口、就业、收入（包括工资、养老金、保险金等）、健康等都是可供参考的指标。

二是"居民、家园和繁荣"计划。其提倡不同阶层的混合居住，各类住房合理搭配，反对兴建单一的高级社区。

（三）社区治理是国家治理体系的奠基石

20 世纪 60 年代，社区被视为贫困、失业、犯罪等社会问题的"聚集地"①。20 世纪 80 年代以来，社区成为政府最基础的施政单位。事实上，社区作为人们安身立命之处，承载了诸多不可替代的功能：基本的社会生活单元；政府与社会"际会"的物理空间；"条条"与"块块"交集的"节点"；多元主体协同共治和社会服务的基础平台；社会风险隐患化解在萌芽、解决在基层的直接且最有效力的治理层级；推进基层社会治理现代化"前线"。可以说，社区治理就是国家治理体系的奠基石。

社区作为基层社会治理的落点，包含了三个主体性：决策主体性、经营主体性、文化主体性②，它们在社区这个场域中整合并追求目标实现。

1. 决策主体性

社区的决策主体性的建构通过社区参与来实现。在以往的社会发展过程中，人们被排斥在公共决策的进程之外，仅仅只是国家治理的对象。而现在，"参与"意味着社区居民在社会发展计划的制定、实施、管理和监督的过程中承担责任，也意味社区居民从政府服务的被动消费者变为社会治理的主动参与者。新加坡时任总理李光耀曾经提出"新加坡人的社区主义"，倡导社区所有成员在市民论坛或社区论坛中自发、主动地表达意见，从而整合国家与社会的总体资源，实现双赢。

美国是典型的"小政府、大社会"治理模式。其基本的权责关系是"政府负责规划指导和资金扶持，社区负责实施"。社区发动和利用本地政治、经济、组织和文化等资源，成为社区建设和振兴的主要

---

① 黄晴、刘华兴：《治理术视域下的社区治理与政府角色重构：英国社区治理经验与启示》，《中国行政管理》2018 年第 2 期。

② 沈红：《穷人主体建构与社区性制度创新》，《社会学研究》2002 年第 1 期。

承担者；政府则主要负责宏观规划、法律保障、服务购买等。

美国社区的核心机构是社区管理委员会。社区管理委员会由社区居民选举产生，并经居民授权管理社区事务。具体过程是：社区依据居民意愿拟定社区管理条例，之后由居民表决通过，通过后的条例拥有极高的地位和效力，是管理委员会行动和决策的准绳。社区管理委员会成员由社区居民直选产生，任期两年。委员必须是在本社区生活居住或长期工作的人，他们或享有一定声望，或拥有某项特长，或积极公益、号召力强。这些委员不拿工资，不计酬劳，一般都尽职尽责。

社区管理委员会是一种颇能反映民意的基层组织。社区管理委员会拥有很大发言权，但是它做出的任何决策，无论是社区自身的事务，还是向政府反映社区民意，都必须收集汇总社区居民的意见，在经由一定的民主程序之后，方可加以实施。

2. 经营主体性

社区的经营主体性建构体现在两个方面：

一是社区居民需要发展合作性的经济关系、合作经营等，以增强个体的市场竞争力。在一些落后地区的扶贫开发中，社区通过建立自我管理的自助群体或合作社，以实现经济发展，减少对国家的过分依赖。例如，在孟加拉，为了更有效地消除农村贫困，国家有关部门和非政府组织鼓励在社区中合作社及社群的形成与发展。再如，在加纳，以前由政府或非政府组织支持的农村住宅工程，为辍学者和青年人提供的房屋建设方面的技能培训和就业机会，现在也开始更多地依赖社区自助群体和以生产为导向的合作社的形成。[①]

二是以社会企业为代表的社区组织，通过创办商业模式的经济实体，为失业者提供职业技能培训和就业机会，从能力和心态两个方面转变人们对国家福利的依赖，同时刺激经济复苏。例如，英国的"大问题杂志社"，它通过向贫民或流浪者低价提供杂志、组织上街销售，

---

① 潘泽泉：《行动中的社区建设转型和发展》，中国人民大学出版社 2014 年版。

已经为近万个无家可归者提供了自力更生的机会。杂志社创办的宗旨是：让流浪者有尊严地生活。再如，位于伦敦的"绿作坊"，主要从事生态环保、回收利用的业务，并以此为贫困居民提供就业。这些社会企业基于社区的具体需求而创办，不仅增加了社会福利供给、扩大了社会融合，而且创造了新的就业机会和经济价值，对复兴社区经济起到积极作用。

3. 文化主体性

地方性文化、传统价值在社区发展中的作用不容忽视。研究者用"地方性知识"（local knowledge）这一概念说明居民以血缘关系为纽带形成的亲属关系、风俗习惯和文化认同。研究发现，地方性知识不仅构成社区治理的内在环境，而且是特定地区治理的关键。比如，印第安人通过代表性问题、亲戚关系、家庭和家族联系，共享历史和知识以及其他社会价值和经济联系的做法，来促进文化合法性[①]。再如，尽管大多数美国小镇中都有贫困人群，但人们依然愿意选择定居在这里，因为他们相信，每个人都拥有平等追求成功的机会，这就是"美国梦"的影响。

在很多移民国家，多元文化既可能是冲突纠纷的根源，也可能成为城市发展的重要资源。例如，肯辛顿是位于加拿大多伦多市中心的一个历史悠久的移民社区，它聚合了公共住宅、商业中心以及多种文化风俗。在这里，尽管人口众多、风俗各异，但居民们基本能够和睦相处，代表不同利益的团体组织也能够运作自如。多元文化族群之间的尊重和包容是社区最重要的传统和财富。每一次移民潮都会带来新的文化和新的商机，为社区增添个性和特色。肯辛顿每年吸引成千上万的游客和新移民。不仅如此，多元文化还是促进肯辛顿社区发展变革的工具。出于对多元文化主义的认可和保护，只要社区提交的发展规划或方案有利于增强社区的多元文化特性，都会得到政府的积极支持。

---

① 吴晓林、郝丽娜：《国外社区治理研究的理论考察》，《中国民政》2015 年第 23 期。

三 国外社区治理平台的价值及其对我国的启示与借鉴

在我国，虽然社区治理在国家治理中的作用日益得到重视，但是，在许多情况下，社区治理仅仅是作为行政管理的基础环节，在社区治理平台建设方面存在不足。

首先，要明确政府在社区治理中的主导性作用，同时推进政府职能转型。一方面，寻求从主导型政府向主导型与培育型（包括对人力资本与社会资本的培育）兼有的政府角色重塑；另一方面，寻求从直接干预转向直接干预与间接影响相结合的治理方式。

其次，完善社区组织，构建与社区居民生活相关的利益结构。推动建设与发展半官方性质的"基础设施组织"。如日本的町内会、新加坡的人民协会，这种半官方性质的组织与社区生活息息相关，能够在一定程度上解决国家政策"不接地气"的问题，从而使国家与社会之间实现真正的"嵌入"。

最后，预防过度责任化导致的社区失灵问题。在现实中，并不是所有的社区和居民都有能力和资源去承接国家治理体系中的资源转移和治理责任的分担。这个时候，国家就要承担起安全网兜底的责任，引导、支持、保护社区和居民的行动。

社区自治与政府调控的互动

　　西方的社会治理理论将自治解释为社会性因素自我管理的过程，以区别于国家治理或作为国家代理机构的政府治理。概括来说，所谓"自治"，就是社区居民或作为社区居民的具体构成形态和构成要素，对与自己直接相关的社会事务进行自我管理。自治涵盖诸多方面，例如，私人生活的自主性、生活模式的自主性、非官方的社会组织和事业组织的自我管理等。它不由政府主导，而是一种非官方行为，简而言之，它是基层人民群众实现自我管理的一种过程。

　　马克思主义认为，自治作为公民在政治生活上实现自我解放的基本形式，是国家权力回归社会的必由之路。社区自治主要表现在对公共事务的参与和公共权力的监督上。如美国的社区理事会、日本的町内会或是法国的巴黎街区议会等，它们或参与公共服务与物品供给，或通过民主协商主导社区建设，成为社区自治的重要力量。

一　社区自治中政府角色定位的典型模式

　　社区自治有利于凝聚更多社会资本，维护社区利益和居民权益，形成居民和政府的良性互动。一方面，政府对基层社区增能赋权，使社区在公共政策领域中有更多的参与权和影响力。而这并不会使国家对社区的控制力日渐式微，相反能够促进基层社会治理的合理化，或者说，社区自治每一项进步都会倒逼政府的自我调整和改革，从而向服务型政府建设的方向迈进；反之，政府每一次的自我调整和改革，又作用于社区自治，促进了社会进步。另一方面，通过社区自治组织，民众得以与政府建立有效的沟通渠道，从而更好地实现社会治理的多元协作。在社区不断地趋于成熟的过程中，政府可以逐步将更多的管理权移交给社会，从而形成由社区等社会自治组织"划桨"和政府"掌舵"的社会治理格局。

政府在社区治理过程中，掌握着调动社会资源的权力，从而决定着社区自治的实现形式及运作。当今世界各国在基层社会治理中形成了三种主要模式：社区自治模式、混合模式和政府主导模式。这三种模式在一定程度上反映了政府对社区赋予权力的多寡以及居民参与的程度。

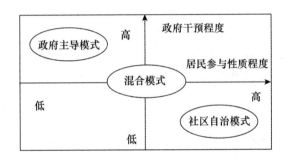

图1 基层社会治理的三种模式

（一）美国：法律护航的社区自治模式

在美国，社区自治模式是以社区为核心、居民自主参与、自下而上实行的社区治理模式。社区组织和居民依照自主自治原则处理本社区内部的各项事宜。政府充当协调者的角色，以间接干预的方式，协调社区内相关团体的利益关系和工作关系。如，政府通过制定相应的法律法规来规范社区中的各利益主体之间的协调关系，为社区居民参与社区公共事务活动提供规范。在社区自治模式中，社区拥有颇多的调动社区资源的权力，地方政府主要是在战略决策上影响社区的发展方向。

在美国社区治理中，政府和社区居委会、社区居民各司其职。联邦各州及各市级政府基本遵守"政府负责引导社区发展建设，而社区的日常事务由社区居委会（社区董事会）来进行自我管理"的运作方式。换言之，具体事务交给于民间机构实施自我管理，政府通过完善法律法规以及财政支持等方式，对社区发展进行宏观调控。政府政策重心一般偏重于社区公共政策，但是，在某种情况下，也有通过建立社区小微企业发展局或者小微企业发展投资公司来支持社区企业的发展，其后，政府将这些机构交给社区，进行自我管理。

美国社区自治法律法规体系健全。自20世纪60年代起，联邦政府就颁布了《住宅和社区发展法》《社区再投资法》和《国家和社区服务合作条例》等。

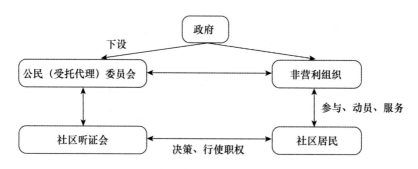

图2　美国社区治理组织架构及其运行方式

非营利组织作为社区治理的重要力量在政府和社区居民之间扮演着重要角色。20世纪60年代，由于联邦政府面临巨大的财政赤字，非营利组织开始参与社区治理和发展，缓解了政府压力。20世纪90年代后期，国家为了精简政府机构，将社区公共服务的权力移交给第三部门，即非营利组织。非营利组织所提供的服务更加顺应了生活方式的多元化，规避了由政府一家独大所造成的效率低下、资源浪费等弊端。非营利组织一般分为三类，即传统的社区服务机构、政府给予支持的组织和满足邻里及其他社区需求而设立的组织。非政府组织之间一般不存在上下级隶属关系，而是按照法律法规，独立开展活动。

公民受托代理委员会（Citizen Commission）或公民委员会（Citizen Committee）是群众参与社区治理生活的主要组织形式。"公民受托代理委员会"具有相关法律规定的实质裁量权，主要存在形式为协调委员会、计划委员会以及住房和城市重建委员会等。公民委员会的地位和职能由委员会或创立机构决定，一般分为四种：一是因共同利益而联合；二是为共同目的开发或管理项目，或为该项目提供咨询；三是为研究议题或实施项目，在现有社区权力框架内创建公民委员会；四是公民利益团体组织起来解决特定问题。公民委员会增强社区居民参与决策过程中的可进入性，这种组织在一定程度上扩展了社区平等分配公共资源的权力，地方控制（社区居民相对独立的决定社区事务）和社区自治得到了加强和巩固。公民受托代理委员会和公民委员会增强了弱势群体的社会参与，许多在经济和社会上处于不利地位的群体通过委员会参与社区事务管理，从而获得帮助和服务。同时，这种做法也引导社区资源的开发和利用，有效地帮助民选官员理性决策，保证了政策的有效执行。

社区居民除参加公民委员会之外，还可以通过参加社区会议和社区听证会来直接管理社区事务。一般来说，由居民所选举的社区董事会主席依据社区基本情况定期召开社区会议，主要内容是汇报工作总结和工作计划，尤其是涉及本社区利益的政府决策。社区听证会作为地方政府制定政策的依据和委员会收集民意的重要渠道，往往是因社区利益冲突而召开，在社区听证会上，聚焦本社区公共利益、与居民生活密切相关、居民普遍关心且意见不一致的热点问题，进行集中讨论。

美国政府通过制定相关法律法规来引导社区建设发展，而社区的日常事务由公民委员会（公民受托代理委员会）进行自我管理。政府与基层自治组织各司其职。这种格局，有利于充分就业、缓和社会矛盾、维系社会稳定。

（二）新加坡：政府主导的社区自治模式

政府主导型模式属于从上至下推行的社区治理形式。政府的干预非常直接和详细，对社区的各级组织也采取规范化管理，社区治理的行政色彩很强。除了有充分的行政领导和政策优惠之外，这类社区还可以从中央政府获得不菲的启动资金，有利于调动居民的积极性。这也是政府在社区治理中获得主导地位必不可少的因素之一。

新加坡是政府主导基层社会治理的代表性国家。即主要依靠政府的行政手段推动，规范并引导社区开展社区建设，而社区在政府的强力扶持下获得发展。具体举措包括：政府成立社区管理发展署，委派内阁成员直接领导社区事务，对社区进行规划和管理；成立国家住宅发展局，负责指导和管理社区建设和发展工作，规划和建设社区内的硬件设施；对社区居委会实施领导，对社区成员进行培训；制定社区核心价值观；在财政上，根据人口数量规划配套便民生活服务设施，把社区建设纳入公共财政，且经费多半来自于政府补贴和社会募捐。据有关统计，新加坡政府承担社区公共设施管理费用的90%，及其日常运作费用的50%。此外，政府还负责发放专业社会工作者的薪资。新加坡实施这种模式的原因，主要与新加坡国土面积狭小、人口数量少、福利水平高，以及政府深度参与基层社会治理的传统有关。

新加坡的执政党——人民行动党的议员通常担任选区党组织的领导工作，该议员每周必须与选民会晤一次，旨在为该地区居民解决问题。为博得选举，人民行动党各部门的主要任务是与选区群众搭建沟通交流平台，并成立"人民行动党社区基金"，争取公众支持。具体举措包括：在社区创办平价幼儿园①，让家庭条件困难的孩童享受学前教育；维护妇女的工作权利；向低收入家庭提供住房补助等。这些措施在推动社区治理的同时，也为人民行动党赢得了民心和选民，奠定了人民行动党长期执政的民意基础。

新加坡政府整合人才资源，邀请各类社会名流加入社区组织参与社会工作，旨在实现"精英治理社区"。新加坡的基层领导人被要求利用自身社会影响力，带领社区居民积极开展各类社会活动。

---

① 陈霞：《新加坡社区管理借鉴》，《领导之友》2011年第10期。

新加坡政府也注重培养社区居民的参与意识，并且建立了一套宽领域的社区管理系统。如，建立独立于政府管理的全国理事会（总理任理事长），政府对划归社区自主管理的社会事务不予干涉，仅仅提供指导和帮扶；通过培养社区服务组织，整合社会资源，让民间团体参与到社区管理中；支持自愿性质的福利团体参与社区建设工作，并通过各类专业服务承接政府招标的各种服务项目；等等。

新加坡的社区治理，旨在通过建立健全的社区治理组织体系、多元的社区服务方式、畅通的民意反映渠道，来提升社会凝聚力。虽然在社区治理中，主要是依靠政府实施行政手段推动，但人民行动党作为新加坡的执政党，为了获得选民的信任，不得不采取一套行之有效的措施，来加强与群众的联系，这在一定程度上促进了新加坡政府公权力的自我完善。

（三）日本：“町内会”为载体的混合型模式

混合型模式的运行特点是社区治理中，由上到下和由下到上双轮驱动，行政管控与居民自治相得益彰。在日本，“町内会”是这种混合模式的重要载体。日本的“町”是城市社区中最小的组织单位，相当于我国的乡镇、街道，而“町内会”则是最基层的居民自治组织，类似于我国的居委会。

日本的社区自治架构中，“町内会”发挥了“上意下达，下意上达”的独特作用。它一方面履行政府对地域社会的管理和控制功能，另一方面增加居民之间和睦交流、促进彼此利益沟通。

从历史沿革来看，20 世纪 30 年代，军国主义为加强地方政权的管理，将町内会法制化，在稳定国内局势方面发挥作用。第二次世界大战后，在军国主义的强权笼罩之下，町内会反映民意的程度极为有限。20 世纪 60 年代，因地区内部矛盾激化而兴起“居民运动”，社区自治才真正开端。当时，面对“老龄化”“少子化”和经济低迷等社会问题，政府实施地方分权法，大力推行“町内会”和“町会联合会”这两个具有一定行政色彩的自治组织。

1995 年的阪神大地震，充分显示了日本加强社区自治和由集权型社会向分权型社会过渡的必要性。阪神大地震被称为日本战后 50 年以来最大的地震灾害，它对日本政坛造成了较大冲击，日本自民党由此回归政坛核心。当时，由于当权政客墨守成规，在对预防余震和灾后重建工作上缺乏灵活性，相关政府部门反应迟缓，例如消防队的电话很难打通等，导致伤亡人员众多，经济损失巨大。相比之下，由受灾群众自发组织的"自治会""町内会"，攻坚克难，参与救援任务，成为抗灾救灾的核心力量。可以说，町内会在某种程度上挽回了因政府失灵而造成的巨大损失。

在组织任命上，"町内会"成员由每个家庭派出的代表组成。为保证一定的"组织参与率"，在房屋出售和转租之际，参加町内会被作为硬性条件纳入合同范围。在町内会组织中设有会长、副会长、助理、会计和总务等多项职务，有些"町内会"还设立了书记长一职。由于町内会性质属于自治组织而不是官方指派机构，所以大部分"町内会"会长是通过前人指定、轮流当选或选举推选产生的。

"町内会"的组织架构及其运行方式如图 3 所示。

日本通过建立"区域中心"来管理社区居民生活事务，隶属于政府行政管理序列，主要职责包括：讨论社区中长期规划；针对具体问题，把居民的意见反馈给区政府；对社区内的一些普遍性问题，进行协商并提出解决方案。"住区协议会制度"是与"区域中心"相呼应的一种组织，旨在为辖区内居民直接参与相关事务管理提供支持，避免"多数人暴政"的产生，也使政府计划更符合该地区的实际情况。

日本的基层社会治理混合模式，使官方的"地域中心"和民间的"住区协议会"齐驱并进，政府进行宽松有序引导，社区组织和居民积极参与，共同促进社区建设。

（四）法国："上下合力"的社区自治模式

法国的社区治理模式原本是政府主导。经历了 20 世纪 70 年代的经济衰退和 80 年代的地方分权后，20 世纪 90 年代，法国政府开始减

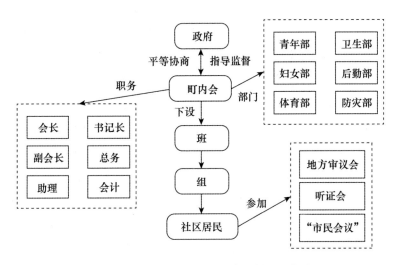

图3 "町内会"的组织架构及其运行方式

少大规模的、形式化的社区治理行动，转而有针对性地解决社区内在发展问题，在社区中营造"国家—社会"的二元结构。总体上看，法国社区治理结构延续了中央集权的传统，中央政府仍保持对社会强有力的把控；而当地方民主趋于成熟，自由平等观念深入人心，市民对参与社区治理表现出强烈兴趣之际，法国社区治理又逐步显现出上下合力的特点：既有来自政府政策引导和财政支持，也有来自社区居民强烈的认同感和良好的自治能力。

例如，2002年，法国政府在特殊街区设置的街区议会，这是一个由区政府、社团和居民代表组成的混合组织，迥异于传统街区委员会（居民自治组织）。每个街区议会大概有5—9名成员。在活动经费上，政府负担30%，剩下由居民和社团筹集。区议员作为街区议会的法定成员之一，使居民向区政府陈述民情更为方便。街区议会的存在增强了街区居民与地方政府之间联系，提高了居民对社区规划的参与度。

又如，著名的"集体花园"案例，反映了外部力量介入推动社区自治和地方民主的发展过程。"集体花园"（Jardin familial）源于第一次世界大战后法国工人阶级在社区房前屋后辟园种花的一种家庭活动。19 世纪 60 年代后，为改善社区环境、增进邻里和睦，热心的居民自发创办了花园协会，在街区空地上种植植物。该协会为每个参与活动的家庭指定具体地区，按期进行园艺评比，在收获季节还组织居民交换园艺成果。在法律方面，为处理土地变更问题，协会聘请专业律师和规划师与政府协商，修改法定规划。总而言之，集体花园不仅增加了社区绿地、改善了社区环境、为社区居民交流创造了机会，更重要的是，居民通过花园协会找到了参与社区营造的渠道，花园协会成为推动地方民主和公共参与的重要力量。"上下合力"是"集体花园"计划得以成功的主要原因。"集体花园"强调社区是居民共有的财富，在社区内的所有居民既有权利也有义务参与社区营造。

社团也是法国社区治理的重要参与者。有关数据表明，2012 年仅巴黎 14 区注册的社团就有 451 家。社团在法国的社区治理方面发挥着至关重要的作用，如增进居民互助，增强社区凝聚力，信息共享等。社区志愿者组织在法国非常普遍，他们来自街区居民，医院、学校等公共机构，甚至宗教团体，在青少年教育、老年人护理、职业介绍等方面发挥重要作用。

法国政府在对社区组织的帮扶上秉持"鼓励自治，积极引导"原则。各类社区组织每年依据注册人数向政府申请资金支持，对一些受公众欢迎程度高且能够促进社会和谐的社团，政府还会加大投入、提供免费活动场地，甚至邀请外部技术人员参与社团管理。

法国政府依据居民多元化需求灵活制定社区政策，而社区居民也具有一定能力在法律规定范围内，动员社团、技术人员、媒体等各种资源，参与社区规划。法国的社区治理实际是中央政府与社区居民之间交流与磋商的过程，其间既渗透着国家意志，也融合了民主诉求。

（五）加拿大：社区自治协同、政府调控治理模式

在加拿大，社区自治与政府调控的关系更倾向于协同治理，而不是传统的上下控制。20 世纪 60 年代以来，加拿大面临经济发展迟缓、老龄化与人口红利迅速流失等巨大挑战，政府开始介入社区治理，并

通过购买服务等方式充分发挥社区自治组织的积极作用，居民则通过社区自治组织参与社区事务的管理，行使民主权利。

社区董事会是社区管理的核心机构。担任社区董事会的人必须是属于本社区的居民或与本社区具有特殊利益的人。董事会成员由18周岁以上的社区居民选举产生，一年一任，主要代表居民管理协调社区事务、评估选择社区服务机构、参与评议政府工作、对城市发展规划提出建议等。

例如，在多伦多市，社区董事会的工作主要是：为本社区增加社区福利，通过考察本社区的社区需求，就有关社区福利问题同民选官员、地方管理者、立法机构和区长进行协商，同其他社区董事会进行合作；促进与政府机构的合作，上情下达和下情上达；制定合理的社区发展规划，社区董事会有权派出代表参加政府职能机构会议，参与起草、制定有关社区利益的计划、方案和所采取的措施，可以召开公众听证会，向市规划委员会提交书面建议；等等。

除社区董事会外，社区还设立其他专项委员会。例如，旨在与政府机构保持联系的代理委员会；再如，负责处理社区内部问题的医疗与社会服务委员会、区域委员会等。

政府广泛动员社区组织参与社区服务。加拿大政府极其注重志愿服务的作用，密切保持与志愿组织的关系，并公开政府资金对志愿组织支持情况，确保资金使用的透明化和项目的绩效。

综上所述，国外在社区自治与政府调控的契合及互动方面，多种模式各有其适应性。归纳起来有以下三种基本类型：

一是社区自治为主的模式。即社区自治组织在国家与基层社区的交流合作中，其作用得以充分发挥。政府作为社区治理的合作者，以及社区内部各团体的工作关系和利益关系的协调者，发挥居中协调、积极斡旋作用。

二是政府主导为主的模式。即政府以领导者的身份指导干预，宏观调控，社区组织在政府的强力扶持和指导下蓬勃发展。政府作为社区自治组织的培育者和社区事务的指导者，也是社区建设的生力军。

三是混合模式。即政府兼有社区治理协调者和社区建设指导者的双重角色，而社区组织也同时兼有居民自治和行政辅助的双重职能，社区资源投入则来源于政府和社区组织的双向驱动。

二 国外社区自治与政府调控互动
对我国的启示与借鉴

依托社会力量解决社区问题，是当今城市发展、社会治理的必然趋势。美国学者珍妮·乔布（Jenny Job）在《政府信任是如何产生的：它起源于家中，但结束于社会》（2005）中表明，居民定期参与公共事务管理提升了社会信任，而社会信任又会催生了政治信任。社会信任是政府实现有效治理的充分必要条件。

我国历史上，历任朝廷委任的官员只到县一级，基层治理基本是以乡绅、宗族族长为代表，通过"伦理""道德"的准绳实行基层自治。中华人民共和国成立以后，实行"乡政村治"，政府部门只设立到乡镇和城市的区一级（街道为区政府的派出机构）。这样做，除了减少管理成本和行政开支外，更重要的是为中央治理与地方治理提供了一个可控的缓冲空间。毕竟政策制定在中央，落实执行在地方。当有关上级部门的政策不能适应地方实际情况时，地方可以通过与上级部门的协商，因地制宜地对政策执行进行调整。

现代社区自治制度是党和政府针对社会主义民主实现形式的一种积极探索。我国的基层社会治理是一个不断完善的过程。其间，也面临着一系列挑战。例如，社区空间结构的变化对培养社区集体意识带来的挑战；人口地域频繁流动和人口结构变化对社区动员能力带来的挑战；等等。

近年来，我国在基层社会治理领域，致力于建设"有为政府＋有效市场＋有活力社会"。一是要防止政府大包大揽对市场和社会力量的挤出；二是要防止市场和社会力量向政府进行成本转嫁和养成"福利依赖"。借此，需要积极探索多元共治的社区治理模式，培养相关主体的社会责任意识，推动市场在社区治理中的资源配置作用。

"有为政府"离不开深化体制改革。例如，上海市率先推进体制改革，制定"1+6"文件，并在上海广泛实行，取得了良好的效果。表现在基层社会治理中，党的领导坚强有力，政府主导作用全面发挥，社会各方有序，基层群众自治成效明显。

"有效市场"离不开企业社会责任意识的培养。"企业社会责任"作为重要的SA8000（企业社会责任标准）国际标准守则，被越来越多的企业贯彻实施。企业在公司盈利和社会公共治理之间寻找某种关联，为塑造良好的"企业形象"履行社会责任。当企业向基层社区提供资源供给时，增加了社区的资本。企业履行社会责任，有利于形成多元共治的局面。

"有活力社会"源于社区自治主体的社会责任感。人们应该如何选择实现自己目标的途径？在现实中，那些热衷于"桌下交易"或信奉"丛林法则"的举动都走向了事物的反面，真正有效运转的"社区自治"离不开社区自治主体的规则意识和契约精神。

专栏：我国社区协商的多样形式

社区协商是社区内的利益主体基于理性协商取得共识，消除分歧，维护各自权益的民主形式。在我国，社区协商作为基层组织运转的基本形式，越来越受到党和政府的重视。

2015年2月，中共中央印发《关于加强社会主义协商民主建设的意见》，提出"推进行政村、社区的协商"；2016年8月，国务院办公厅发布《关于加强城乡社区协商的意见》，要求"社区协商制度化、规范化、程序化"；2018年6月，《中共中央国务院关于加强和完善城乡社区治理的意见》出台，提出社区的六项能力建设，其中，提高社区居民议事协商能力是第一项能力建设。一系列法律的出台，推动了社区协商的发展。

我国的社区协商主要表现为三种形式：

第一，议事会。即社区根据协商事项、参与主体，采取的不同的议事形式。多见于社区党员议事会、村（居）民议事会、社

区民情民意恳谈会、物业联席会等。其中，首推以党员干部、有影响力居民为主导的多方参与。例如，在合肥市包江区氿南家园，由小区内德高望重的老人组成社区协商委员会，不定期召开社区协商会，听取群众意见，在社区居委会、小区居民、物业公司之间进行协调。再如，济南市舜华区建立"红色驿站"，将社区党支部、离退休党支部、在职党支部、两新组织党支部成员纳入其中，发挥党员先锋带动作用，多方共建、共同推进基层治理。

第二，网格协商。即根据不同原则，将社区细化为多个网格，以网格为单位开展邻里议事等活动。例如，杭州市余杭街道以党支部为网格核心，深化党员联户工作，广泛收集民情民意，并采取固定主题日、村务开放日等形式，开展会议协商、民情恳谈、网格热议等活动，提升社区协商效果。再如，长沙市侯家塘街道积极探索"一提两议两评"社区协商"122"模式，按照"地域邻近、便于组织"的原则，将社区划分为7个协商网格，通过网格提案、需求评估，召开居民开放空间等活动，发动居民群众参与社区治理，形成网格主导的社区治理新格局。

第三，网上协商、线上协商。通过网上协商，拓宽渠道，提升效力。例如，北京市海淀区皂南社区积极探索微网格协商，建立微网格平台，通过微网格广泛了解居民意见和需求，及时沟通并解决，其中，对于重大事项、特殊事情，以社区议事厅为载体，发出邀请函，邀请居民们共同协商。再如，济宁市仙营街道搭建网络互动平台，开设57个微信群，典型的有"云社区"微信群、"桥西云社区"微信群，并设立建言献策专栏，通过网上公开征求意见。网络微信平台的建立，将居民群众连在线上，使得社区居民之间的沟通更加便捷、高效，真正实现社区服务与需求相适应的"最后一公里"，打造线上服务的"永不下班岗"。①

① 资料来源：根据网络资料整理。

社区之间的联合与协调机制

区域治理落地到基层，就是社区间的联合与合作。不同的社区之间产生矛盾和冲突是常见的事，尤其是城乡接合部和不同区县的交界地带，这需要建立跨社区的联合与协调机制。

一　新区域主义与社区联合

新区域主义源自20世纪90年代欧美国家兴起的"区域治理"实践，强调依靠区域层面的多元协商、互动合作，共同解决跨界问题，实现城市的经济社会均衡和可持续发展。

相比传统的区域主义，新区域主义更强调跨边界、跨部门、跨公私合作，关注政府、社会组织、居民等多元主体的诉求，主张通过调整财政补贴、税收及其他资源分配，减少城际、城郊以及各个行政单元之间的经济福利差距，提高区域在经济全球化中的整体竞争力。

我国地方政府间开展了一系列跨区域合作，如粤港澳"大珠三角"区域、长三角区域、环渤海区域等，这对于城市之间的协作，以及区域经济一体化、增强区域竞争力的作用显著。

建立跨社区的联合与协调机制十分必要。原因在于，一方面，跨区域公共事务增多，依靠单个社区无法有效处理。随着经济发展，社区之间的关联性与互动性增强，跨越地理边界的公共事务，如环境污染治理、大型公共交通建设、地方治安与犯罪防范等问题也日渐增多。它们不仅关系到特定社区的公共利益，而且会产生外部效应，影响相邻社区的生产生活。另一方面，一些社区的财政实力不足以应对发展。社区规模小，财政补贴少，自筹经费有限，社区建设难度就大。

社区之间的合作与联合，不仅有利于促进各行政单元的资源合理配置，而且有助于缩小地域差异，平衡区域经济发展。更为重要的是，弱势社区形成联盟、共同发声，可以最大限度地吸引外界关注，促进问题的解决。

二　社区联合治理模式与案例分析

作为对全球经济一体化的回应，跨社区联合已深入贯彻到很多国家的基层社会治理中，并形成了多样化的模式和成熟的机制。

（一）环境区域联合治理：美国海岸空气质量管理区为例

伴随工业化和城镇化的发展，大量环境问题（如大气污染、流域水污染等）不断超越行政边界向周边地区甚至更大范围扩散，导致各类环境风险高发。而与此同时，由环境风险引发的地区性、群体性事件频频发生，并时常伴随暴力和冲突。在美国，一些地理条件、气候特征相似的郡县、社区联合在一起形成"空气域"，并以此为根据建立相应的空气质量管理区，很好地缓解了环境治理与行政区划之间的矛盾。

1. 南加州海岸空气质量管理区的发展现状

洛杉矶位于美国加利福尼亚州西南部，是一个工商业、国际贸易、旅游业、文化产业发达的港口城市。这里也是美国空气污染最严重的地区之一，历史上发生过多次严重的雾霾事件。如，1943 年在洛杉矶发生的光化学烟雾污染，因污染范围之广、影响之深，被称为"世界八大公害事件"之一。再如，1954 年洛杉矶再度爆发的严重雾霾，一天之内造成 2000 起车祸。[①] 联合防治大气污染迫在眉睫，但

---

① 金煜：《洛杉矶抗霾 70 年》，《新京报》2012 年 1 月 15 日。

是，由于污染涉及的区县众多，各地区都倾向于从自身的经济利益出发，倾向于将难以界定的环境治理成本转嫁他方，导致污染重区与周边区域之间的冲突不断，难以就"联防联治"达成共识。

南加州海岸空气质量管理区（South Coast Air Quality Management-District，SCAQMD）成立于 1977 年，是专为治理空气污染问题而设立的特别行政区。它由洛杉矶及周边的四个郡县（洛杉矶郡、奥兰治郡、河畔地区和圣伯纳迪诺）联合成立，涉及 162 个城镇，1680 万人口。南加州海岸空气质量管理区的主要工作和职责是，统一该地区的空气质量管理标准，沟通并整合行政资源，提高执法效能，提升整个区域的空气质量。[①]

经过四十多年的综合治理，时至今日，洛杉矶在保持经济增长的同时，其臭氧峰值已降低 3/4，PM 2.5 降至日均 35 微克的低值，SCAQMD 成效斐然。

2. 南加州海岸空气质量管理区的职能及运行机制

SCAQMD 的总部设在加利福尼亚州钻石岗市，包括管理委员会、执行办公室、总顾问、科技促进会、工程合规部、地区规划规制与资源办公室、立法及公共事务办公室、金融办公室、信息管理部门、行政与人力资源 10 个部门。作为一个跨地区的机构，SCAQMD 拥有一套成熟的运行机制，保障各方能够广泛协作、达成共识。

（1）经费保障

资金渠道比较多元：一是工厂企业缴纳的排污费，此项收费占总收入的 70% 左右；二是机动车注册登记费，此项约占总额的 20%。[②]此外，每辆车还会加收 5 美元附加费，旨在增加用车成本、减少驾车出行；三是污染企业的排污许可年费，此项每年必须缴纳。

（2）依法治理

法律是公共治理活动的准绳。SCAQMD 通过区域立法，对南加州

---

① 陶希东：《全球城市区域跨界治理模式与经验》，东南大学出版社 2014 年版。

② 陶希东：《"大上海"空气跨界治理设想》，《东方早报》2013 年 3 月 5 日。

的空气污染治理进行规制和指导。1967 年，SCAQMD 颁布《南海岸空气质量管理区法》，1991 年，依据美国《清洁空气法》和加州相关法令，制定《空气质量管理规划》，引导污染严重地区达到清洁空气的标准。在这一时期，排污控制许可制度覆盖的区域更广，诸如印刷店、面包房、食品加工厂、橡胶和塑料加工厂等，可能造成污染的企业和个体作坊也都必须办理排污控制许可证，共同对大气治理负起责任。

（3）市场化运作

1994 年，经美国环保署审查，SCAQMD 开始在整个治理区域实施大气污染物排污交易项目——"区域清洁空气激励市场"（Regional Clean Air Incentive Market，RCAIM）。根据规定，SCAQMD 负责设定辖区内硫氧化物（SO_X）和氮氧化物（NO_X）的排放总量限额，并每年向企业核发一定的排污许可额度。在总量控制的前提下，一般企业都可以通过主动减排达到标准；而对于一些排污大户，则可以购买其他企业的额度。该项目的成功之处在于，通过总量控制、初始分配、交易规则这三种基本机制的设置，并加入一些与当地环境、社会、法律制度相适应的新元素[1]，使固定的排污额度能够依据不同企业的需要而实现灵活运作。

3. SCAQMD 中的区域联防和社区协作

首先，联邦政府及地方州郡在对污染源的控制和管理上，分工协作，权责明晰。飞机、火车、轮船等跨界尺度较大的污染源，由联邦环保部门负责；道路与非道路等移动源由州环保部门负责；固定源的管理则主要由郡县的空气质量管理局负责。[2]

其次，在污染问题的解决上，体现了社区参与、多元共治。如加州五大高校社区开展联合行动，向学生和公众传播空气质量和健康生

---

① 刘畅：《美国加州南海岸区域清洁空气激励市场项目概况及进展》，《环境科学与管理》2011 年第 6 期。

② 赵秋月、李冰：《美国南加州空气质量管理经验及启示》，《环境保护》2013 年第 16 期。

活的信息。又如，少数民族社区（如华裔、韩裔、拉丁裔、日裔美国人等）利用社交媒体增进对项目的认同，并积极参与空气治理的行动。

最后，在项目进行过程中，公正对待每一个社区，有效平衡每一个社区利益。例如，在四个郡县举行一系列公民大会和社区座谈会，对公众参与的机制进行评估；与社区团体建立积极的合作伙伴关系，解决居民和社区层面的实际问题；促进广泛的社会参与，增加多语种翻译资料，并选择在方便社区居民的地点举行会议；资源分配和激励资金的发放向低收入以及污染严重的社区倾斜等。

（二）城乡协调治理：德国"区域公园"为例

"区域公园"是指"一种特别的公园区域，覆盖在单一行政边界内（如省、市或郡县）或者是跨越行政边界"。德国的区域公园并不是我们熟知的绿地或园区，而是针对城乡共同发展的一种策略，旨在通过郊县与城区的合作投资，构建环境综合体，保护开发自然空间，提升城市整体竞争力。从实践效果来看，乡村以有偿的方式维持了城区的生态环境，并通过开发新的经济业态解决了自身增长的问题。

1. 区域公园的两个案例

（1）柏林—勃兰登堡区域公园

柏林—勃兰登堡区域公园位于德国东北部，柏林市与勃兰登堡州的交界地带。总面积2866平方公里，涉及16个郡县138个社区，60万人口生活或工作其中。

20世纪90年代，东西德统一，首都柏林面临巨大的土地开发压力，城市边缘的农田和土地被大量消耗或蚕食。在边缘的7个区中，仅有潘科区存有1915公顷农田，约占这个区总面积的19%，其他6个区的农田都只剩数百公顷。当时，可持续发展的思潮已席卷全球，柏林政府认为这些自然区域和农田是本地区特有的标志和财富，应予以保护。1996年，为抑制柏林向外围（勃兰登堡州）无序扩张，维持郊区的自然和人文风貌，柏林与勃兰登堡州签署协议，联合建立

"空间规划部"，在柏林边缘的 8 个地区展开区域公园的规划和建设。

初期，这种跨区域整合的郊区发展策略受到了地方政府的反对和阻力，因为公园内的 16 个县 138 个地方当局都需要独立的经济发展，以增加税收。而今，在柏林的城市边缘，原本独立的 8 个地域空间由一条环形林荫绿道相连，平均宽达 15 公里的绿道（用于步行及自行车道）连接乡村和大型生态景观区，如农业景观区、原始林业区、湿地和水库区等，形成"绿色斑块链"，环绕柏林外围。

柏林—勃兰登堡区域公园的核心理念是"自下而上地生长"，强调打破边界，统筹各个团体利益以形成共同目标。公园的运营遵循五个核心原则：一是合作。公园的具体开放项目由柏林下属区县和勃兰登堡州郡县的各个行政部门负责实施，鼓励社会组织、农民和投资者等社会力量参与。二是整合。综合考虑生态环境保护、经济发展和社会等因素，营造一个复合的功能体。三是景观认证。重新发现自然资源的开发潜力，促进当地农民与公园互惠。四是产业行动。发展旅游业的同时开展再就业活动，吸纳本地失业人员参与旅游服务和景观维护工作。五是网络化。一方面，构建组织及人员网络，通过有关机构和社会组织（如农民协会）将政府、农民、投资人等联系起来，相互支援，集体行动；另一方面，构建整个区域的景观网络，通过道路设施、标识，将景点、站点及休息区域串联成有机整体。

对应"自下而上地生长"理念，柏林—勃兰登堡区域公园在管理上以各郡县、社区自发联合、协作运营为主，州政府只在政策上予以鼓励和号召。虽然该地没有在行政上形成总体统筹，但它形成了一个地方协作的平台，使原本散落、孤立的社区联系起来，为了一个共同的目标展开行动。

（2）莱茵—美茵区域公园

莱茵—美茵区域公园位于德国中西部，其所在的法兰克福都市区是德国最具活力和发展潜质的区域之一。该区地跨黑森、莱茵兰—普法以及巴伐利亚三州，总人口逾 550 万，面积 14800 平方公里。

20 世纪 90 年代初，为应对郊区化对生态环境和居民生活的影响，法兰克福/莱茵—美茵区域规划协会开始规划和建设区域公园。莱茵—美茵区域公园的核心理念是"创造景观感的区域"①。通过建设不同主题的体验环线，链接区域公园和法兰克福城市群，使其构成一个完整体系。目前，该地已形成以绿道、点状开放空间和绿环组成的"圈层网络节点"模式。其中，外圈是一条200公里长的环状绿道，环绕法兰克福城市外围，沿途涉及35个郡县、社区，平均每500米就有一处景观或休息站点；内圈则是以近郊山脉为主的环形绿化带。两层圈道之间由数条绿道相连，历史遗迹、自然景观交织成网。

该地的组织模式为伞状结构，这也是德国大多数区域公园采用的模式："顶层"为黑森州政府和区域规划协会，他们负责自上而下的组织协调、总体策划，并筹集部分资金，同时组建项目公司，与各个地方参与者进行协商；"执行层"为开发项目所在的乡镇和社区，他们负责具体实施，同时鼓励社会参与。如发展特色旅游业，由于环形绿道串联了众多乡村和社区，沿途的农民可以通过提供餐饮、住宿等旅游服务以及农产品销售、农业体验等项目增加自己的收入；同时，本地政府也会通过网站宣传、税收优惠等措施，支持他们的活动。

2. 德国区域公园的特点

（1）区域统筹

区域公园包含了"全域规划"的理念，即通过绿道这一纽带，将城镇和乡村连接起来，将散落在各个社区的自然资源、历史资源、农业资源、旅游资源连接起来，并赋予其可以互动的内容（比如农产品直销、农业体验等），各司其职，统筹发展。这要求打破区域空间的边界重新进行整合。例如，重新认知生态资源的复合功能属性，结合本土特色进行保护性旅游开发，而不仅仅是将其作为"绿地"孤立保护；对中心城区一些太过拥挤的产业和职能可以向外围村镇、远郊疏解，给予外围更多的发展机会。

---

① 李潇：《德国"区域公园"战略实践及其启示——一种弹性区域管治工具》，《规划师》2014年第5期。

（2）跨界协作

区域公园在管理上大多会形成一个总体运营的机构。该机构一般是由本区域内政府机构、自治机构、社会组织、农民等形成的联盟组织，如"区域规划协会"等，负责组织协调各个参与单元，并形成纵横交错的合作网络。从纵向来说，区域公园所涉及的州政府、地方市镇政府、郡县和社区机构形成城市—社区的多层级管理；从横向来说，由于自然资源分布往往与行政边界不相吻合，且涉及生态保护和资源开发的矛盾，因而需要跨地域、跨专业（生态治理、城市规划等）、跨主体（政府、非政府组织、农民、投资者等）的协作。总的来说，区域公园的管理模式是"统筹规划、属地管理、部门合作、社会参与"。

（三）社区行政管理联合：法国市镇联合体为例

欧洲市镇的平均人口一般在500—5000人左右，从规模来说相当于我国的社区。基层政府规模小，缺乏充足的财政资源，往往难以提供有效的公共服务。对此，英国、德国、比利时等国大多采取合并或兼并的办法。但是在法国，社会文化强调社区价值、地方性和身份认同，市镇在法国人的观念中如同家一样，不能割舍。市镇联合体在保留现有市镇建制的前提下，作为有限公共目的的机构应运而生，是法国社会基层治理独特的解决之道。

1. 法国市镇联合体的现状

法国拥有36782个大小市镇。由于历史原因，这些市镇在面积和人口规模上差异很大，超过80%的市镇人口不足3500人，3.2万个市镇的居民少于2000人，其中，约1万个市镇的居民少于200人。[1]过于细密的市镇区划，制约了地方公共政策的一致性，也限制了社区居民力量的发挥。

20世纪80年代，伴随经济全球化和区域一体化的发展，法国政

---

① 上官莉娜：《整体治理视野下的法国市镇联合体》，《江汉论坛》2012年第7期。

府逐步将国土整治、城市规划、大型交通、公共设施建设等事务下放给市镇。但众多市镇由于人力和资源不足，对中央赋予的权责难以履行，更无力争取各种优惠政策，常常处于被边缘化的境地。为解决协作困难、提升竞争力，法国的一些邻近市镇和社区组建了多样化的联合体，试图实现资源共享、互惠互利。

市镇联合体是法定的公共管理机构，接受国家财政补助，为区域提供特定类型的公共产品和服务，比如公路建设、停车场、环境保护、文化和体育设施等，可根据不同社区的实际需要开展合作。市镇联合体发展迅速。至 2005 年 1 月已经达到 2334 个，囊括了 3.2 万多个市镇，占法国市镇总数的 88.1% 。[①]

2. 法国市镇联合体的运作机制

市镇联合体内融合了各种利益团体，形成了多元化的运作方式。

（1）市镇联合体委员会

作为法定的公共管理机构，市镇联合体委员会负责编制整个区域的协调发展纲要，并按照职能设立经济发展、交通设施、环境保护等专业委员会。委员会由所有成员市镇的镇长或议员代表组成，代表人数根据成员市镇人口比例分配，但中心城镇的名额不能超过委员总数的一半。委员会主席通过选举产生。[②]

在具体运作中，市镇联合体委员会强调平等、沟通和对话，尽量兼顾所有成员，特别是贫困社区的利益。如，图卢兹市镇希望启动一项拓展工程，需要联合体予以支持；但在随后的联合体委员会会议上，由于大多数市镇代表认为，该工程只对图卢兹市镇的利益有帮助，却对其他社区发展无益，因此，这项工程最终被联合体否决。[③]又如，雷恩联合体委员会在筹划建立阿塔兰特科技园时就做出承诺，

---

① Administrative Divisions of France, from Wikipedia, *the Free Encyclopedia*, http://en. wikiped-ia. org/wiki/Administrative divisions of France.

② 郁建兴、金蕾：《法国地方治理体系中的市镇联合体》，《中共浙江省委党校学报》2006 年第 1 期。

③ Walter J. Nicholls, "Power and Governance: Metropolitan Governance in France", *Urban Studies*, 2005, Vol. 42, No. 4.

要将科技园的一半收入贡献出来，用于联合体中贫困社区的发展和振兴，这种利益共享的做法自然赢得了所有代表的支持。①

（2）混合经济体

20 世纪 80 年代后期，市镇联合体开始与私人企业合作，提高行政效率和公共服务水平，这种合作一般采用混合经济体形式。在市镇联合体委员会主导的前提下，引入私人企业的专业技术、管理模式和资金（市镇联合体的资金通常占大多数），开展各项建设工程。

如雷恩联合体的阿塔兰特科技园区项目，其 95% 的资金由联合体委员会持有，委员会负责园区土地的购买、规划和建设，具体工程实施以招商的方式转包给私人企业负责。② 里尔联合体的欧洲化里尔工程，混合经济程度更高。联合体委员会只占有 16.5% 的资金份额，其他各类合作者在项目建设整体框架内，自主经营，自负盈亏。

（3）社会团体与公民参与

市镇联合体十分重视公民参与。在新政策实施前，联合体通过在报刊发布消息、召开公民会议、组织实地考察等多种方式，让居民知晓政策并对此发表意见。这种做法，不仅使工程建设和城市规划更加贴合需要，也使各项政策更容易得到居民认可，实施起来更为顺畅。

社会团体是另一个影响公共决策的力量。如 1994 年，里尔地方企业家倡导成立的论坛性组织——大里尔委员会，它由来自政府、社团、工商业、学校等领域的近 300 位地方人士构成，该组织是"组织成员反映情况和提出前瞻性建议的俱乐部"。申请 2004 年奥运会主办权时，大里尔委员会积极响应，并与里尔联合体密切合作，一面向里

---

① Burkard Eberlein, "French Center-Periphery Relations and Science Park Development: Local Policy Initiatives and Intergovernmental Policymaking", *Governance: An International Journal of Policy and Administration*, 1996, Vol. 9, No. 4.

② Alistair Cole and Peter John, *Local Governance in England and France*, London: Routledge, 2001.

尔地方政府寻求政策支持，一面为城市体育设施建设募集资金。虽然最终未能成功，但充分显示了该团体在社会动员和公共决策中的影响力。①

（四）跨界区域的协调治理：美国"市县合约"为例

市县合约是一种特殊的区域治理模式，源于郊区化扩散引发的城郊矛盾。

美国路易维尔市与杰斐逊县地处肯塔基州和印第安纳州的跨界地区。20世纪70年代和80年代，作为中心城市的路易维尔人口持续下降，经济衰退，财政短缺，难以满足人们对公共服务的需求。1982年和1983年，路易维尔曾两次提议与地处城郊的杰斐逊县进行合并或兼并，但两次都被公民投票否决。其后，路易维尔仍积极寻求兼并靠近市界的杰斐逊县的非合并地区。由于路易维尔市和杰斐逊县在财政上都严重依赖就业税（一种按照就业地征收的收入税，约占收入的一半），市县的每一次成功兼并都意味着县经济收入的减少，因此双方时常发生激烈冲突。

当时普遍认为，市县合并将经历一个漫长的过程，在各自区域内分离地提供公共服务。但让人意外的是，1986年，市县双方经过谈判，达成了"路易维尔协议"，并制定公共服务供给规划，对一些政府职能进行分工。例如像大气污染治理、公共健康、犯罪和规划等服务由杰斐逊县负责提供，而像灾害救助、应急服务、动物园、博物馆等由路易维尔市负责提供。12年后，协议进行了更新。2003年，市县正式合并，成立路易维尔大都市政府。虽然谈判是基于双方行政长官的友好关系及相似的政治立场而启动，但真正推动这一计划的核心是税收共享。② 协议规定，对辖区内的就业税进行分配，市占58%，

① Alistair Cole and Peter John, *Local Governance in England and France*, London：Routledge，2001.

② 宋迎昌：《美国的大都市区管治模式及其经验借鉴——以洛杉矶、华盛顿、路易斯维尔为例》，《城市规划》2004年第5期。

县占42%（以1985年市、县征收该税的基数为依据）。这种分享机制结束了双方在经济发展中的财政竞争，也为合作提供了基础。

三 国外社区联合治理方法对我国的借鉴

（一）社区联合治理的主要方法

社区之间的冲突大多源自资源的争夺和协调机制的缺乏，这要求打破边界，从大区域的层面认识和处理社区面对的共同问题，整合资源，形成合力。从欧美各国区域联合治理的案例来看，普遍采用的方法主要有以下四种。

1. 行政管理联合体

建立行政管理联合体，旨在分摊区域管理上的固定的行政支出。这种方法适用于经济及财政资源不充足的相邻社区。行政管理联合体基于两个假设：第一，相邻社区拥有不同利益，也分享共同利益；第二，分散的行政行为无法满足多个社区的公共利益，甚至会导致混乱和崩溃。只有在一个单一的、具有内在联系的机制中才能整合这些利益。因此，通过社区之间行政或组织的联合，能够从政治上推动社区融合，增加凝聚力；从经济上发挥规模优势，降低成本，提高效率。

在美国，相邻社区之间常常通过组建特别区政府的形式，为区域提供公共服务，这些服务包括消防安全、排污处理、公共交通设施（包括港口和机场）、供水和住房等。例如，在美国中西部地区，为开发社区的土地和水资源，相邻乡村会组建一个特别区政府，共同建设排水或供水系统；又如，为了规范州法律以及特许状所规定的赋税和借债总额的限制，或分散税收负担，相邻社区也会形成行政联合，以便筹集资金兴办公共事业。①

2. 合并或兼并

与建立行政管理联合体相比，合并或兼并带有"强权"性质，涉

---

① 陶希东：《全球城市区域跨界治理模式与经验》，东南大学出版社2014年版。

及改变行政区划的地方行政体制改革。社区的合并或兼并一般发生在较弱小的相邻社区之间，如乡镇、城郊等，其旨在消除基层政府的重复设置，降低行政成本。

合并或兼并也会发生在不同经济条件的社区之间，起到平衡发展的作用。比如在欧美一些市县合并的案例中，合并使中心城区较重的税赋扩大到整个都市区，减轻了中心城区的财政负担。这种合并通常会受到经济较发达一方的反对，因为他们的税赋增加了。

3. 服务协议

一些无法实现行政联合的社区，往往会通过签订合同的方式，联合提供公共服务，实现基础设施共享。服务协议的实质是整合公共资源，在不同社区之间重新配置公共服务的供给。一般来说，它比较适合大型公共工程建设，比如交通运输、空气污染治理、供水和排水等。

方式一：社区以付费购买的形式让邻近的另一个社区来为自己的居民提供公共产品和服务，并明确规定公共服务的数量和质量。例如，一个没有设置高中的社区可以把自己的学生送到临近学区的高中接受教育并向该学区支付费用。又如，县区向乡镇付费，以清理位于该镇的县级公路。

方式二：社区之间通过交换某种服务项目实现功能互补。例如，一个社区提供救护车和消防服务，另一个社区则提供火灾调查员；一个社区与其他社区分享其图书馆，另一个社区则分享其公园绿地等娱乐设施。

目前，美国社区之间购买或共享服务比较普遍。例如，一个社区解散了其拥有23名成员的警察队伍，与邻近社区签订服务协议，实现警务联防；新泽西的两个学区联合雇用了一家餐饮服务公司，使两地的餐饮服务成本都有所下降。

4. 社区联合会

除行政单位之间的正式合作，社区之间也会组建非正式的社区联合会，即多个社区为共同受益的项目（如自来水供应、垃圾处理等）

建立联合会，联合会是一个法人机构，负责项目的具体实施和完成。此举既有了规模效益，又实现了资源共享。社区联合会关注的重点一般是注重实效的短期项目，如技术援助、共同采购、垃圾处理、教育培训等。

（二）社区联合治理的经验借鉴

1. 政府指导与干预

从欧美国家区域治理的实践来看，上级政府的干预或激励往往是地方治理创新的有力推手。

一方面，国家的相关法规制度为社区的行政联合或合并提供保障。美国州法律规定，"州有权力和可能改组地方政府，并且改变服务提供机制"。依据这一条规定，州政府不仅可以设定规则，指导基层政府的行为，而且能够在没有地方投票许可的条件下，直接合并旧政府，设立新政府。目前，美国有 14 个州的法律批准市县合并，并规定了具体程序。社区之间的行政联合或合并涉及跨边界、跨政府部门等多重利益，基本法律是规制各种利益主体行动的法源，部门规章则规定联合治理中各个机构、单位的权力、责任和义务。

另一方面，国家的相关政策为社区联合治理提供激励，即政府通过财政资金的分配、税收优惠、制度激励等诱惑社区联合，促进区域协调发展。20 世纪 60 年代，美国政府加大了在高速公路、环境治理等公共工程上的财政拨付力度，但要想得到这笔资金，就必须满足政府对区域规划的要求。例如，1962 年的《联邦高速公路法案》提供高速公路建设的配套资金，但申请者必须证明他们的申请与某项区域规划一致。1964 年的《城市公共交通法案》拨款数十亿美元，同样要求申请者证明这笔资金的用途与区域规划一致。①

2. 税收共享、财政公平

社区的合作或合并涉及多个社区的财政和利益。根据公共选择理

---

① ［美］利维：《现代城市规划》，孙景秋等译，中国人民大学出版社 2003 年版。

论，每个社区都力图提升各自的公共服务水平和规模，以吸引更多的人口与资源向本社区集聚，同时，尽可能降低发展成本，规避不利因素。比如在美国，基层政府最重要的收入来源是不动产税，因此政府很乐意为一些开发型产品，如办公楼、高档住宅等提供服务。但由于每个社区在地理区位、自然禀赋、经济条件、文化程度等方面的差异，并不是都能吸引到这类产品的开发和建设。从某种程度上来说，区县之间、城郊之间存在税收上的巨大差别，这是导致城市发展的不均衡和贫富差异的一个重要原因。

德国联邦宪法规定，区域的平衡发展和共同富裕是全体国民的共同追求，因此在城乡一体化建设上，强调生活和福利环境的平等，尽量缩小地区差异。在德国，郊区日常市政运行费用的50%是按照城区人均分享税收的方式得到的，这样，至少可以在乡村地区维系最基本的市政运行水平，不会因为社区贫穷，从居民那里征收不到足够的房地产税费而导致其低于城区最基本的市政运行水平。①

一个具有竞争力的城市应该是一个区域平衡、共同发展的利益共同体；而一个税收共享、财政均等的经济制度或计划则是实现不同地区共享发展成果、缩小发展差异的路径。

---

① 布须曼·舒尔茨（Buschmann Schultz）：《中国城镇化可借鉴德国》，《中国房地产业》2013 年第 7 期。

社区资本推动下的外国社区建设

美国的社区建设重在提升内生发展能力，构建背后的资本体系，通过挖掘社区的物质资本、人力资本、金融资本、社会资本、环境（生态）资本、政治资本和文化资本，进行评估识别，在此基础上进行资本组合投资，取得资本收益并回馈社区。

一 以"资本"切入的社区发展视角

（一）社区发展模式的转变

从国际社区发展的历史来看，社区发展的模式经历了从"需求"导向转为"资本"导向的过程。早期社区工作重在解决问题、满足需求，现在则强调社区可持续发展，对挖掘本地资源、激发内在动力提出更高要求。

"需求"导向的社区发展模式始于20世纪60年代，它长期主导西方社区发展的目标及策略，也被许多发展中国家的社区工作者奉为圭臬。"需求"导向的社区发展模式要求对社区问题和需求（如贫困、污染、安全隐患、硬件设施匮乏等）进行全面评估，并通过向外界寻求财政及技术援助，满足需求、解决问题。从实践效果来看，"需求"驱动的社区发展项目在实施的初始阶段能够吸引更多的居民参与、产生更大的动力，并且能够使社区在短期内显著改变。但这种发展模式很容易使社区形成对外部力量推动的习惯性依赖，导致居民产生"等、靠、要"的思想。国内外大量案例已经证明，任何一个发展项目，如果没有得到社区居民与组织的认可、推动和参与，将很难成功。1980 年代，美国佐治亚市的本地企业为 20 个社区的发展项目提供资金支持，结果由于没有得到社区内部的积极响应，收效甚微。[①] 来自外部的经济援助虽然能够在一段时期内为社区发展提供支持，但其效果却是不可持续的。关于这一点，尤其针对贫困社区、移民社区的实践，已经取得共识。

针对"需求"导向所带来的问题，20 世纪 90 年代初，一种被称为"资产为本"的社区发展模式在美国兴起，并在世界各国的社区发展中得到广泛应用。克雷茨曼（Kretzmann）和麦克奈特（McKnight）是最早提出并对这一概念进行深入阐述的美国学者，他们认为"以往需求为本的社区工作模式过于强调社区资源的不足，而忽略了原有社区存在的资源、技术与能力。只有重新理解每个社区和居民都是独一无二、资源丰富且具有改变能力的，才能使社区从无助、依赖、被动、有问题、贫困、需要援助等标签中解脱出来"[②]。

在"资本"导向的社区发展环境中，社区聚焦和关注社区的资产和潜能，例如社区绿地、职业培训课程、多元文化等。社区成员能够重新发现、确认、整合并利用这些资源，把社区建设得更好。由此，外部支持只是辅助性的，社区成为发展的主体。"资产为本"的社区发展模式强调对社区优势、潜力以及群体能动性的挖掘和利用，追求以社区资本为基础、以社区关系为驱动力的内在的可持续发展。

值得说明的是，在社区工作的实践中，"需求"导向与"资本"导向并不是相互排斥的。社区"需求"的评估十分必要；"资本"导向只是说在社区发展的行动中侧重于社区的资本和优势，强调以积极的态度去应对，而不是直接向外部寻求解决。图 4 - 1 和图 4 - 2 是美

---

① Gray Paul Green & Anna Haines, *Asset Building and Community Development*, Sage Pubilcations, 2012.

② 文军、黄锐：《论资产为本的社区发展模式及其对中国的启示》，《湖南师范大学社会科学学报》2008 年第 6 期。

国学者安娜·海恩斯（Anna Haines）通过对社区问题和社区资产的归纳，分别绘制出的社区问题地图和社区资产地图。

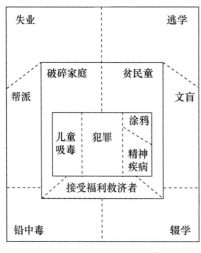 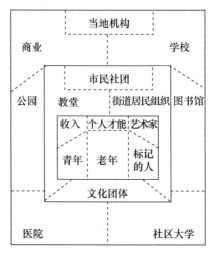

图 1   社区需求地图①　　　　**图 2   社区资产地图**

可以看到，在将"问题"视角转化为"资本"视角后，地方机构、市民团体、组织以及拥有才能的个人等都是社区潜藏的资源，拥有为社区发展做出贡献的能力。

（二）社区资本的类型及应用

资本（capital）是具有经济价值的物质财富或生产的社会关系。社区资本，即社区内部能够激发社区发展活力与动力、可以带来潜在收益的物质和非物质形式的总和。广义的社区资本包括七种形态：物质资本、人力资本、金融资本、社会资本、环境资本、政治资本、文化资本。② 不同形式的社区资本存量和分布决定着社区发展的持续能

---

① 转引自黄瓴《从"需求为本"到"资产为本"——当代美国社区发展研究的启示》，《室内设计》2012 年第 5 期。

② 周晨虹：《内生的社区发展："资产为本"的社区发展理论与实践路径》，《社会工作》2014 年第 4 期。

力及社区发展的成果。

1. 物质资本

物质资本指社区所拥有的物资设备、基础设施和公务服务设施，具体可分为：生计设施，如家庭住房等；公共交通及通信设施，如道路、铁路、桥梁等；公共卫生及医疗设施，如社区卫生服务中心、养老护理中心、儿童保健所等；教育设施，如社区学院、培训机构等；商业设施，如购物中心、小商业，机器、厂房等；文化娱乐及体育设施，如社区中心、展览馆、音乐厅、图书馆、咖啡屋、健身场馆等。其中，文化和体育是国外社区建设的普遍功能，各种设施标准明确详细，如美国社区规定，每千人要建一英里步行跑道或自行车道，每2.5万人要建一个公共游泳池，每千人要建四亩开放的休闲公园。①

物质资本是一个社区发展的基础，具有很强的正外部性。物质资本匮乏的社区，容易受到自然灾害的影响，陷入贫困的恶性循环。如，由于物质资本的不足，2006年美国新奥尔良州的卡特里娜飓风破坏了204737间房屋，直到今天新奥尔良还没有从那次灾害中恢复过来。

物质资本也是一个社区形象的外显。不同类型的社区具有不同的特征、文化和功能（如工业社区、高科技社区、旅游社区、养老社区等），这些都会在物质空间领域中得到呈现和实践。例如，巴黎左岸地区是久负盛名的知识文化阶层聚集区，其间存在的大量咖啡馆、书店、博物馆等构成了适宜文化阶层社交与互动的人文环境，从而又吸引了更多的艺术大师、学者、名人驻入，物质环境与人文环境的相互作用塑造了其持久的魅力，并由此构成社区的完整风貌。

社区的物质资本与人力资本、社会资本等之间存在匹配关系。如果匹配得当，将有助于社区的发展；但如果物质资本低于其他资本的发展要求，就会成为社区发展的阻碍。芝加哥在其最新的《迈向2040综合区域规划》中制定的一项具体措施，即建设宜居社区，以

---

① 任朋朋、张丹华等：《国外村庄规划中文化要素的处理》，《城乡建设》2012年第2期。

高品质的居住环境和服务设施留住人才。不仅如此，芝加哥金融区的发展也经历了从以往办公区建设到金融与社区融合发展的过程，通过居住、金融、教育、休闲等多重功能混合的社区建设，为金融区企业发展创造更好的环境。[①] 高端人才向良好社区的流动和集聚正是物质资本与人力资本匹配的结果。

2. 人力资本

人力资本指社区居民所拥有的知识、技术和才能，比如教育背景、劳动技能、领导才能、艺术特长以及其他技能与经验等，有时还包含了健康。人力资本不仅能够促使社区获得收益，而且可以通过在社区进行的正式或非正式的教育或培训进行固化和积累，实现自我增值。

人力资本的发展与社区发展互为因果。例如，20 世纪 60 年代西方国家推行的"城市绅士化"运动，一方面，旧城区经过修葺更新吸引了高收入人群的入驻，高收入人群继而通过其掌握的优质资源和社会关系，进一步优化社区环境，提升社区的生活品质和经济价值；另一方面，由于更新后的社区租金高涨，贫困的原住民被迫离开家园，并将由此引发的社会纠纷和犯罪行为转移到另一个社区。在这个过程中，社区人口结构的变迁是引发社区一系列变化的原因。事实上，不同阶层居民之间的互动（人力资本多样性）也可以促进社区发展。

3. 金融资本

金融资本指社区内存在的正式的和非正式的金融机构（如社区发展银行、非正式小额贷款公司等），以及其他资金来源渠道（如商业投资、现金补贴等）。

在欧美国家，以社区银行为代表的区域性金融机构十分活跃，其最突出的特点之一就是将吸收的资金运用到其较为了解的当地市场，这对于欠发达社区的发展十分有利。美联储研究表明，社区性金融机构、社区开发公司的支持，以及其与政府机构的互惠协作，对推动贫

---

① 王兰、叶启明、蒋希冀：《迈向全球城市区域发展的芝加哥战略规划》，《国际城市规划》2015 年第 4 期。

困社区振兴的作用显著。①

在美国，为小企业和中低收入人群提供金融服务的还包括一些社区企业，即：社区小企业发展中心，为本社区私人小企业提供融资、咨询等；社区小企业投资公司，为本社区小企业提供创业资本贷款；社区开发公司，为本社区小企业提供固定资产（如土地、厂房）长期债务融资；社区微型贷款中心，为本社区少数族裔、妇女、退伍军人等人群创办和经营的小企业提供小额融资；社区小企业信用担保体系。该体系主要由地方政府操作，主要帮助社区内贫困人口创办小企业以实现脱贫。这些社区企业多由政府资助，为服务对象提供免费服务；相比大型的金融机构，它们可以利用其便利性以及贴近社区居民信息的优势提供小额贷款，为社区发展提供急需的资金。

4. 社会资本

社会资本指社区居民之间的社会关系网络，包括信任、规范和互助等要素，其中，信任包括制度信任和人际信任；规范包括正式法律制度规范和非正式的伦理道德约束。广义的社会资本也包括社区内正式和非正式的社会组织与机构、对外社会关系以及动用稀缺资源的能力和机会等。

社会资本蕴藏驱动社区发展的力量源泉，它有助于把社区居民"凝聚"起来，克服"集体行动"的困境，达成一致意见或采取一致行动；同时，也有助于其他资本如人力资本、物质资本、金融资本的形成和串联。

社会资本高的社区，其社区治理和社区发展的水平也高。例如，20 世纪 90 年代，美国社会学家罗伯特·帕特南②研究发现，意大利北部社团组织较多，公众参与的深度和广度很高，社会达到均衡状态，集体福利不断产生；相反，在意大利南部，人们很少参与社团活动，彼此之间缺乏信任，腐败和违法乱纪现象普遍。那么，是什么原

① 巴曙松：《活跃的美国社区金融》，《银行家》2002 年第 9 期。

② ［美］帕特南：《使民主运转起来：现代意大利的公民传统》，王列、赖海榕译，江西人民出版社 2001 年版。

因导致的这种差别？普特南认为一个比较好的解释是，这些地区在社会资本方面存在差异：社会资本水平较高的地区，居民的共同体意识和归属感较强，社区治理比较容易实现；而社会资本水平较低的地区，由于人们不愿意或没有机会参与公共事务，导致共同体形同虚设，社区治理难见成效。

专栏：中国台湾桃米社区的社会资本建构

桃米社区位于我国台湾地区中部的南投县埔里镇，是一个以初级农业为主的传统村庄。历史上，由于山多地少，不利耕种，年轻人多到外地打工。村内环境脏乱，杂草丛生。1999年台湾9·21地震，桃米村受到重创。随着新故乡文教基金会（非营利组织）进入村庄，发动以社会资本建构为切入口的社区建设，使桃米村不仅成功转型为远近闻名的生态村，而且成为从"封闭"冷漠走向开放共建的社区共同体，吸引了众多年轻人回流。其社会资本建构的主要步骤为：

（1）活化社区网络

新故乡进入之前，桃米村无论在经济还是文化上都较为落后。居民文化水平不高，社区活动也比较少。新故乡从活化社区网络着手，增加村民之间以及村民与外界的联系。具体而言：

首先，建立村庄与外部的联系，争取外界支持。通过组织参观、交流和学习等方式，让村民了解其他社区的发展状况和方法；积极开拓与台湾当局、企业、专家团队的联系和沟通，寻求政策、资金和专业技术的支持。这些活动使居民能够参与到社区事务中，增加了他们的自主意识和能力，为社区社会资本的积累提供了能量。另外，建立村民之间的关系网络，增加社会信任。协助成立"社区重建委员会"，邀请村民参加会议、讨论社区事务，通过这种方式解决社区建设中的矛盾和冲突，促进社会资本积累；组织引导村民积极参加活动，比如清溪花圃、平安灯节、邻

里公共空间改造竞赛、老照片搜集与展览等，增加居民之间的接触和交流。

（2）建构社区规范

首先，成立社区发展协会，满足政府行政需求，争取政府经费；成立社区重建委员会，并组建研发、空间聚落、产业、爱乡护溪四个工作小组，开展活动。初期协会成员多数是来自邻里组织、宗教网络、祭祀组织等的老人，后逐渐有年轻人加入，社区组织得以发展。其次，制定社区公约与组织章程，针对全村的民宿服务、餐饮服务、导游服务等，进行人员分工、职责范围、管理运作等方面的细致规定和规范。最后，倡导"社区公积金"制度，公积金的来源是社区生态旅游的部分收入，一般为解说员收入的10%，餐饮和民宿收入的5%。公积金是社区公共事务的重要经费来源。这种利益共享的理念形成了社区持续发展的动力。

（3）培育社区信任

首先，培育对社区领袖的认同。在桃米的社区建设中，协会的理事长、小组长们的真诚付出和积极努力，使他们获得了居民的信任，而这种信任又转化为号召力，影响更多居民的思想和行动。其次，培育对非营利组织的认同。社区居民对新故乡的认同起初来自于对社区领导者的信任，而其根本是来自于新故乡自身的行动，长期的陪伴与互动、持续的沟通与尊重，是新故乡赢得信任的关键。最后，培育居民之间的互相信任。如前所述，为增进居民之间的接触、沟通和了解，新故乡举办了一系列活动，并组织培训学习等。如吸引了众多妇女参与的"桃米美食大展"活动，不仅让大家互相展示、交流烹饪经验，还开设烹饪班，鼓励研发新菜式。在这个过程中，社区居民增进了感情，加深了互助和关怀。

桃米村的复兴在很大程度上是其社区社会资本建构成功的结果。总结它的成功经验，有以下三点：

首先，在于同时关注社区内部和外部联系。社区居民是社区建设的主体，调动其公众参与的热情，是实现社区自治的根本；而社区也不能是个封闭的空间，加强与外部的联系和沟通，能够使社区积极利用一切可以得到和使用的资源，增加支持。

其次，在于健全社区组织和制度，促进社区居民自治的权利合法化、规范化，为社区发展和建设提供可信承诺，能够增加居民参与的动力。

最后，在于建构社区社会关系和信任。通过建构社区居民、社区领袖、非营利组织三者之间的相互信任，减少不必要的矛盾和冲突，凝聚共识，汇聚力量。①

5. 环境（生态）资本

环境资本指社区拥有的自然资源（能源、矿产、森林、渔业等）、生态系统、环境质量、休闲观光景点等。环境资本不仅具有保护环境的功能（如防洪、污水处理等），而且能给社区带来经济价值。

地理环境与社会经济因素结合能够形成区位优势。一般来说，邻近园林和绿地的房产价值比远离的房产价值高。例如，1856 年到 1873 年间，美国中央公园周边的房产价值增长将近九倍，而其他地区增长仅为一倍。又如，蒙特利尔位于东到大西洋、西到大湖区的中间位置，是圣劳伦斯河与海上航道上最重要的港口，类似的例子还有圣路易斯和芝加哥，后者被称为"美国的十字路口"。这些十字路口促进了人口、服务，特别是商业贸易的集中。

环境（生态）资本的经济开发受到整个环境（生态）系统的制约，只有保持系统的平衡协调，才能实现价值或利益最大化；过度开发和利用，会导致资源环境的退化以及经济资本的损失。

6. 政治资本

政治资本指社区内政治力量发挥影响的能力，包括社区拥有的精英人物数量、居民投票率、参与社区事务的积极性等。社区精英人物和社区居民在社区发展过程中发挥不同作用。

---

① 李静兰：《社会资本视野下的社区建设研究——以台湾桃米社区为例》，硕士学位论文，暨南大学，2014 年。

社区精英人物分为体制内精英（如政府行政人员）和体制外精英（如退休的知识分子、享有威望的社区名人、私营企业家等）。体制内精英主要发挥与政府沟通协商的中介作用，体制外精英主要发挥资源整合和权威示范的引领作用。

政治资本可以通过影响社区的资源分配带来收益。在法国，市镇联合体的领导常利用自身在政府中的地位，为联合体政策的施行提供便利。如雷恩联合体委员长爱德蒙·赫福，是法国政府部长、国会议员。在他任职期间，为促成阿塔兰特科技园的兴建，他不仅力排众议，而且努力获取国家支持，促成该项目上升到国家层面，被列入1984年大区规划；在资金支持上，他为该项目争取到国家200万法郎、大区200万法郎和省100万法郎的资金资助。①

社区居民是社区发展的行动主体，其参与社区事务的积极程度决定了社区活力和凝聚力的强弱，以及社区治理的绩效。西方社会具有悠久的公民参与基层社会治理的传统，比如在美国，社区居民可以通过镇民会议、社区委员会及社区基层选举、社区董事会和社区听证会、社团组织、社区媒体和社区调查问卷等多种途径和方式，参与社区发展决策，维护和争取社区利益。

7. 文化资本

文化资本指社区所拥有的绘画、书籍、音乐会等，这些资本可以把社区居民联系在一起，形成社区所独有的文化特征，如社区共享的历史传统、价值理念、生活方式、行为方式等。一个容忍多元文化和异类人群的社区，其创意阶层和创意产业越容易兴起，开放性也更高。

文化资本与地区的经济发展水平显著正相关。一个发展良好的社区往往具有高水平的文化资本；而高水平的文化资本也能够转化为巨大的经济价值且不断增值。

---

① Burkard Eberlein, "French Center-Periphery Relations and Science Park Development: Local Policy Initiatives and Intergovernmental Policymaking", *Governance: An International Journal of Policy and Administration*, 1996, Vol. 9, No. 4.

非物质文化遗产是文化资本转化的基础来源，通过多元文化产业运作（如社区旅游、生态博物馆项目等），可以提高文化资本的转化率和资本存量。此外，本地文化与创意产业的融合也能够有效地拉动地区经济。如韩国近年兴起的"艺术再造乡村"项目，即通过构思新颖的壁画和涂鸦，形成乡村的文化空间，并由此吸引众多艺术创意产品的生产和消费，聚集人气和商机，使村落重获生机。

高水平的文化资本对社区的人力资本和社会资本亦有提升。在美国，几乎每个社区都有艺术社团，如合唱团、乐队、舞团等，其成员来自本社区的各个行业。他们通常在周末或节假日排练，在重大节庆公开演出。社区乐团举办的专场音乐会被居民视为重要的交际活动，大都是携子女盛装前往。通过开展这样的活动，居民之间的认识和了解逐步加深，人际网络随之扩大，社区居民的生活品质和艺术素养也大大提升。

总体而言，不同的社区资本在社区发展中承担着不同的角色和功能，具有不同的建设重点与发展策略。此外，不同的社区资本之间存在微妙的相互关系，某一类资本的提升也能在一定程度上带动其他资本的改善，如环境资本的优化能够更好地保障个人的身体健康。

（三）资本推动的社区发展路径

资本推动的社区发展是一个社区系统自我强化、自我建设的过程，其在实践中包含了五个具体步骤：第一，制作社区资产地图，发现和确认社区已有资产。重点调查社区的历史和文化背景、资源与环境、人口和居民成分、知识程度、收入水平等状况。第二，构想和规划。建立社区发展蓝图，具体包括短期或长期规划、经济与社会发展内容、主要目标与步骤等，计划的制定应经过广泛的公众参与，使居民接受并明确自己的角色和责任。第三，组织动员。建立社区内部组织关系网络，宣传、引导和培训社区领袖，使计划真正贯彻到居民的思想和行动中。第四，资产动员，尤其重视社会资本对其他资产的串联作用。第五，实施和评估，将已经识别的社区资本转化为可以投资和利用的行动方案，具体执行并进行有效的监督和评估。

在以资本推动的建设，需要明确三个实践原则，即以资本为导向、以挖掘社区潜在资本为重点、以社区居民的广泛参与为驱动力量。

首先，以资本为导向。即针对社区目前存在的问题和居民需要，寻找社区内部的资源和优势，重新确认并利用，这在本质上是一种持续的社区资本建设活动。

在社区发展项目开始之前，社区工作者可以通过问卷调查、参与式观察、访谈和讨论分析等方式，制作出社区资产地图或社区能力清单，内容包括：物质资源，如人口、土地、房屋、公用设施等；组织机构，如政府机构、私人企业、社会组织等；非正式关系网络，即家庭、亲戚、朋友、邻居等；个体能力，即知识、经验、技能等。资产地图由社区工作者与居民共同完成，发现并识别资源的过程，有助于社区的居民和组织确认自己在社区发展中的能力和责任，激发其参与社区事务的信心和积极态度。

虽然每个社区拥有的资本不尽相同，但都可以通过识别和界定自己特有的资本类型，为社区发展服务。例如，通过考察社区的历史，发现社区的人文价值；通过了解居民的个人技能和工作经历，寻求新的发展机会；通过对社区内企事业单位状况及消费者调查，发现社区潜在的商机等。

其次，以挖掘社区潜在资本为重点。重视社区内部拥有的各类资源和力量的发现与挖掘，使居民成为社区发展的主体力量，是社区持续发展的核心。

只要是对社区发展有益的资本，都理应得到承认和尊重。美国学者 Kretzmann 和 McKnight 认为[①]，就算是那些在社会经济中被边缘化或最受损害的群体，他们的"需要地图"也可以转换成"资产地

---

① John Kretzmunn & John McKnight, *Building Communities from Inside Out: a Path toward Finding and Mobilizing a Community's Assets*, Chicago: ACTA Publications.

图"。在传统社区发展模式中，弱势群体（如老人、妇女、低收入群体等）被视为是"有需要"和"有问题"的，他们的潜在能力往往被低估或忽视。事实上，有必要为他们提供机会，让他们在社区公共事务中发挥作用，使其增强信心，提升能力。

最后，以社区居民的广泛参与为驱动力量。推动社区居民之间的交流互动，构建个体与个体、团体与个体、团体与团体之间的各种社会关系网络，这是社区发展最为关键的实践路径。

社区内的组织通常包括正式组织和非正式组织。正式组织指社区内的正式机构，如学校、医院、图书馆等；非正式组织指社区居民自发形成的社团，如花园俱乐部、读书小组等。确认这些社会关系和网络有助于将社区居民组织起来，培养社会资本，促进集体行动的可持续性。

社区组织是以资本推动社区发展的主要力量。因为在社区发展中通常会存在一些个人行动无法克服的制度性障碍，只有通过社区组织的行动才能解决。如，社区中的小企业往往不愿意投资职业培训项目，可能是因为缺乏充足的资金，也可能是担心员工接受培训后离职，但有着共同需求的多家企业联合起来，则能够很好地解决这个矛盾。社区组织能够为社区问题提供集体性的解决方式。

二 以资本推动的社区发展案例

（一）德国巴登—符腾堡州 Achkarren 村的内生发展

1. 基本情况

Achkarren 村位于德国东南部巴登—符腾堡州的卡尔斯鲁厄行政区，风光优美，气候宜人。它是德国传统的葡萄酒酿造地，至今已有900 多年历史。近年来，由于城市化浪潮的冲击，村庄面临着人口减少、老龄化程度加深的尴尬处境，乡村发展动力不足。2003 年，由德国巴登—符腾堡州农村事务和消费者保护部（MLR）发起了一项旨在加强农村社区内生发展的示范项目，作为试点的 Achkarren 村通过重塑"葡萄酒村"品牌形象、改造更新闲置土地和建筑等方式，增强了村庄的吸引力和居民的地方认同，社区旅游业也迅速成为村庄内生发展的重要支柱产业。

2. 主要做法

（1）精细化土地使用管理

对于村庄内可以利用的土地，尤其是空置用地、建筑间隙等，进行登记和管理。同时，利用互联网平台及时发布土地供需情况，实现土地的高效使用和动态管理。

（2）打造地方特色产业、文化

第一，品牌化发展传统葡萄酒产业，提高区域竞争力。注册以村庄命名的葡萄酒品牌，打造五大葡萄酒庄以及葡萄生产合作社，广泛招募会员。

第二，组织特色活动，提高知名度。一方面，创办葡萄酒旅游协会，定期组织葡萄酒庄园酒会、葡萄园游览以及葡萄酒酿造体验等特色活动；开设乡村旅游网站，定期发布村庄节日庆典及知识讲座等活动信息，宣传葡萄酒特色文化。另一方面，促进村庄旅游业发展。

第三，完善旅游设施，提供多元选择。建设高端旅游酒店、农家民宿、乡村旅社，以及租赁公寓，为短期或长期旅行者提供个性化服务和多项选择。

（3）活化闲置土地，实现功能更新

第一，加强村落中心设计，提升核心区域品质。以传统教堂广场为核心，对周边街道上的小商铺进行改造或拆除，增设超市、酒店、公交站点等能够满足村民现代生活需求的设施，塑造村庄公共中心。

第二，利用闲置土地建设社区活动中心和购物商店，并设计步行通道，以加强该区域与村落中心街道的联系。

第三，改造公共建筑，促进功能整合。将闲置或废弃的市政办公厅、幼儿园、多功能中心等进行现代化改造，并根据村庄旅游的主题需要植入乡村俱乐部等新的功能。比如，将废弃的农庄改造成葡萄酒博物馆，使之成为展示村庄文化和历史特色的载体。

第四，修缮老旧民居，完善现代化功能。以零碳排放及节能的现代建筑标准改造老旧居民住房及设施，同时实现对历史建筑的留存和保护。

（4）促进公众参与，建立睦邻关系

第一，举办发展研讨会，针对村庄建设的细节，邀请相关人员（主要是房产、土地的所有人）参与讨论，发表观点和建议。同时，组织更为广泛村民讨论，最终形成建设方案。

第二，组织政府及专家团队，针对村庄改造过程中的技术问题、资金问题以及法律问题，提供咨询和建议。

第三，组织公共活动，传递内生发展的知识，增进居民认同。如，"谷仓开放日"活动，该活动以内生发展的主体讲座、内生发展的案例分析为主。

3. 案例分析

德国 Achkarren 村以乡村内的资源、产业、文化为基础，通过对土地的管理与再利用、特色产业与文化的结合、闲置建筑的功能更新，以及公民参与构建的社群关系，建立起村庄的内生动力，实现了乡村内在空间环境、产业经济与社会文化的复兴与发展。

产业经济、地方文化、物质空间环境是 Achkarren 村发展的三个核心要素。首先，产业经济和地方文化共同构成了社区的经济支撑。在充分认识到本地区的特色和优势的基础上，提炼出村庄的核心竞争力，即葡萄酒文化产业，依托葡萄酒文化的丰厚历史底蕴，村庄形成了可持续发展的经济动力。在这个过程中，通过对乡村社会组织的发展和对村民公民意识的培养，增加了社区的社会资本，提高了村民对公共事务的参与热情和主体意识。此外，对村庄既有建筑进行修缮和功能上的现代化改造，不仅保持了社区原有的乡土文化和社会关系网络，而且解决了传统与现代融合的难题。Achkarren 村的成功经验表明，产业经济、文化以及物质空间环境的"三位一体"协同发展，是一种实现乡村社区可持续发展的有益尝试。

（二）文化资本运作经典案例

每个社区都有不同的个性和文化，可以通过创意开发转化成经济资本，从而推动建设和发展。

圣雅各布小镇位于加拿大安大略省的滑铁卢。20 世纪 70 年代，伴随着城市化浪潮席卷欧洲，以传统农业为主的小镇经济日渐衰败。为了寻找新的经济增长点，维持社区繁荣，小镇决定以本地独特的门诺派宗教文化和传统农耕生活为卖点，打造全民参与的社区旅游项目。如今，圣雅各布小镇每年吸引来自世界各地的游客超 150 万人，不仅为社区经济注入了新的动力，而且使当地的生活、宗教和文化得以完好地传承和传播。

1. 主要做法

第一，确立形象，营造场景。

圣雅各布小镇是门诺派教徒的主要聚居地。在这里，信奉门诺派的教徒们依然保持着 19 世纪的生活方式和穿着打扮，他们不看电视，也不使用手机，乘坐双轮单座的黑色马车出行，身穿黑衣头戴宽边礼帽。这种独特的人文景观蕴含着乡村田园式的返璞归真，对都市人具有很强的吸引力。在完整保留这一景观的基础上，小镇又翻修了各种传统农业设施，比如农贸市场、葡萄酒厂、面粉厂等，并投入实际生产和使用，使游客很容易被带回到过去的生活场景中。

第二，开发资源，可持续发展。

为促进旅游经济的可持续发展，圣雅各布不断开发社区内的相关文化资源，比如 19 世纪 50 年代的蒸汽机车、多轮单座的黑色马车、传统农贸市场、手工艺作坊等，并借由这些设施和场景开展各种文化活动，比如每年一度的被子节，展现和传播门诺派女教徒的被子文化和制被工艺；枫糖节，展示枫糖的生产过程和生产工艺；等等。这些活动不仅是旅游活动，还组成了小镇返璞归真的社区文化生活。

第三，社区参与，利益共享。

社区参与体现在就业、收入、福利三个方面。从就业和收入上来说，社区的大多数居民，尤其是妇女和年轻人，都参与了旅游商品零售、家庭旅馆、餐馆、旅游工艺品经营、社区志愿活动等，并从中受益。社区旅游项目（如节庆活动、产品展销会等）筹集到的部分资金会投入到社区建设中，或用于增进居民福利。如，在被子节上拍卖所得的收入，全部都用于社区改造和公益慈善活动。

2. 案例分析

加拿大圣雅各布小镇利用文化资源发展旅游经济，并使之得以持续，其成功之处在于文化资本的管理和运作方式。圣雅各布小镇的繁荣天然得益于其本身独特的宗教传统和人文景观，可以说，小镇就是一座活的"历史博物馆"。小镇强调对本土生活传统和价值保护，针对旅游活动和项目进行了全面规划和指导，以不干涉本地居民生活和习惯为首要原则。正是这种凝结于特定地理区域的传统文化，以及小镇居民对自己生活与行为方式的坚持和维护，形成了小镇旅游经济的持续发展。文化产业需有历史积淀或乡土渊源，否则，无法建立起文化产业与社区之间的互动联系、调动居民参与的热情，最终将导致文化产业成为无根之木、无源之水。

此外，圣雅各布小镇的繁荣并不仅限于旅游经济，多元的经济结构使其对旅游经济的倚重较少。在圣雅各布，旅游并不是社区发展的唯一选择和出路。社区居民有自己的农场、耕地，可以生产和销售农产品，还有的居民为政府工作或从事其他职业，他们的收入来源是多元的。旅游经济的单一性、脆弱性和季节性都是造成文化产业项目风险性较大的原因。

三 国外社区资本建设对我国的启示与借鉴

目前，不少欧美国家正在进行以资本建设为导向的社区发展实践，重建社区经济、加强社会融合、推动可持续发展。

（一）重新认识社区资本，有效管理与运作

强调社区本身所拥有的资源与能力，能够有效提振社区成员的信

心并促发行动。我国城乡社区资源丰富，但长期以来，由于存在着对社区资本的忽视或误解，以至于无法有效利用。比如，把低收入及失业人群看作是需要帮扶的对象，而忽略其本身拥有的技能或参与社区服务的意愿；把荒废的土地及商铺看作是环境的脏乱差，而忽略其潜藏的商机；把一些传统生活和行为方式看作是跟不上时代的落后象征，而忽略其作为特色文化的传承和价值。社区资本有强有弱但不存在优劣，那些弱势群体、闲置资产同样深藏着能够推动社区发展的能量。我们需要做的就是重新发现和认识社区资本，并通过不同的策略有效地管理、配置和运作，使社区资本最大限度地增值。

（二）以社区居民为主导，提高内生发展能力

社区居民既是社区建设与发展的主体，也是受益者。如何提升社区居民自我建设的积极性与创造力，是社区发展的关键。借此，鼓励社区（特别是贫困社区及群体）积极的自我评价，提高居民的人力资本、文化资本和社会资本，是从根本上提高社区发展能力的重要举措。

（三）培育社区组织，倡导多元参与

资产为本的社区发展最终需要以组织的形式来推动，而组织与组织之间能否形成内生发展的合力，是现阶段社区发展面临的最大问题。在我国，社区内组织包括正式组织和非正式组织，如，社区居民自发形成的社团等。两者的联系和协作，有助于提升社区资本，促进集体行动的可持续性。

乡村过疏化的治理之道

人口是经济社会发展的基础，在既定区域内，人口的过疏或过密都会引发社会问题。乡村过疏化是伴随经济高速增长，尤其是城市化进程而形成的地域发展不平衡现象。在我国，"乡村过疏化"亦被称为"乡村空心化"。过疏化地区容易陷入人口老龄化、产业经济不可持续、公共服务难以为继的恶性循环。日本是东亚范围内最早出现乡村过疏化的国家，治理过程中既走过弯路，又积累了不少有益经验。

一　乡村过疏化问题的提出

过疏是与过密相对的概念，主要指因为地域人口减少，导致该地区劳动人口缺失、生产生活难以为继的现象。

乡村过疏是在经济高速增长背景下形成的地域发展不平衡现象。1966 年 3 月，日本经济审议会首次提出"过疏"一词，指出，在日本经济快速发展进程中，"无论是私营部门的地域动向，还是人口的地域移动，都呈现出从落后地区向先进发达地域快速流动的趋向。这一流向虽然反映了经济社会向更高水准发展变化的过程，但也引发了无数的地域问题"①。

其实，日本自江户时代起就有长子继承家业、次子离村谋生的习俗，但以家庭为基础的传统农业生产和乡村社会结构并未受到影响。

---

① 〔日〕内藤正中：《过疏和新产都》，今井书店 1968 年版。

20 世纪五六十年代，伴随战后经济快速增长，人口和财富迅速向以东京为首的三大城市经济圈聚集，年轻人（包括长子）受到吸引选择外出就业或举家离农离村，导致农村人口急剧减少，甚至出现"废村"现象。以和歌山县某村庄为例，1960 年左右，这个村的"人口减少了 1842 人，相当于村庄总人口的三分之一；户数减少了 22%，其中举家离村者有 144 户。……在这些外流人口中，年轻人占绝对多数。1966 年，村里的中学仅有两人就读"①。过低的人口密度使得过疏地区的社会经济功能持续败落或发展停滞，居民生产生活面临阻碍和困难。

乡村过疏不只是单纯的人口外流问题，而是"作为生产和生活空间的村落社会的解体过程"②。具体而言，一是经济系统解体。劳动力缺乏且急速高龄化，不仅打破了传统的以家庭为基础的农耕经济，还无法为新的产业经济提供高素质人力资源和增长动力，地方财政难以为继；二是公共服务衰落。在过疏区域，政府提供的公共服务（如交通、教育、医疗等）因居民不足而难以下沉或维持运营。以医疗机构为例，许多过疏地区虽建有完备的医疗设施，但因人口密度太小而无法开展工作，实际处于无医状态。据统计，岛根县"虽有 49 家国民健康保险诊疗所，但由于医务人员不足，其中 5 家无法开业；由于交通不便或经营困难，因此其中 29 家处于实际休业状态。如此算来，49 家诊所中至少有 34 家难以发挥作用"③。三是社会关系和地域文化解体。传统家族体系走向崩溃，乡村邻里关系遭到破坏，礼俗活动无法正常进行。过疏的实质是乡村社会无力回应产业化和城市化的挑战，从而在失去大量人口的同时丧失了自我调节的能力，最终走向崩坏。④

近年来，日本乡村人口外流的趋势虽有所放缓，但整体而言仍在

---

① ［日］内藤正中：《过疏和新产都》，今井书店 1968 年版。
② ［日］森冈清美：《新社会学辞典》，有斐阁 1993 年版。
③ 田毅鹏：《乡村过疏化背景下村落社会原子化及其对策——以日本为例》，《新视野》2016 年第 6 期。
④ 田毅鹏：《20 世纪下半叶日本的"过疏对策"与地域协调发展》，《当代亚太》2006 年第 7 期。

持续。据日本总务省自治行政局过疏对策室统计,2015 年,日本共有 817 个地区被认为过疏或具有过疏化倾向,数量占日本市町村总数的 47.6%,面积占日本国土总面积的 59.7%,常住人口却仅占日本总人口的 8.6%。[①] 日本的乡村过疏化形势不容乐观。

二 过疏对策与乡村振兴

为减小区域差距,降低乡村过疏地区因快速衰落而带来的社会、经济和环境风险,日本政府及各地方自治体自 20 世纪 70 年代就发起了以地域振兴为主旨的过疏对策运动,针对过疏地区的经济、人口、文化、组织等制定了一系列法规政策。

(一)《过疏法》概述

《过疏法》是日本专门针对过疏地区制定的法律,从 1970 年开始,每十年进行一次调整和修订,其政策目标和实施重点经历了从被动应对到主动活化、从减少人口外流到促进地域自立、从外部支援到内生开发的演进过程。

目前施行的《新过疏法》包含五个方面的核心内容:一是产业振兴。即充分利用本地资源,开发特色产品,鼓励引进资源开发型、旅游开发型企业。二是交通通信。即完善公共交通和对外运输系统,加强网络通信和信息化建设,加强与周边中心城区的联系。三是高龄人群健康福利。即加强适老化福利设施建设,确保医疗服务供给,提高老人自立能力。四是教育文化振兴。即加强教育文化设施建设,保护地方民俗风情和传统文化。五是村庄整治。即完善排水等生活基础设施建设,实施村庄迁移和村庄合并工程,建设人居环境良好的聚居地,吸引城市人口回流。[②]

---

① 曹瑾、堀口正、焦必方、唐志强:《日本过疏化地区的新动向:特征、治理措施及启示》,《中国农村经济》2017 年第 7 期。
② 饶传坤:《日本农村过疏化的动力机制、政策措施及其对我国农村建设的启示》,《浙江大学学报》(人文社会科学版)2007 年第 6 期。

在具体举措上，包含财政、行政、金融、税制四大板块。具体为：财政上，提高过疏地区的中小学教育设施、消防设施等公共服务设施的中央补贴比例；行政上，都道府县政府负责规划和建设过疏地区的道路交通、排水设施、医疗设施等；金融上，国家金融机构为过疏地区的产业发展提供长期低息贷款；税制上，实施减税和免税政策，以吸引外部企业投资，培育地方产业。

从政策落实来看，产业振兴和基础设施投资分别占总投资的27.8%和41.5%。养老福利和环境治理方面的投入总体呈上升趋势。同时，适应老龄化、少子化的趋势，教育投入总体下降。

专栏：日本三岛町振兴计划

三岛町（"町"相当于中国的"镇"）是位于日本东北地区福岛县西部的一个偏远山村。20世纪50年代开始，村庄人口不断减少，逐渐成为一个典型的过疏区域。为振兴本地，三岛町实施了一系列旨在挽救村落的活动，如"故乡运动""生活工艺运动""有机农业运动""以地区为自豪运动""保持健康运动"等。

"故乡运动"。即通过缴纳会费的形式，吸引城市居民与三岛町本地家庭结为友好之家，体验乡土气息和农村生活；并授予其特别町民身份，享受本地町民待遇。如，免费使用当地公共设施，优惠使用滑雪场及器材等。这项运动一方面给城市人以重新接触大自然的机会，另一方面为共同建设既保留传统特色又能享受城市生活的健康的町创造了条件。运动开展的第一年为当地带来收入1923万日元，十年后此项收入达到1.3778亿日元。

"生活工艺运动"。生活工艺运动主要以传统手工业的再开发为核心。首先是桐木开发。桐木开发是三岛町的传统资源和产业，但受进口木材影响，桐木价格暴跌，传统生产和销售面临绝境。"生活工艺运动"建议将重点放在桐木的深加工上，结果，经

过深加工出产的高档桐木家具在市场上大受欢迎，常年销往东京等大都市。其次是传统工艺品编织。如山林蔓藤以及其他阔叶树等。最后是开办生活工艺馆。定期举办木工、陶艺、编织等传统手工艺研讨会，交流经验，研究新技术；提供亲手制作和体验的机会。

"有机农业运动"。首先，考虑到当地人口老龄化的特点，开展以多品类农产品、小规模耕种为中心的生产劳动。其次，与农业协会、工会、振兴公社、旅游协会等密切合作，每周举办有机农产品交易会。最后，建设"桐木故乡俱乐部"，展示最新桐木产品，售卖富有乡土特色的有机农产品。

"以地区为自豪运动"。鼓励居民保存与恢复传统文化和当地风俗，让他们感动作为三岛町居民的自豪和骄傲，增强重建家园的信心。

"保持健康运动"。该运动鼓励全体居民参与，旨在提高居民健康意识，降低患病率和死亡率，打造积极向上的健康社会。

三岛町的地域振兴运动具有以下六个特点：

一，该运动旨在使贫穷、过疏的农山村变成人们愿意居住和生活的地方；

二，重视传统生产和生活方式，以地方资源开发为核心；

三，如果不能从内在激发自信，则无法实现复兴；

四，发动居民，积极参与；

五，合作精神至关重要；

六，运动的关键在于目标的综合性和全民的参与性。①

（二）经济对策

经济开发是过疏对策的首要指向。多年来，日本政府推出的过疏对策中，"积极开发论"占主导地位。如《山乡振兴法》《离岛振兴法》等，都提倡以投建基础设施、招商引资、兴办企业的方法，振兴

---

① 陈为：《日本一个人口过疏农山村的振兴》，《乡镇论坛》2000 年第 12 期。

乡村。从实际效果来看，由于中央财政补贴和地方过疏债券资金的投入，市町村的道路交通及通信设施均有很大改观，但招商引资在很多偏僻地区进行得并不顺利，外部企业不愿扎根，产业结构调整缓慢。单纯依赖公共事业投入的经济开发模式难以持续。

20 世纪 90 年代，日本重新审视过疏对策，并逐渐形成"内生式开发"模式。1990 年《过疏地区白皮书》提出，"过疏地区不仅要从外部引进企业，还要充分利用当地资源，开发旅游观光等休闲产业，振兴具有地方特色的企业，采取产业发展策略"①。2000 年《过疏地域自立促进特别措施法》提出，要"在尊重当地自身创造力和努力的基础上，推进产业体系建设、基础设施和生活设施建设"，并要求地方政府根据自立原则，规划地区发展。

总体而言，过疏地区的经济对策主要包含三个方面：一是因地制宜发展产业化经营，二是促进地域交流合作，三是扶持援助。

1. 一村一品

"一村一品"是日本大分县知事发起的一项旨在振兴地区产业的活动。主要指市町村从本地实际出发，生产出具有地方特色的产品，并使之成为畅销全国乃至世界的名优品牌。具体做法包括：一是发展和振兴农业特色产品，因地制宜建设产业基地，培育农产品名牌。如丰后牛、香菇、麦烧酒等至今仍是畅销日本的知名品牌。二是打造1.5 次产业，通过简单加工提高农产品附加值。如大山町的"梅子蜜"、玖珠町的"吉四六酱菜"、竹田市的"臭橙 C 酸汁"等，由于切合现代都市对天然手工制品的偏好而大获成功。三是政府协助营销宣传，有效对接国内外市场。充分利用政府公共平台展示地方特色产品。如，每年 10 月举办大分农业节，开展一村一品展示活动，通过实物、图片和现场讲解介绍各市町村的名优产品；定期在东京举办大分美食节，用地方风味抢占中心城市消费市场，提升大分农产品的知名度。

"一村一品"适用于无法从外部引入企业的情况，重点在于乡村

---

① ［日］内藤正中：《过疏问题和地方自治体》，多贺出版社 1991 年版。

内部资源的开发。其精髓和原则在于：一是立足本地，放眼全球。即民族的（特色）就是世界的。无论是特色农产品、历史遗迹、森林湖泊，还是民谣歌舞，都是可以挖掘和赢得市场与资本的源泉。二是自立自主，锐意创新。即政府支持，民众主导。政府在技术指导、市场营销等方面提供支持，产品开发、投入与风险等都由民众自己选择和承担。强调本地居民的主动开拓。三是以人为本，培养人才。即"通过造物造就人，通过造人造就物"[①]，激发民众的创业热情，培养既有才能又能扎根地方的技术人才、管理人才和领袖人才。

2. 故乡纳税

故乡纳税是日本政府为缩小地区间税收差距而推出的一项以捐款抵税的制度。该制度以"故乡"为名，实则允许个人向自己选定的任意地区（非居住地）进行"纳税"（捐款）。"纳税"可用于捐款人指定目的，专款专用，也可以由受赠地自主安排，一般用于育儿制度、医疗福利、文化遗产、环境保护等社会项目。通过故乡纳税，个人可获得税收减免和故乡赠礼，地方则得以扩展税源、支援经济，实现双赢。

税收减免。即通过故乡纳税缴纳的税金，在扣除捐赠人自行承担的 2000 日元（约为人民币 120 元）后，剩余部分可以用来抵扣下一年个人应缴的居民税和个人所得税税额（抵扣上限视个人年收入、家庭构成及居住地而定，一般为应纳税总额的 20%）。其中，个人所得税减免由中央政府承担，居民税减免的 40% 由捐赠人居住地的都道府县政府承担，60% 由居住地的市町村政府承担。[②]

故乡赠礼。即受赠地为吸引捐款而对捐赠人施以的回礼，如特色土产、免费旅游等。一方面，受赠地基于"故乡情结"的营销策略，将各种饱含"家乡味道"的土特产品作为礼包发送，扩大了地方物产的知名度，无形中拓展了销路[③]；另一方面，由于赠礼价值往往高于

---

① 冈部守、章政：《日本农业概论》，中国农业出版社 2004 年版。

② 荣莉、冯少勤、余宜珂：《日本"故乡纳税"的评析与借鉴》，《税务研究》2018 年第 7 期。

③ 王雷、祖运奇：《日本小城镇的过疏化衰败现象及其对策》，《华中建筑》2016 年第 11 期。

捐赠人自行承担的 2000 日元，故乡纳税制度逐渐被民众视为"实际支付 2000 日元就能得到价值数万日元商品的优惠购物机制"，受到热捧。据日本总务省统计数据，2017 年故乡纳税总额超过 3600 亿日元，连续 5 年创历史最高。赠礼制度无疑是重要的推手。

故乡纳税制度对于缩小地区差异、振兴地方经济发挥了重要作用；但也引发了一些争议。例如，如何使赠礼既能起到"诱饵"作用，又不至于开支太大，偏离帮扶的初衷？如何避免民众"套利"？如何补偿居住地（发达地区）的税费流失？这些都关系到制度的可持续性。

专栏："诱人"的故乡赠礼

赠礼是故乡纳税制度最吸引人的部分，许多日本人据此来决定向哪个地区捐赠。在他们看来，所谓故乡纳税实际上就是一场省钱大战，因为区区 2000 日元可以换到的礼品绝对超值。

为吸引捐赠，一些地方政府不断提高赠礼价值，如，牛肉、螃蟹、金枪鱼等高档农产品，甚至高科技产品，如苹果笔记本电脑等，比比皆是。赠礼价值往往高达捐赠总额的 50% 甚至更多。为避免赠礼成为欠发达地区新的财政负担，2017 年日本总务省提出：赠礼"返利率"不超过 30%（即对于交了 3 万日元税的人不要回赠价值超过 1 万日元的礼品）；不要赠送代金券；不要赠送可以被转售的产品，如电子产品、珠宝首饰等。

当然，也有一些地方另辟蹊径，以独特的乡土体验作为卖点。比如，向长崎县松浦市捐赠 2.5 万日元，就可以在当地民宿过夜，感受乡村的宁静和萤火虫的奇妙，还能享用主人亲手制作的地道美食；向北海道东神乐町捐赠 2 万日元，可以体验骑马一天；向静冈县静冈市捐赠 3 万日元，可以体验摘草莓、参拜东照宫等，全程租车免费。有些地方还提供雪天扫除积雪、清明节上坟扫墓、帮助留守和孤寡老人进行家政支援等贴心服务。

> 近年来，为俘获宅男宅女的芳心，一些回礼清单中还加入了二次元文化（如动漫、游戏）。如长野县小诸市的限定礼品是动漫《在盛夏等待》的超大海报；大分县日田市设计的"进击的梅酒"等。
>
> 随着特色土产、旅游观光、乡土体验、二次元衍生品等"催化剂"的加入，越来越多的跨界营销合作受到重视。对于各町村而言，回礼不仅能吸引更多的税金，而且向大都市推广了本地的特色产品和风光，何乐不为？[①]

3. 直接补贴

直接补贴是日本针对落后地区农户开展的收入支持政策。该政策与农业生产不直接"挂钩"，在世贸组织农业协定中是不受限制的"绿箱"[②] 政策。

直接补贴政策的出台主要源于两方面考虑：一是小农经济在市场竞争中的天然弱势，需要因地制宜地调整发展策略。以往，日本在过疏乡村的农业政策中完全遵循市场原则，主张依靠发掘本地资源、提高农产品附加值等获得发展。但实践证明，生产力低下的小农经济原本就不具备与规模经济正面对抗的实力。内生发展不是闭关自守，通过国家援助，使过疏地区与其他地区站在同一起跑线上，是其自力更生和参与竞争的必要条件。二是确保农业及农村发挥多种功能，需要支持并纠正"农业生产条件中的不利因素"。1999 年日本《新农业法》强调，农业及农村不仅具有粮食安全保障的功能，同时具有国土保护、涵养水源、净化大气、处理废弃物，以及保全继承传统文化等多方面的功能。特别是，过疏地区由于存在着大量的山林、丘陵、湖泊，它所提供的功能占整个农业功能的40%—60%。[③] 因此，采取特

---

① 新周刊：《日本为什么流行为故乡纳税？》，http：//dy. 163. com/v2/article/detail/C8J1QRQD051285EO. html. 。

② 绿箱政策指政府通过服务计划，提供没有或仅有最微小的贸易扭曲作用的农业支持补贴。绿箱政策是 WTO 成员国对农业实施支持与保护的重要措施。

③ 焦必方：《伴生于经济高速增长的日本过疏化地区现状及特点分析》，《中国农村经济》2004 年第 8 期。

别措施十分必要。

直接补贴政策主要针对生产条件恶劣、弃耕可能性较大的农地，给予不同档次的补贴金。原则上，补贴金额设定在与平原地区农业生产成本差额的80%以内，一则，避免形成竞争优势，影响平原地区的农业生产布局；二则，20%的上行空间足以刺激补贴区农户继续保有提高生产率的动力和积极性，减少对财政补贴的依赖。

村集体协议是日本直接补贴政策的一大特色。政策规定，村落中所有农户就自然环境保护等内容进行商讨，并就相关生产活动的分工协作达成协议，该协议需经地方政府批准并实施后，才能得到补贴。此外，补贴金额的一半将用于协议规定的环境保护活动；另一半才发放给农户个人。村落集体协定通过半强制性的补贴金分配制度确保了环境保护的政策指向，同时有利于发挥村落集体力量，实现合理分工；但问题在于，村里存在的旧观念和老传统有可能抑制农业生产和经营方式的创新。[1]

（三）人口对策

人口对策主要体现在两个方面，一是培育新农人，二是吸引返乡回流。

培养新农人。一方面，农业部与教育部合作，建立农业教育培训体系，包括在大学设立农业院系，兴办农业技能学校，培养高水平农业人才；另一方面，农协在全国各地开办短期培训班，培训内容不仅包括现代农业技术，还包括农业经营管理。[2]此外，政府还为45岁以下农业经营者提供每年150万日元的经费补贴，用于其继续学习深造。[3]

---

① 胡霞：《日本过疏地区开发方式及政策的演变》，《日本学刊》2007年第5期。

② 吴珍彩：《日本乡村振兴实现路径及对中国的启示》，《河南牧业经济学院学报》2018年第5期。

③ 李国荣、郭爽、蓝建中：《国外家庭农场：小农场，大农业》，《农村·农业·农民》（B版）2013年第10期。

吸引年轻人移居乡村。如，高知县四万十市成立"移居乡村支援会"，向那些想要移居乡下的人们提供房屋信息，介绍农林业相关的创业工作；鸟取市为移居者提供住宅补贴，无论是购房、自建还是装修，都可以提供资金补助；北海道新冠町推出"试移居"项目，为犹豫不决的人提供低价住宅，供其试住后再做决定；三重县推出"支持年轻人挑战移居乡村"项目，鼓励年轻人利用农业资源创新，并规定，创意方案只要入选就有机会获得近800万日元的财政支持。

鼓励年轻人到农村创业。如政府出台"地方振兴协力"政策，为愿意在乡村生活3年及以上的城市居民提供每年200万日元的津贴，并帮助他们在乡村创业或留在乡村工作。截至2017年，参与该活动的人数为2230人，其中约有2/3在乡村定居。①

重视老人与妇女的作用。老人、妇女是目前乡村振兴的主力军。一方面加强老人和妇女福利设施与服务供给；另一方面，倡导成立妇女小组、学习班等，探讨、改进生产经营。如，日本农林水产省经营局设立乡村活跃推进室，针对老人和妇女开展一系列补助计划，具体包括改善农业生产环境、发明适合老人和妇女生产生活的安全便捷的技术、培养农业生产领头人等。

（四）文化对策

过疏化背景下的人口外流、资金匮乏、经济发展停滞等固然是地区衰落的原因，但传统文化解体、故乡意识淡漠才是其更重要的因素。因此，复兴传统文化、重塑居民信心对过疏地区的振兴具有决定意义。

1. 保护传统民俗。设立乡村博物馆、生态博物馆，对自然景观和传统风俗、生活方式等进行原汁原味地保存；资助修缮、保全古名居。专项资金用于保存传统技艺、绝技、绝活儿，提高传统艺人社会

---

① 冯婧：《日本的乡村问题："逆城市化"是最后的选择吗？》，澎湃新闻网2019年4月4日。

地位，为培养传承人提供资助。

2. **活化文化资源。**一是结合当地特色文化，在产品开发、环境营造等方面进行传承和创新，如一村一品运动；二是通过文化创新，组织文化创意活动，增添乡村魅力，吸引人群，如越后妻有的大地艺术祭、濑户内海的国际艺术节等，均为当地创造了丰厚的经济效益。

专栏：日本"雪"村的振兴之路

日本岩手县泽内村和新泻县安塚町地处日本豪雪地带，自然环境恶劣，同时还面临极度贫困、人口过疏等不利条件。这样的村庄一般被认为振兴无望。然而，在因地制宜、资源活化理念的指引下，两个村庄均以特色资源（暴雪）为契机，初步实现乡村振兴。

岩手县泽内村致力于将不利条件转化为契机和动力。第一，树立"尊重生命"原则，争取国家财政补贴和外部支援，改善村里的医疗卫生条件，加强对公共卫生所的工作指导，降低患病机率，提高幼儿存活率；第二，居民自发筹集资金，购买雪铲，用于冬季除雪、夏季造林；第三，实施"新雪国"计划，制定总体规划，从克服并治理恶劣环境、以多种方式开发利用雪资源等方面促进地域活化；第四，自发组织"雪之会议"和"农业技术研究会"，利用气候条件研发新产业，如利用凉爽天气栽培夏季草莓，利用冷暖温差种植中药材，利用山地栽有机生态果蔬，成立"雪国文化研究所"等。

新泻县安塚町以创意·故事带动发展，其振兴口号是"雪是我们村的特产"。"雪之快递"是安塚町最知名的特产，即用隔热材料包装、并可寄往任意地区的雪人，每个售价3千日元；还有名为"雪国氛围"的礼包，内含10公斤雪，以及当地牛肉、红酒、草靴一套，每套售价6千日元。此外，早春时节寄出的快递被命名为"残雪"，盛夏时节寄出的快递则命名为"避暑"。安塚

町的成功之处在于，将独特的文化品位融入雪中，从而赋予雪新的生命与意义。①

3. 发展乡村旅游。一是立法保障。1994 年颁布《农山渔村休闲法》，确立了利用农业资源发展特色旅游业的策略，将历史遗迹、农事体验、农业景观等均列为有待开发的观光资源。二是政府社会通力合作。旅行社及社会组织负责设计旅游线路，提供绿色观光一条龙服务；政府则负责地区规划，并规范民宿、疗养、餐饮等新业态的经营。三是打造旅游品牌。组织专家学者进行环境测评并出谋划策，制定特色主题，形成地域的标志化、品牌化。

4. 重塑村落共同体。一是通过传统节日加强地域联系。维持市町村"组、股、讲经会"等传统组织形式；恢复促进乡村祭祀活动，如秋田竿灯节、孟兰盆会等。二是激发村民建设热情和主人翁意识，如"家乡一亿日元创生计划"。在计划中，日本政府为每个行政村投资一亿日元，鼓励村民按照自己的意愿建设乡村，唯一的要求就是建设要具有地方特色，让居民和游客重温旧时景观和传统文化。②

5. 提倡城乡交融。一是鼓励基于地缘的城市与乡村结为互助联盟，乡村为结盟城市提供生态产品，城市在结盟乡村开展小学农事活动体验课程。如北海道的富田农场和日高市的埼玉种畜农场，专为临近学校的孩子打造了地区探宝、采摘体验等活动。二是推行城乡交流战略。乡村振兴局农村政策部设有都市农村交流课，一方面宣传推动体验农业、休闲农业、民宿旅游等项目，促进城市对农村的感知；另一方面引导城市积极参与美丽乡村建设，提供资金、人力和技术支持。

（五）组织对策

针对过疏地区自组织能力瓦解，应对策略大致包括两个方面：

---

① 潘梦琳：《基于内生式发展模式的乡村振兴途径研究》，《中国名城》2018 年第 4 期。
② 吴珍彩：《日本乡村振兴实现路径及对中国的启示》，《河南牧业经济学院学报》2018 年第 5 期。

一是在国家行政上构筑完善的组织体系。首先，从法治层面对市町村的地方自治职能及权力职责予以规范和保障，如出台《地方自治法》《町村合并促进法》和《新市町村建设促进法》，确立市町村作为地方公共团体负责向本地居民提供综合性基础服务。其中，公共行政事务按行政村组织开展，消防、宗教、文化和社交活动等则以自然村组织为主要治理单位。[①] 后又出台《关于市町村合并特例的法律》，确立市町村的独立地位，赋予其合并的自选自决权。另外，在组织机构上，都道府县成立专门的农地中介管理机构，负责农地租赁、流通事务，通过整合分散农地、整合弃耕地、整合农地经营者、整合相关单位等，促使土地向核心农户或企业集中。

二是在农户之间推动建立农业生产联合组织，以集体力量对抗市场风险，如组建农协和集落营农组织。"农协"即农业协同组合，是在政府领导和推动下建立、由农户自主经营的全国性农业经济合作组织。其活动内容包括提供农业信贷、联合销售和购买农产品等。集落营农是区域性农业生产联合组织，即以地缘为基础，就农业生产经营过程的某个或全部环节开展共同服务、统一作业的组织经营联合体。[②] 二者在农业生产服务、规模经营、农户互助共济等方面发挥了重要作用。

1. 村落合并重组

为维持和延续村落的社会经济功能，适当的合并和重组是有必要的。日本曾展开过三次大规模的町村合并，通过合并，一部分町村演化为市；另一部分则采取多个村落联合、成立委员会、建立"核心村"的方式提供公共服务。核心村通常选择交通便利、基础设施较好的村落，集中建设如医疗诊所、老年福利机构、聚会场所、商业设施等公共服务设施，并与周边村落共享这些服务和设施。

---

① 牛坤玉、李思经、钟钰：《日本乡村振兴路径分析及对中国的启示》，《世界农业》2018 年第 10 期。

② 王坤、朱俊峰：《村庄经营：会成为中国农业又一个新型经营主体吗？——日本的发展与中国案例》，《世界农业》2017 年第 4 期。

合并重组旨在加强村落之间的联系，形成功能互补，提高行政效率；但从实际效果看，并未尽如人意。原因在于：一是偏僻村落的农户搬迁到核心村落的费用较高；二是农田无法转移，导致迁居到核心村的农户需开车去种地；三是农户很难割舍对故土、祖宅的眷恋，以及共用的墓地、神社、寺院等传统。[①]

2. 集落营农

"集落"是指在市町村范围内，以地缘和血缘关系为基础，共同开展农作业生产劳动的地域单位。类似于我国的自然村。

"集落营农"则是以农业集落为单位，在集落居民认可并达成协议的基础上，共同或统一从事农业生产活动的营农方式。[②] 从构成上看，它不仅包含一般农户，还包含兼业农户、高龄农户等各类群体；从规模上看，它不以一个集落为限，通常为两个及以上集落提供服务。如广岛县东广岛市小田地区的集落营农组织包含 12 个集落，128 户农民。在一般情况下，集落营农不仅局限在农地及机械的联合，还涉及农户生活中的互助共济和集体活动，是一种融合了现代农业经营和传统生产互助的组织形式。

集落营农组织包含三种类型：一是共同利用型，即农业机械及设备归组织所有，农户需按照事前约定好的计划有序、轮番使用这些机械，并支付相关费用，农户与组织之间是租赁关系。该类型组织较为松散，已日趋式微。二是农作业受托型。该类型是共同利用型组织的进阶形态，即在组织内部成立农用机械操作小组，由该小组接受主要农作业委托。农户需自行完成一般性农作业，并为机械小组的服务支付费用。机械操作小组的成员主要由骨干农户构成，辅以兼业农户。三是集落农场型，即将集落内所有农业用地视为一个整体，以农场形式进行经营。农户需按照事前协议及各自能力，在机械设备使用、农

---

① 冯婧：《日本的乡村问题："逆城市化"是最后的选择吗？》，澎湃新闻网 2019 年 4 月 4 日。

② 焦必方：《当前日本农地规模化经营的主要形式》，《上海农村经济》2009 年第 9 期。

地管理、农业生产的过程中分工协作。如会操作农用机械的编入机械操作小组，老年农户编入生产辅助小组，妇女编入后勤小组等。[①] 该类型组织设有专门的财务、营销等管理部门，对成本和收益进行统一核算，并按照农户拥有的土地数量和实际劳动时间进行分配。农场型营农组织是目前日本集落营农组织的主要形态。

作为日本农业经营中的一种特殊组织形式，集落营农发展很快，原因在于其具有经济和社会的双重功能。从经济层面来看，集落营农组织在不改变农地所有权的前提下，通过集中农地、扩大分工，实现了农业的规模化经营，提高了农业生产专业化水平和劳动生产率；从社会层面来看，集落营农组织通过开展高龄援助、文化保存、村容整治、生态保护等活动，对延续村落传统、维持村落基本功能起到积极推动作用。

近年，集落营农组织呈现出法人化趋势。截至 2014 年，日本14700 个集落营农组织中，有 3255 个具有法人资格，占比 22.1%。[②]

三 日本过疏地区振兴对我国的启示与借鉴

《中国农村发展报告（2018）——新时代乡村全面振兴之路》指出，随着城镇化快速推进，农村大量青壮劳动力进城务工或安家落户，导致我国村庄空心化问题突出。据统计，目前全国闲置宅基地达1.14 亿亩[③]，耕地抛荒不断蔓延，大量房产长期闲置。而与此同时，存在着农业劳动力不足、人口老龄化、"三留守"等问题。

中国目前部分乡村存在着的"空心化"现象与日本 20 世纪 80 年代的乡村过疏化情况十分相似；日本在应对过疏化过程中走过的弯

---

① 王宏伟：《日本集落营农组织研究》，《世界农业》2015 年第 11 期。

② 高强、赵海：《日本农业经营体系构建及对我国的启示》，《现代日本经济》2015 年第 3 期。

③ 魏后凯：《中国农村发展报告（2018）——新时代乡村全面振兴之路》，中国社会科学出版社 2018 年版。

路、积累的经验，对中国的乡村治理具有一定的借鉴价值。

日本是东亚地区范围内最早出现乡村过疏化的国家，而化解过疏化是一项长期艰难的挑战。过疏化背景下的乡村败落，不仅是农业经济衰退或农村人口流失的问题，更关系到乡村社会生产、生活方式及文化的承续。因此，在分析过疏问题、制定过疏对策的过程中，需要从人力、产业、生活、文化四个方面着手。

人力资本是过疏化地区发展的核心。对策是培养新型农民，建设乡村人才队伍。一要开展农业技术培训和职业教育，培养"有文化、懂技术、会经营"的新型农民；二要发展多形态新农业，拓展就业空间，为青壮年留乡就业、返乡就业提供条件和便利；三要引进和吸引各种专门人才，培育有能力且愿意扎根乡村的新农人。

产业振兴是过疏化地区发展的关键。对策是发展特色农业，完善产业化经营机制。一要结合本地生产、生活、文化环境等特色资源，并将其转化为产业优势、打造品牌；二要挖掘本地历史文化、民俗资源、生态环境资源等发展观光休闲、农事体验、住宿型旅游等新业态；三要建立合理的利益分配机制，真正使农民受益。

社会生活服务是过疏地区发展的前提。良好的基础公共服务，如医疗、教育、餐饮、交通、金融等，是过疏地区居民能够留在原住地继续生活的基础条件。因此，一要加大政府财政扶持和投资力度，将乡村建设作为财政支出的优先保障领域；二要优先选择交通便利的地区建设"中心村"，或在尊重居民意愿、合理规划的基础上合并重组小村落，集中开展基础设施和公共服务建设；三要推进城乡融合，可建立城乡互助联盟，实现共同发展。

文化传承是过疏地区发展的根本。对策在于，一是实施乡村文化振兴策略，重视保护历史文化，传承和弘扬民间艺术、传统工艺；二是探索文化体验型乡村旅游商业模式，将文化保护与传承同旅游产业结合，提高乡土文化的认知度和认同感；三是弘扬农耕文化，鼓励民俗活动进校园，引导学生参与农事体验，让年轻一代留住乡土记忆。

"皮毛法" 对社区纠纷的有效处置

社区人际矛盾、邻里纠纷（如狗患、广场舞扰民、高空抛物、公共场所吸烟等），具有高频次、低复杂度、易激化、难调解的特征。这背后涉及基层社会治理问题，包括社区依法办事的能力和矛盾预防调解的机制建设。

一　邻里纠纷：社区治理的新问题

纠纷意味着一定范围内的均衡状态或秩序被打破。纠纷的发生是人类社会的常态。纠纷不仅是个体行为，也是一种社会现象，其产生和解决是一个动态的社会过程。[①]

社区是矛盾纠纷的高发区域。城镇化快速推进，人口流动加剧，基于工作或居住地选择的新型邻里关系取代了过去由单位制组成的熟人社区，由于缺乏感情基础和充分的沟通，来自不同地区、民族的人们很容易因为不同的文化价值、道德观念、行为方式等产生矛盾；另外，现代社会，有相当部分的人个性较为张扬，利益诉求和维权意识较强，对于侵犯自己权益的行为容忍度较低，借此，邻里之间的矛盾、冲突发生率较高。

社区内发生的邻里纠纷，表现形式多样化。不仅有对私人利益的

---

① 范愉、李浩：《纠纷解决——理论、制度与技能》，清华大学出版社 2010 年版。

侵犯，也存在大量对于公共空间或资源的争夺。具体包括：

（1）邻里噪音。如，房屋装修、修葺发出的噪音；电视机、收音机等扩音设备在深夜响起；家养宠物狂吠不止等。

（2）家养宠物。如宠物吠叫影响他人生活休息，宠物撕咬伤害他人人身安全，宠物粪便气味难闻引发社区卫生问题等。

（3）路权争夺。如，车辆乱停乱放，导致人行道被挤占、绿地被毁坏；车辆与人争路带来安全隐患，车辆与车辆争路中的"别车"及其"路怒"等。

（4）垃圾处理。如，高空抛物对他人安全的威胁；随意丢弃或堆放生活垃圾、废弃物、闲置物，造成环境空间污染。

（5）挤占公共空间。如，广场舞散发的高频噪音以及对社区公共空间和城市道路的侵占；大众健身设施的争夺；在公共设施上涂鸦、张贴小广告；安装防盗门、栅栏、护罩等影响公共安全或造成他人生活不便等。

（6）第三产业（如小饭馆、小企业等）侵扰。商住两用住宅楼内常会商户与居民的摩擦，如油烟、噪音、光污染等，会造成对居民安全和宁静生活的干扰。

此外，诸如楼层漏水渗水、公共电梯内抽烟、乱搭乱建等，也属于社区邻里纠纷的范围。

社区邻里纠纷具有高频次、低复杂度的特征。"高频次"是指邻里之间低头不见抬头见，日常交往频繁，人际摩擦在所难免；且同类矛盾反复发生、接连出现。"低复杂度"是指纠纷主体通常是居民个人，牵涉面不广，人员构成简单；从纠纷的原因来看，多是家长里短、鸡毛蒜皮的小事，不牵涉重大利益冲突。近年来，社区邻里纠纷呈现出矛盾激化程度上升的趋势，甚至发生邻里纠纷致人伤亡的事件。实际上，很多时候人们之间并无大的利害冲突，只是因为一句话、一件小事就大动干戈，有些矛盾在短短几分钟甚至几秒钟内，就会激化升级、酿成恶性案件。邻里纠纷虽小，却牵涉居民最难以咽下的那"一口气"，也最终成为影响社会稳定的重要诱因。急剧变化的社会现实对社区矛盾预防化解能力提出了更高要求。

二 美国"皮毛法"：小麻烦的法律管制

小麻烦也须有法律管辖。美国的"皮毛法"（nuisance law）就专管"小麻烦"。在美国社区，无论是有意还是无意，每个业主都必须避免在自己的土地或房产上进行"不合理"的侵扰他人人身及财产安全的活动，否则政府有权接受举报并进行干预。[①] "皮毛法"为邻里之间发生的这些冲突和纠纷提供了法律参照，体现了人文关怀与法治精神的统一。

（一）"皮毛法"的法理解释

"皮毛"的提法最早见于谢芳所撰写的《美国社区》一书，其中对"皮毛"一词的定义是：给他人人身安全和财产带来"伤害、损害、骚扰"的邻里纠纷。

"皮毛"一词来源于美国侵权法中的侵扰制度（Nuisance，又译"妨害"）。在爱荷华州法规中，侵扰被定义为："一切有害于健康的、有伤风化的或是不合理地对他人造成冒犯感的行为；或是不合理地妨害了他人自由享受个人财产甚至生命的行为。"

侵扰或妨害行为具有三个特征：一是，实际侵犯了原告的使用和享受其财产的权益；二是，被告的行为是造成这种侵犯行为的原因；三是，这种侵犯行为可以是故意的、不合理的，也可以是由被告疏忽大意或鲁莽造成的非故意行为。

判定侵扰或妨害是否存在，并不依赖被告的意图，而是根据以下三点：一是位置优先，即如果侵扰或妨害本来就存在，那么在明知它存在的情况下还要接近，就不是被告的责任。例如，你明知道某酒吧夜夜笙歌营业到凌晨，可是仍然选择搬到它的楼上居住，那么对于酒

---

① 谢芳：《美国社区》，中国社会出版社 2004 年版。

吧侵犯休息权的指控就不能成立。二是事件发生地的特性。例如，你既然选择住在机场或火车站附近，那么就不能期待没有震动和噪音。三是无理指责。意思是原告的抱怨或指责应是大多数普通人认同的、理性的。例如，如果原告精神特别敏感，认为邻居从门口走过就是要冲进来伤害自己，那么他对邻居申请的禁令是无理的，就不能够得到法律支持。

根据侵扰的对象、范围，损害的权利及处理方式等的不同，侵扰可以分为公共侵扰（public nuisance）和私人侵扰（private nuisance）。

1. 公共侵扰

公共侵扰指被告的作为或不作为妨碍、损害了社会公众行使其公共权利。[①] 在社区，它则指被告的行为不合理地干扰了居民的健康和安全，或产权使用，比如你的邻居用他的房子从事犯罪活动。判断是否属于公共侵扰基于三个元素：一是，该行为是否严重干扰公共健康、公共安全和公共便利；二是，该行为是否有相关法律、法规限制；三是，该行为是否会产生连续的或长期的持续影响，且被告是否知道该行为对公共权利有严重妨害。公共侵扰造成的损失一般由被告负责经济赔偿，法院会权衡各方利益发出禁止令并对公共侵扰行为提起刑事指控。

2. 私人侵扰

私人侵扰指被告作为实质性地、不合理地侵害了土地所有人享用自己土地的权利。[②] 私人侵扰是对个体或少数人的侵扰。判定私人侵扰的关键有两点：一是意图，即被告是有意图地实施侵扰。这种意图并不是指故意，而是指被告知道自己的行为对他人造成的妨害正在或即将发生，却仍继续该行为；二是实质性的侵扰。比如，你的邻居在家听音乐，声音很低，但还是打扰到了你特别敏感的听觉。这就不能构成侵扰，因为人家只是以合理的方式使用私产；但如果邻居把音响

---

① 李亚虹：《美国侵权法》，法律出版社 1999 年版。

② 同上。

的声音开得很大，严重影响了你的生活，就构成了侵扰。对私人侵扰可以申请法院禁止令并提出损害赔偿。

从公共权利到私人利益，侵扰制度的管辖范围之广、条文款目之细，让人咋舌，而这也正是其被称为"皮毛"的原因。"皮毛"小而杂，"皮毛法"管的就是街坊邻里鸡毛蒜皮的小麻烦。

（二）"皮毛法"的有关规定

如前所述，侵扰制度包括公共侵扰和私人侵扰，管辖范围甚广。在此仅对国内关注度较高的条款做具体介绍。

1. 邻里噪音整治法

美国大多数城市都有自己的噪音法令，禁止噪音扰民。因为噪音不仅严重影响居民的生活和健康，而且引发了越来越多的邻里纠纷。此外，环境噪音对周围房地产销售价格也有显著的负面影响。

美国噪音整治立法体系健全。从联邦法到州、地方法规，以及社区都有相关规定。《联邦噪音控制法》（*The Federal Noise Control Act of 1972*）于 1972 年美国国会通过，确立并制定了国家噪音排放标准。1975 年 9 月，美国国家地方法律办公室与国家环境保护署（Environmental Protection Agency，EPA）联合发布《社区噪音控制法规样本》，为各地方及社区提供初始规定和程序参考。美国至少有二十个州和地方颁布了区域性噪音法令，将制造噪音视为违法行为。如，新墨西哥州法律规定：任何喧闹声或不合情理的噪声，以及破坏宁静的行为都是举止不当的违法行为。此外，几乎每一个社区都制定了相关的规约来限制噪音。如，纽约 1963 年就颁布了《反噪音法》，禁止"制造任何不合理的、令人不安的和不必要的声音"。1992 年，纽约测量了各种噪音（如地铁经过时的声音、一米之内的汽车喇叭声、摇滚乐的轰鸣等），并据此规定了每一种噪音控制的特别标准。现行的纽约市反噪音法规就是 2007 年更新后的法律规定，与旧法相比，新法条文更详细，也更易于实施。

美国噪音整治涉及的内容全面、细致，其根据声音来源对每一类噪声都制定了特别标准。

（1）生活噪声

生活噪音包括车辆、宠物、家用电器、周边设施等产生的噪音，其声音大小和时间都被严格限定。如，纽约反噪音法规定，在距离住宅1米处测量出的、超过45分贝的声源都应该被禁止。

空调、加热等通风设备以及电视、吸尘器、洗衣机等的使用音量都要控制在合理范围。草坪割草机、吹叶机只能在工作日早上8点至晚上7点之间或假日及周末的早上9点至晚上6点之间使用。

扩音外放或公开演奏行为受到严格控制。如必须使用，需要申请并提交"声音许可证"，一般来说，声音许可证的申请费用为45美元，须在活动开始前5天内申请。

社区的服务型设施，如垃圾运输车等，也受到噪声约束：当垃圾车没有开启压实状态时，在距离35英尺或以上的距离测量到的噪声不能超过80分贝；在开启压实状态时，住宅区50英尺范围内晚上11点至早上7点之间，距离垃圾车35英尺或以上距离测量到的噪声不能超过80分贝。

饭店、酒吧等娱乐场所发出的音乐声更是不能超过合理范围：在周边住宅内测量到的噪声等不能超过42分贝；晚上10点至早上7点，在距离娱乐场所15英尺或以上的公共街道上测量到的噪声不能超过周围声音的7分贝以上。

此外，美国大多数城市都有关于"安静时间"的规定。即在规定的"安静"时段内，任何足以影响到正常睡眠的声音都是违法的。一般来说，前一天晚上10点到第二天早晨7点是"安静时间"，周末或节假日的"安静时间"则会延迟一小时。

（2）工业噪声

主要指建筑施工发出的噪声。法规对施工地点、施工方式、施工设备、施工时间等均有细致规定。如，纽约噪声法要求，距离施工现场15英尺的室内或公共街道上测量到的噪音不能高于周围环境的10分贝，突然发出的短暂噪音也不被允许。

在纽约，每个施工现场都必须张贴"消减噪音计划"，并就大分贝声音对周边居民开展宣传和预警。每种施工设备都有相应的降噪要求，如在使用手提钻时必须配备降噪消音器，或使用便携式的街道屏障。工作日的早上7点至晚上6点是常规施工时间，其他时间施工需要获得建筑和交通部门的授权许可。

（3）超常声音

主要指交通工具产生的不在合理范围内的声音。包括：重量在10000磅以下的交通工具（如小型汽车）发出的在150英尺以外能听见的声音；重量超过10000磅的交通工具（如卡车）发出的在200英尺以外能听见的声音；摩托车发出的200英尺以外能听到的声音。这些超常声音都是被严格限制的。此外，社区通行的车辆在非紧急状态下禁止鸣笛，否则也是违法行为。

美国噪音整治执法严厉，违法的成本很高。居民对影响生活的噪声可随时通过热线、网络、手机等进行投诉。原则上，只要有投诉，环境督察组就会赶到现场，测试噪音分贝，并对违规者当场开具罚单。① 一般而言，对于比较轻微的情况，如狗吠等，初犯可能只是受到警告，但大多数情况下得承担被处罚的风险。如，宠物狗不加控制地狂吠，初犯须缴纳45—175美元的罚款，第三次违规罚款135—525美元；汽车随意鸣笛，第一次罚款130美元，第三次罚款4200美元；摩托车过分轰鸣，首次罚款440—1400美元，第三次罚款1320—4200美元；收音机等音响设备噪声超标，首次罚款90—350美元，第三次罚款270—1050美元；夜晚使用锤子等工具敲击，初犯罚款440美元，第三次罚款4200美元；酒吧、夜总会等娱乐场所喧闹扰民，初犯罚款2000—8000美元，第三次罚款6000—24000美元。罚金通常要在一个月内支付完成，超出时限则需承担额外费用。

反噪音法在执行中存在一些困难，如，由于警力有限，有时需反复举报多次才能得到回应等。但是，在有法可依的情况下，人们还是

① 谢芳：《美国社区》，中国社会出版社2004年版。

能够依法保护自己的权益。

2. 家庭宠物限养法

宠物是很多美国家庭的组成部分。据估算，2015—2016 年，美国超 7970 万个家庭饲养宠物，其中有 8330 万只宠物狗，9560 万只宠物猫。[①] 这些小动物常常被视为家庭的一员，备受宠爱。而同时，美国各州有关饲养宠物的规范体系也十分完善。其中，尤以对犬只的管理最为严格。从联邦到地方，美国制定了一系列法律法规，对家庭养犬的身份及其行为进行限制。这些法律不仅保障了公民的养狗权利，同时通过有效约束养狗行为，保护他人不受侵扰。

（1）动物分类制度

一般情况下，美国并不限制家庭饲养宠物的种类，但对被依法界定为"危险或狂暴动物"（dangerous or vicious animal）、"有害动物"（hazardous animal）的宠物采取严格管制。

"危险或狂暴动物"通常具有以下特征之一：没有被挑衅而对人撕咬、攻击、造成伤害；没有被挑衅却攻击性地追逐或逼近人，危及安全；用于警卫、格斗训练的狗。[②] 拥有危险或具有潜在危险的宠物，属于违法。一经举报或发现，该宠物会被扣留、监禁或没收。

依据美国州法或地方法规，如果家庭饲养的犬只被认为是"危险或狂暴动物"，狗的主人有义务对它进行绝育，并购买商业保险。例如，对于没有购买责任保险且未进行有效登记的恶犬，会被立即没收。

"有害动物"指对人或其他动物会产生危害的动物，比如毒蛇、毒蜘蛛、毒蛙、鳄鱼等。根据州法或城市法令，除非有警察书面申请（必须证明其能被完全控制），否则任何人不得保有或藏匿有害动物。[③]

---

① Justin F. Marceau, "Killing for Your Dog", *George Washington Law Review*, Vol. 83, Issue 3, April 2015, p. 954.

② *Municipal Code of Chicago*, Chapter 7-Animal Care and Control, 7-12-020 Definitions.

③ 于立深：《城市家养动物自由的行政法规制——美国经验的中国借鉴》，《华东政法大学学报》2018 年第 5 期。

被法院认定为危险、狂暴及有害的动物都必须被限制在圈舍内。除非由主人牵缚或者戴上嘴套，否则不允许其离开主人的领地而单独活动。如果警察确信该动物对公众产生威胁，可以扣押。

（2）动物许可制度

政府要求居民办理登记、领取宠物牌照。该牌照是饲养宠物的合法许可，由镇、县或市政厅颁发。按规定，宠物主人必须在本辖区申领有效牌照，方能成为合法的饲养者。没有接种疫苗的宠物一种不予发放。

每个地方的规定略有不同。比如，芝加哥和加利福尼亚州规定，超过 4 个月大的狗需要向政府登记；宾夕法尼亚法律规定，3 个月或以上的狗必须在每年 1 月 1 日前获得许可，违规者可被判最高罚款300 美元，并加上法庭费用。宠物牌照的有效年限通常为自签发之日起的一年内，有的地方可以选择时间长短、按需购买。牌照费用一般为 20 美元左右；也有地方因品种而定，比如，华盛顿哥伦比亚特区狗牌的最高费用为 46 美元。①

宠物牌照作为 ID 标签发放，必须始终佩戴在宠物的脖颈上。宠物牌照可说是宠物的身份证明，表明宠物已在主人所属的城市注册并接种狂犬病疫苗。利用宠物牌照，一方面能够记录宠物的信息，有助于核实疫苗接种情况；另一方面可以帮助迷失的宠物找到主人。

（3）动物约束制度

动物约束主要针对宠物狗及其他有害动物，旨在限制其行动自由，具体包括：动物应被限制在主人的房屋、车辆，以及足够高的围栏、圈舍内；进入公共场所时需用绳子牵缚或引领；只能在城市划定的有限区域（如狗公园）内活动。

①游荡限制。由于未被拴缚的狗对社区及居民是的潜在危险，攻击和损害行为随时可能发生，因此，政府有责任对公共区域内活动的小狗及其主人进行规制。在美国，各州法和地方法令通常都会禁止动

---

① 赵广俊：《美国人养犬先要研读法律》，《法制日报》2006 年 10 月 18 日。

物四处游荡，即在街道等公共场所或私人领地无看管、无牵缚地自由跑动。宠物主人有责任防止动物逃逸或闲逛，任何在未经允许的情况下，纵容宠物在街道、路边、他人公寓或财产领地自由行动的行为，都属于违法。对于四处游荡的宠物，政府可以扣留、监禁。

②《狗咬法》（*Dog Bite Laws*）。美国约有 38 个州制定了《狗咬法》，要求对狗进行拴缚和控制；否则，只要是因狗造成了伤害，主人无论是否有过失，都要承担责任。因狗造成了伤害后果之后让很多养狗人不敢违犯。如，伊利诺伊州法律规定，受害者可以得到如下赔偿：紧急治疗费，包括急诊、救护车费用；消除伤疤的费用；为克服因袭击造成的心理恐惧而进行心理治疗的费用；误工费以及长期治疗费。这些费用加起来可能是个天文数字。①

③"恶犬"管束。各州的《恶犬法》基本都主要针对攻击型犬种，如斗牛犬、德国牧羊犬等。法案规定，饲养这些"危险"犬只的狗主人必须在庭院显眼的位置张贴或竖立警示标识，警告路人；带犬只出门，狗主人必须时刻为狗戴上约束皮带和嘴套，且任何时候不得散养。否则，执法部门有权将狗杀死，并视情节追究狗主人的刑事责任。如纽约州《恶犬法案》规定，如果一条狗已经被认定有攻击倾向，主人却没有严加防范，而后继续咬伤他人，狗主人应被判入狱 90天，同时罚款 1000 美元②；在加利福尼亚州，咬死他人，狗主人最高可判终身监禁。

（4）其他责任和义务

《妨碍公共利益法》又称《睦邻法》，旨在保护非养狗者的权利，要求养狗者不能侵扰邻居的休息、安静和活动。其中较著名的是"三吠原则"和"铲屎令"。"三吠原则"规定，在居民区养狗，狗主人必须严格控制狗吠。如果不能有效制止而导致犬吠超过三声，狗主人就要受到相应处罚，一般罚款 45—525 美元。铲屎令即要求主人外出

---

① 佚名：《美国养狗规矩很多》，《健康博览》2006 年第 12 期。
② 赵广俊：《美国人养犬先要研读法律》，《法制日报》2006 年 10 月 18 日。

遛狗时，必须及时清理狗的粪便，否则会被罚款，一般罚款 25 美元左右。

《联邦动物保护法》主要针对宠物的权利保护，对宠物主人的责任和义务提出要求。比如，不能将狗锁在狭窄的地方，拴狗时要留下足够的活动空间；不能将狗独自留在家中超过 10 个小时等。其中，对虐待动物的行为管制最严。

在美国，虐待动物要受到经济处罚或法律制裁，甚至入狱。亚拉巴马州规定，虐待动物，特别是家养的狗和猫的行为被定义为："超载、超速驾驶、剥夺必要的食物或住所、不必要或残忍地殴打、伤害、残害或导致同样的行为；故意折磨任何狗或猫或家养动物的皮肤"。虐待狗或猫属于 A 类轻罪，可处以最高 1000 美元的罚款或最多 6 个月的监禁（可并罚）；故意虐待狗或猫则是 C 级重罪，可处以最高 5000 美元的罚款或最高 10 年的监禁（可并罚）。伊利诺伊州对虐待动物的处分和罚款分为五个等级，最低等级伤害罚款最高可为 2500 美元，而最高等级伤害的罚款可能高达 25000 美元，并被判入狱 2—5 年。

专栏：治理狗患还需法治良药

近年来，国内因狗患引发的矛盾纠纷不胜枚举。围绕狗患引发的人际冲突，舆论已有多年。有人从道德层面呼吁相互理解、文明养犬，也有人从法制层面呼吁立法、建立规则。目前，不少地方既有针对文明养犬发起的宣传活动，也出台了家庭养犬的若干规定。如《宁波市文明行为促进条例》规定，在限养区内携犬出户时不束犬链、不由成年人牵领或者不及时清理排泄物的，由当地公安机关责令改正；情节严重的，没收其犬，吊销《养犬登记证》。法规之严格，与国外相仿。但这都没有挡住小区里"放飞"的犬只，和狗吠扰民、狗粪蔓延的乱象。问题的根源，并非无法可依，而是地方性法规执行乏力。养狗纠纷虽小，也需要明晰的规则和有效的执行。依法作为才是解决问题的根本！

3. 社区泊车管制法

泊车管制是一个世界范围的难题，它关系着城市空间形态、出行方式选择、居民生活质量等多方面的平衡。

美国被称为"车轮上的国家"，汽车拥有量超2.5亿。在大都市的核心商业区及热门旅游景点，泊车问题尤为突出。曼哈顿是纽约市的中心，这里集商业贸易、旅游景点、老城区为一体，由于路况复杂、车位稀少，违法停车的现象严重。这不仅加剧了交通拥堵，也给路人和骑行者带来潜在危险。为此，美国各州、市均对社区泊车实行严格管制，其特点可以概括为两个字：难和贵。

一是泊车难。"难"在于规定繁复，稍不留意就可能被拖车或罚款。首先，禁止停车的区域很多。有些地方有明确的禁停标志，如消防通道、黄线区域等；有些地方需要持有特殊许可证，如居民区、残疾人停车区、商业车辆卸货区、服务车辆（如垃圾运输车）通道、保留车位（如伤残军人专用、学生专用）等。如果违反规定会被罚款或被拖车。一辆车占据两个车位、阻挡其他车辆出入等也是错误的停车方式。其次，禁止停车的时间点很多。不少地方得根据允许停车的时长、时段、日期或星期的组合来判断是否可以停车，以及可以停多久。设置时长一般是为了提高车位的使用率。因此，无论是否收费，停车位大多设有最长时限，从5分钟到几个小时不等。纽约繁华路段的限时一般是2小时，超过时限会被贴罚单或拖走。此外，为了提高道路通行的能力，很多区域会根据星期和时间来制定工作日高峰时段的停车规则。如，有的地方规定，车辆在通勤高峰期可以停靠的时间较短，等到高峰过后则可以多停一会儿；有的地方干脆禁止在早晚高峰时段停车。因此，同一个停车位在不同日期的规定就可能不同，比如周一到周五不能停，周末和节假日就可以停了；或者周一到周五有时间限制且需要收费，周末和节假日则取消限制，免费停车。禁止停车的时段中还有一个特殊情况，就是扫街时间。美国城市街道都是机械扫街，清扫时间可能是每天的固定时段，也可能是一周中的任何一天。这个时间通常会公示在道路旁的指示牌上。

二是泊车贵。"贵"有两层含义：停车费用高昂，违规停车代价高昂。2014 年，纽约市的公寓地下停车位售价在 50 万—100 万美元，车位的单位价格已远远超过楼上的公寓。然而，并非所有公寓楼都配备有地下停车场。在没有地下停车场的公寓，居民只能把车停放在附近的收费停车场。以纽约市中心附近的停车场为例，每小时最低收费 7.99 美元，有的甚至高达 20 美元。① 2018 年 10 月，纽约交通部再度提高了曼哈顿商业和私人停车收费标准，并依照停放时间逐级累加。违规泊车的代价同样不菲。纽约的大街小巷都有移动执法车违章巡查，还有职业拖车员四处巡逻，一旦发现违规停车，就会当场开具罚单，或锁车或立即拖走。被拖走车辆的车主必须本人亲自到扣车场，缴纳 150 美元拖车费和 75 美元罚款，才能取回车辆。如此高昂的泊车费用对于提升停车设施使用率起到了明显效果。如今，纽约人三分之二的出行依靠公交和地铁，曼哈顿也只有四分之一的家庭还拥有私家车。

为保障路人安全，一些城市还制定了特殊泊车规定。比如，在旧金山，车辆在斜度大于 3 度的坡道停泊时，前车轮必须抵在路边石上，以防车辆意外下滑，违反者也会被重罚。

泊车难、泊车贵是政府有意为之，目的是削减机动车出行量和不必要的停车需求，为居民创造更多的开放空间和更安全便捷的出行环境。

4. 乱穿马路整治法

乱穿马路并不是中国人的专利。在美国很多大城市，如纽约、芝加哥、波士顿等地，行人集体闯红灯的现象十分普遍。据波士顿公共卫生委员会调查，1999 年仅有 12% 的行人在过马路时会遵循信号灯指示。在英语中，不看交通信号灯、乱穿马路的人，被称为 Jaywalker。Jay 源于拉丁语和古代法语，常常被用来比喻傻瓜。

乱穿马路的事虽小，但因此造成的纠纷和事故却不小。对此，交通管理部门一般以罚代管。为整治乱穿马路，1997 年纽约交通部在市中最繁华的路口设置了木头障碍，规定所有过马路的人都必须按照交

---

① 谢芳：《美国社区》，中国社会出版社 2004 年版。

通规则在人行横道中穿行。当时有一个女子偏不理会，直接斜着就想穿过路口，结果被警察当场拦下，罚款 50 美元。在当时，这是纽约有史以来因乱穿马路而开具的最贵罚单（以往最高罚 2 美元）。从这以后，乱穿马路的罚金就越来越高。如，洛杉矶是 190—250 美元，夏威夷是 130 美元。在新加坡，乱穿马路最高可罚 1000 新元（近5000 元人民币），此外还要坐牢 3 个月。

针对使用耳机或手机的乱穿马路者，处罚力度更大。2017 年，美国麻州议会通过一项提案，拟对使用耳机或手机的乱穿马路者罚金翻倍。同年 10 月，夏威夷檀香山开始对边看手机或发短信边过马路者进行罚款（最高 99 美元）。纽约州议会也通过法律，要求纽约市研究如何让行人和驾驶者了解使用电子设备分散注意力带来的危险。

5. 公共场所禁烟法

在美国，公共场所全面禁烟是一种趋势。1964 年，联邦政府发布一项有关吸烟有害健康的报告，从此，禁烟行动开始进入行政规制的范围。1975 年，明尼苏达州通过《室内清洁空气法》，要求餐馆划分吸烟区和非吸烟区，成为美国第一个明令禁止公共场所吸烟的地区。2007 年，明尼苏达州通过《自由呼吸法》，将禁烟范围扩大到州内所有餐馆和酒吧场所。1997 年 1 月，纽约州颁布《无烟空气法》，首次将禁烟区延伸到户外，它规定，幼儿园、运动场等室外区域严禁吸烟。同年 8 月，克林顿政府发布总统行政命令，规定联邦政府办公楼及其所辖物业全面禁烟；而后，各州、市地方政府也规定在其办公楼内禁烟。2011 年，包括天桥、街道、公园等在内的室外场所被列入禁烟区域，甚至在一些地方法规中，私人住宅也须禁烟，或应在公寓中划分出一定比例的禁烟区域。

据美国非吸烟者权益基金会统计，截至 2016 年，美国有 36 个州和哥伦比亚特区通过禁烟法，超过 1000 多个城市在办公室、餐馆和酒吧实施完全禁烟令。除室内禁烟外，3300 个州、县、城镇禁止户外吸烟，包括建筑物入口处、窗户、通风系统附近、公园、海滩、户外体育场以及娱乐场所等。

禁烟令最初由警察负责执行，现在由城市有关部门（如卫生健康、公园管理、执法部门）及获得批准的部门执行。居民之间也可互相监督。在纽约，如果发现有人在禁烟区吸烟，可以向有关部门机构举报。在华盛顿州，对于不听从劝告、执意要在禁烟区吸烟的客人，餐厅老板可以报警。初犯一般被处以100—1000美元罚款，第二次则增至200—1000美元罚款。

但是，由于美国没有全国性的禁烟法，因此，对于是否能够在公共场所吸烟，各个州、市往往各自为政。相比较而言，欧洲国家在公共场所禁烟的力度更大。

专栏：世界各国的公共场所禁烟法令

英国：吸烟不能享受免费医疗

英国很早就在公共场所实行了室内禁烟。根据规定，如果在室内吸烟被抓住，要被罚款50英镑；禁烟区如果没有张贴"禁烟"标志，该场所将被罚款200—1000英镑。英国所有的营业场所都不允许顾客吸烟，如果对吸烟顾客不闻不问，该处的业主将被处以最高2500英镑的罚款。此外，英国国家卫生服务部门规定，如果吸烟者不改变吸烟陋习，就无权享受政府提供的免费治疗。

法国：警察禁烟执法

从2008年开始，法国的学校、游乐场、博物馆、火车站、机场、办公室、公共场所及一切封闭空间都严格禁烟。警察参与禁烟执法。法国有17.5万名"烟警"，在大街小巷四处巡逻。"烟警"有权对违反禁烟令的人处以最高450欧元的罚款；而对允许违规吸烟的公共场所处以最高750欧元的重罚。

加拿大：假扮烟民做卧底

加拿大的禁烟法令很多，如安大略省烟草控制法规定，任何人不得向19岁及以下青少年出售或提供香烟，违令者最高可处以5万加元的罚款。加拿大的卫生部门还聘请15—17岁的青少年

做卧底，如发现有意图向其出售或提供香烟的行为，就会对其做出相应处罚，甚至起诉。

西班牙：最高可罚 60 万欧元

西班牙 2011 年开始实施禁烟法令，规定所有酒吧、餐馆、游乐场以及学校和医院周边全面禁烟，违反法令者将会被处以最少 30 欧元、最高 60 万欧元的巨额罚款。禁烟法令使西班牙的餐饮业上座率下降了 10%，但政府认为这是值得的，因为近 70%不吸烟者的权益得到了保护。

日本：严格控制吸烟年龄

日本《未成年人吸烟禁止法》规定：买烟必须出示身份证，20 岁以下禁止购买和吸食香烟。为防止不到法定年龄的青少年通过自动售烟机买烟，政府还提供特制卡片，以供机器识别年龄。此外，任何向未成年人提供或销售香烟的行为，不管是家人、朋友还是商贩，都要受到法律制裁，还将被处以 50 万日元以下的罚款。

新加坡：违反禁烟令可能会坐牢

新加坡的禁烟令十分严格。禁烟区域包括公共场所的所有封闭空间和大部分户外空间，甚至公交车站也不允许吸烟。处罚之严厉，可让每一个到达新加坡的外国烟民闻风丧胆。如，在任何禁烟区吸烟的人，初犯者罚款 250 新元，再犯者 500 新元，第三次则处罚 1000 新元。法律甚至规定，屡教不改者要做义工或被判处最高 1 年的有期徒刑。

不丹：警察有权破门掐烟头

不丹是世界上第一个在全境禁止销售香烟、所有公共场所都禁止吸烟的国家。2011 年，不丹政府又颁布法律明文规定，如果发现屋内有人吸烟，警察有权破门而入，掐灭烟头。①

---

① 参见《各国出台严厉禁烟令：租房先戒烟禁享免费医疗》，《北京晚报》2011 年 5 月 30 日。

三 国外社区纠纷依法治理对我国的借鉴

美国人的规则意识很强，凡是法律没有明确规定的事，都尽量不会去做，因为很可能就违法了。这得益于其细致完备的法律体系及令人生畏的执法能力。

美国立法的覆盖程度很高，可以说事无巨细皆有立法。首先，美国是联邦制国家，地方的权力大于中央，地方常常根据本地区的特点或现实需要制定"皮毛法"一类的地方法。另外，美国是判例法国家，以判例和"遵循前例"为法律渊源。当没有相关成文法时，人们习惯于在判例中寻找参照；而当某个案件审结后的判例也自然会成为以后类似问题的法律渊源。

我国虽然实行成文法，但是，在我国的社区纠纷中，很多时候并不缺乏相应的法律法规，而是缺乏依法办事的思维和执法能力。首先，对于社区邻里纠纷涉及的噪音问题、宠物问题、污染问题等，我国有《中华人民共和国环境保护法》《中华人民共和国噪声污染防治条例》《宠物狗管理条例》等，《民法通则》《物权法》中也涉及相邻权，可以作为法律依据向法院提起诉讼。可是在实际调处过程中，依法办理、执行落实的情况十分鲜见。其次，目前民事纠纷的处置权在执法部门，而位于调处第一线的居委会和物业因为缺乏行政权限，导致调解无效。最后，很多时候，基层管理者以维稳为主，对加害方多是批评教育，没有实质性的处罚；又或者处罚力度太小，不能起到威慑和警示的作用。党的十九大提出，基层社会治理要提高社区依法办事能力，提升社区法治思维理念，这需要从完善立法、严格执法、大力普法三方面着手，方可有效。具体而言：（1）完善立法。继续完善我国的法律体系，特别是在民生领域的立法。有立法权的地方要结合当地实际和社会关注，出台相关地方性法规，保障人民正当权益。（2）严格执法。明确执法主体，强化执法刚性，适当下放处置权力。加大处罚力度，加强威慑力度。（3）大力普法。促进基层法治建设，开展法治宣传教育和法律进社区活动，让普法活动下沉一线，更加接地气、见实效。

强制性社区规约与软法治理

美国的"社区规约"类似于我国的"乡规民约""市民公约"，因此可称之为"软法"。美国的社区规约则具有强制性，违反者会被社区管理委员会处以罚款甚至被起诉。美国将社区视为一种小共同体，小共同体内部有强制性是常见的；否则，你就会侵犯社区其他住户的利益。

一　软法视域下的国外社区治理①

"软法"相对于"硬法"，被认为是"原则上没有法律约束力但具有实际效力的行为规则"②。从治理的角度看，软法是多元主体为达成共同目标而形成的不具有强制力的规范性文件。

软法最早生成于西方国际法领域。它原本是国家间的非条约式协议，如协定、声明、联合公报等，因不具有强制力，被称为"软规则"。20世纪90年代，在全球化推动下，国际区域组织将这类软规则引入到公共治理领域，由此推动了各种软性协商机制的形成。21世纪以来，许多国家政府开始尝试将软法引入基层社会治理。在这一过程中，社区治理呈现出"软法辅以硬法的建构"③，"软法"作为一种

---

① 注：本章着重讨论城市社区的软法之治。

② Francis S. ，"The Effective of European Community Law: Institutions, Process, Tools and Techniques"，*Modern Law Review*，1993，Vol. 56，No. 1，pp. 32 –37.

③ 郝健：《城市社区软治理破题》，《人民论坛》2014年第19期。

治理手段偏向柔性和多元。

在我国，软法之于社会的应用古已有之。从古代乡约到现代的村民自治章程，这些由地方村民自行制定、自主推行的村规民约已十分成熟，并在我国的农村管理中发挥着重要作用。相对而言，软法在城市社区的应用尚处于起步阶段。

城市的软法之治以社区规约、业主公约为主要形式，契合了现代治理的理念。在社区规约的制定和执行上，一方面积极呼应多元共治的趋势，有效促成政府、社会组织和社区居民之间的沟通与合作；另一方面，由社区居民经过对话、协商达成的妥协与共识（软性规制）很多时候比公共权力，甚至硬法规范更有效用。

社区规约在社区治理和维护公共关系方面起到了积极作用，同时也暴露出了一些天然缺陷。如，因缺乏强制力造成在维护公共秩序方面的力不从心；因过分强调民主协商造成公共决策的迟缓或拖延；因过于平民化而难以建立起公众对法律的敬畏感。借此，经常被指责为"法外"或者"非法"，甚至还被贴上损害法律权威、妨碍法治目标实现的绊脚石之类的黑标签。[①] 如何在硬法框架下发挥软法优势，实现社区治理的规则之治，是一个需要深入探讨的议题。

二 强制性社区规约：软法治理的创新

社区规约是我国社区软法的主要形式，指社区范围内的居民、组织通过民主协商，达成在社区管理和生活上的共识。目前，大多数社区规约以警告规劝为主，缺乏对违规行为进一步的处置权，所以在实际推行中并不顺畅。

（一）美国的强制性社区规约

美国社区通过民主协商、社区规约来管理日常生活的大小事务。

---

① 罗豪才、宋功德：《软法亦法——公共治理呼唤软法之治》，法律出版社 2009 年版。

社区规约在很大层面上体现了社区居民自我管理、自我约束、自我发展的特征，也是将社区日常问题的解决落到实处的有效途径。

美国社区规约的具体内容包括三个方面：一是对公共资源的治理，如公共设施、公共卫生以及区域内的水电、安全、绿化等；二是对私人物业的规定，主要是关涉社区共同利益的私人物业范围内的事项，如不许把衣物晾在院子里，什么花草能种、什么不能种等；三是对特有文化的继承和维护。

在美国，社区规约不是推荐性或建议性的，而是强制性的，违反者会被社区管理委员会处以罚款甚至被起诉。这些对私人物业使用的强制性规定，看起来是"侵犯"了私人产权，但是当事人拥有卖出物业、"用脚投票"的选择权。美国人视社区为一种小共同体，居民对其所居住的社区有着归属感和集体荣誉感，当共同体内的不同利益发生冲突时，社区的整体发展和公共利益会被放在首位。例如，房子被飓风刮倒了，也只能申请原样建一个，不允许建一个简易房屋，否则会降低社区内其他房产的价值。

1. 公共空间治理

针对不同的公共事务类别，社区管理委员会设有相应的管理部门，如公共工程部门、社区娱乐和服务部门、环境保护委员会、儿童福利委员会、教育委员会等，对违反规约的行为进行约束和处罚。

（1）美国社区噪音治理问题

噪音对健康和福利有害，这是公认的现实。美国的大部分地区都规定，晚10点到早7点属于"安静时间"（周末或节假日则是晚11点到早8点），在这段时间内，人们的正常休息和睡眠受法律保护，不允许噪声干扰。

此外，社区还要求业主避免在自己的土地或房产上进行"不合理"的侵扰邻居的活动，例如不在规定时间内的房屋装修、聚会喧闹，频繁的车辆鸣笛等。

一般而言，社区在制定有关噪音问题的居民规约时，会对噪音从音量、音频以及类别进行定义，因此从居民日常生活噪音到交通出行，乃至园林景观修剪都有详细的规定。

（2）美国社区对"小广告"的治理

社区公共空间是社区的共享资源，是为社区居民提供公共服务的物理存在，也是公共福利的载体。在社区私自张贴广告的行为，破坏了社区的环境美观，也侵犯了其他业主的利益。

在纽约，社区规约规定：任何人不得在公园、市政中心、人行道，以及路边石、路灯柱、消防栓、树木、灌木等处涂漆、标记或书写、张贴或以其他方式加盖广告。对于已经非法张贴的小广告，社区警察局或社区公共工程管理部负责摘除；对于摘除所发生的费用，社区公共工程管理部有权向非法张贴责任人收取。

对于临时活动所需的广告、方向标识，需提前向社区公共工程管理部申请，在许可的地点进行张贴，并在活动结束后的二十四小时内移除。有些地区对一些房屋标识及方向标识也有详细规定。

此外，小广告的治理模式也讲究"疏导结合"。在禁止胡乱张贴的强制规约下，社区为广告发放者提供了一条合法途径，即通过信箱投递、插在车库门上、用塑料袋装好等方式，将广告放在住户门前。这种做法的前提是，不得影响社区容貌整洁，不得有损房屋所有者的利益。因此，广告选用的纸张、张贴用的胶带等，需要讲求美观及便于摘除。通过这种方式，宣传者达到发布信息和宣传的目的，而住户也能够根据自己的兴趣和需要挑选和获取信息，实现双赢。

（3）美国社区动物治理

社区动物治理，包括对家养宠物和流浪动物的治理。

①宠物牌照。社区规约规定居民必须为自己所养的宠物狗申请牌照。在部分地区，宠物猫也需要办理牌照。宠物牌照作为 ID 标签发放，必须始终佩戴在宠物的脖颈上。宠物牌照可以说是宠物的身份证明，表明宠物已在主人所属的城市注册并接种狂犬病疫苗。利用宠物牌照，一方面能够记录宠物的信息，有助于核实疫苗接种情况；另一

方面可以帮助丢失的宠物找到主人。

②宠物绝育。社区鼓励对宠物进行绝育，并提供不同价位的绝育方案和服务。对于已经绝育的宠物，接种疫苗会有打折和优惠。

③户外遛狗。社区要求必须给宠物狗佩戴不超过 6 英尺长的皮带，用来更好地控制狗的行为，防止其损害公共财产或者对其他社区居民造成人身安全危害。如果发生惊扰或咬伤他人的情况，狗主人要负责受害者的医治及其他损失。而地方负责部门有权责令狗主人限制狗的行动甚至强制将狗安乐死。此外，在公共街道或公园内遛狗时，狗主人有责任迅速和卫生地处理狗留下的任何粪便；否则会被罚款，一般为 25 美元左右。

④狗吠问题。一般而言，社区规约将狗吠归于"噪音"问题，对于狗吠的时间、频率和音量均有要求。对于违反者除罚款外，还会要求部分违反者参与社区举办的"宠物狗行为培训课程"和"人文教育课程"。通过课程的讲解，使狗主人更加科学地认识宠物狗的日常行为和反应，从而合理有效地管理狗吠。

此外，不同社区对饲养宠物有不同的规定。例如，许多公寓大楼不允许养狗。原因在于，狗吠、粪便等会破坏环境，影响其他住户；部分大型犬只还会对居民的安全构成威胁。允许养狗的地方很少，而且租赁费用翻倍：除每月 50 美元房租费外，租户入住时要一次交清 500 美元的房屋修缮费。除去物价上涨等因素，如果狗主人连续租赁公寓 5 年，他将为此多付 3500 美元房租。①

⑤流浪动物治理。流浪动物治理主要包括流浪和受伤动物的救助、抓捕、绝育，以及协助房主清除野生动物以及处理街道上死去的野生动物等。通常情况下，社区会协助动物保护协会对流浪动物进行抓捕，并将它们运送到宠物收容所或救助站，等待领养或安乐死。此外，社区不允许随意喂食流浪动物，因为喂食会增加它们的繁衍速度。

---

① 赵广俊：《美国人养犬先要研读法律》，《法制日报》2006 年 10 月 18 日。

专栏：国外都怎么养狗

（1）英国：教导小狗"讲文明"

英国有近680万只狗，狗吠声常常惊扰四邻，人们投诉和抱怨不断增多。为此，英国政府下令小狗们必须遵守非社交时间活动准则，并专门印制了养狗注意事项，指导人们如何教小狗"讲文明"。比如，当小狗狂吠时，主人应当想办法使它安静，但不能使用吼叫、踢打等惩罚性手段。当小狗安静的时候，给予其奖励。如果小狗热衷于朝人狂吠，则要保证它远离大门或窗户。如果狗主人不能有效阻止自家的宠物狂吠而干扰到邻居的话，将会收到提醒通知单。如果在规定期限内，仍制止无效，狗主人将面临最高5000英镑的罚款。

同时，英国社区对宠物狗有严格的强制规约。狗主人如果没有给小狗做好清洁、让小狗闯入禁地（包括学校、公园的儿童区域、足球场、游乐场、坟场、火葬场和花园）等都将被处以罚款。

（2）加拿大：遛狗禁止逆行

加拿大遛狗有很多规矩。例如，在公共场所遛狗必须给狗戴项圈、系狗链，无论任何情况下，主人都必须牵着狗；在户外遛狗时，主人要备齐小铲子、纸袋、卫生纸等，随时准备清理小狗的粪便；当把小狗独自留置车中时，需要在车上显示醒目标识"车内有狗"。

加拿大的很多公园、绿地都设有专门的"遛狗道"，遛狗也有约定俗成的方向。遛狗者须顺着方向走，避免逆向。这是为了防止习性、品种不同的狗迎面相遇、发生冲突；如果因此发生争斗、损伤，逆行者需要承担更大的责任。

（3）俄罗斯：小狗挂牌标明攻击性

俄罗斯养狗的家庭很多，每只狗都有自己的身份证。俄罗斯并不限制宠物狗的品种，但一些高大凶猛的狗外出必须戴上嘴套，由主人牵行，防止它吓到或误伤行人。政府规定，宠物狗上街必须佩戴不同颜色的牌子，红色牌子表示这只狗具有攻击性，请远离；黄色牌子表示这只狗基本不伤人，但也不可随意亲近；绿色牌子表示这只狗绝对没有危险。

（4）芬兰：专设狗公园

赫尔辛基市专门开辟了86个"狗公园"和4个"狗泳池"，在这里遛狗需要遵守一些特别的规定。例如，为防止传染，生病的小狗不得入内；禁止投掷物品让小狗去捡拾；晚上10点到早上7点，在园内遛狗不得扰民。除了专门遛狗的公园，荷兰的很多公共场所也为小狗准备了专用设施，例如在大型超市的停车场，通常设有宽敞通风的大狗笼。

（5）美国：狗都有"户口"和"学历"

美国对宠物狗的管理有一套十分严谨的体系。首先，所有宠物狗都必须接种疫苗并办理牌照。在街上游荡却没有佩戴牌照的犬只，会被视为流浪动物，遭到抓捕并送往动物收容所。狗俱乐部遍布全国，大多数正规渠道出生的犬只都会在那里度过幼年时代，学习如何与人类相处，并接受相关的技能训练。[1]

（4）美国社区垃圾分类、回收

一是生活垃圾。社区生活垃圾的回收一般由垃圾回收公司负责处理，社区管理委员会也会制定相应的社区规约，详细介绍回收计划，并要求社区居民配合行动。

首先，居民应该根据垃圾回收计划、垃圾分类等具体信息，对生活垃圾进行前期分类。垃圾回收公司为居民提供免费的滚轮垃圾桶，根据垃圾种类的不同，垃圾桶的颜色和大小不一。居民在使用过程中可以随时联系垃圾回收公司对垃圾桶进行维修和更换。有害垃圾，如清洁剂、杀虫剂、温度计、电池、电子垃圾等，不得放入滚轮垃圾桶中，而必须放在指定地点，由垃圾回收公司专门处理。

---

[1] 陶短房：《在加拿大遛狗禁止"逆行"》，《政府法制》2011年第26期。

此外，社区与垃圾回收公司协商确定每周统一回收垃圾的固定时间。例如在纽约，社区规定，居民需要每周三将滚轮垃圾桶放置在离住所5英尺的范围内，而在星期四凌晨5点之前，居民应将垃圾桶收回。此外，任何人不得在社区的任何地方对废弃垃圾进行私自分类、回收、打捞或转移给他人。

二是废品回收。社区鼓励居民参加废品回收利用计划。在美国，废品都是免费回收的。对于具有回收价值的垃圾或者可二次使用的废弃物，社区会要求住户将废品攒起来，等到规定时间，放置到指定地点，由专门的回收机构处理。此外，社区还会统计每年的垃圾回收率并公开量化的垃圾处理指标，以彰显社区的环保程度。

大物件垃圾，如二手家具、旧电器等，不允许随意堆放或丢弃。处理方法除自行变卖、捐献外，一般由专业公司或社区物业上门回收，根据情况有些需要付费，有些则不用。在芝加哥，政府规定回收公司每年为居民免费处理4件大件垃圾，超出的需要付费，如处理一件沙发，居民需付3—4美元；在圣何塞，独栋房屋的居民可与垃圾回收公司预约上门回收的日期，然后将大件物品放在门口等待收取。有的社区也会每年为住户分配大物件回收指标，超出指标的需要付费。

此外，不少社区会定期设立大件垃圾回收场。以硅谷的 Milpitas 社区为例，每个月第二个周六和第四个周六的早上8点到下午4点，允许附近居民在此处理大件物品。居民必须带齐自己的身份证明和相关文件（如连续两个月的太平洋煤气电力账单）才能把物品交给当地的处理厂。处理不是免费的，如27寸以下电视机收费41美元，车轮胎收费21美元等。不符合规定或超出限制的还会被收取额外费用。

（5）美国社区停车问题

尽管很多独栋房屋的居民拥有自己的停车库，但是对于居住在公寓或临时停车的居民来说，停车也不是一件随意的事情。很多社区对停车时间、地点等都有明确的规定。

如，在美国阿卡迪亚社区，除特殊情况外，严禁在凌晨2：30至

5：30之间在公共街道停车。其次，也严禁在道路上存放车辆，在道路上停放的任何车辆超过72小时将由业主承担费用。这些限制措施旨在提高社区通行的安全性，增强社区的整体道路美观，同时为街道清扫车辆提供畅通的道路。

如果想要通宵在街边停车，需要购买过夜停车许可证。这种许可证分为年度过夜停车许可证和临时许可证，居民可以在社区警察局购买，也可以在自助购买机上购买。一般，临时停车许可证每次购买不超过5天，一次通宵路边停车的费用大概是5美元。对于商务车辆和休闲车辆，一般不予发放许可证。

2. 私人物业的规定

对私人物业范围内的事项进行强制规定，大多基于社区共同利益的考虑。这一点在美国共同利益小区中表现尤为突出。

（1）美国社区私人草坪养护

私人草坪养护是管窥美国公共权利与私人权利如何博弈与平衡的极佳视角。按照美国人的观点，房产虽是个人财产，但也承担着公共责任。一家的"门面"会影响整个社区的"脸面"，私人草坪疏于打理、杂草丛生，会影响整个社区的景观环境，还可能对周边房价产生负面影响。这些都是当地居民关心的核心利益。因此，在美国，每个房屋所有者都被要求按期清理自家花园和草坪；否则会被认为是违反公德的行为，邻居甚至路人都可以向当地市政或者环保部门举报。

在通常情况下，如果住户没有修剪草坪，社区管理者发现后会提出警告或致信规劝；如果房主置之不理，他们会代为修剪，或委托专门机构修剪，之后向房主收取远超一般市场价格的费用。在有些地区，这样的房主也会直接收到一纸罚单。如在加州洛杉矶阿罕布拉，初犯者罚款100美元，之后一年内每犯一次，每次追加500美元。

美国各地基本都制定了本地区居民必须遵守的细则，但地区不同，规定不一，并没有统一的标准，例如草坪的限制高度从4英寸到6英寸不等。相同之处在于，若违反草坪管理规定，不仅会被罚款或受到较轻的刑事处罚，还可能被纳入个人信用系统，进而影响职业发展或生活。

（2）美国社区私人用水管理

在美国的社区，私人住宅环境的保护和维持体现一种草坪文化，并且被视为一种公共意识和义务。私人庭院的灌溉不当或泳池缺乏清洁，既有损社区的整体美观，也会由于用水不当引起泥水残枝外流、蚊虫繁衍等问题，对其他居民生活造成影响。

①私人草坪浇灌。社区浇水规约一般对浇灌的时间和工具有明确规定。例如美国加州的阿卡迪亚社区规定，冬季浇水（11 月至 4 月）时段为每周的星期二和星期六，夏季浇水（5 月至 10 月）时段为每周的星期二、星期四和星期六。此外，每天上午 9 时至下午 6 时之间不得为草坪、园林或草皮浇水或灌溉。每个自动浇水头仅限使用 10 分钟，同时不得在下雨过后的 48 小时之内为草坪、景观浇水。干旱或水资源稀缺时节，可以减少对植物的灌溉，但不允许放置其干涸至死亡。

②私人游泳池管理。社区要求拥有私人游泳池的住户定期对其泳池进行清理和排水，保证泳池的卫生。因为闲置且盛水的游泳池是蚊虫和细菌繁衍生长的聚集地，不仅破坏该处的生活环境，也会影响周围邻居的健康。如果社区居民发现邻居家有一个被忽视的游泳池，有义务告知社区服务部门。社区防治和控制病媒及蚊虫的部门会对泳池进行清理和排水，并对房屋所有者进行罚款。

③节约用水规约。部分水资源匮乏的地区会制定相应的节约用水规约。例如，加州是美国最大的州，同时也最缺水，在加州地区的社区软法里强制要求居民合理、节约用水，并分阶段开展水资源保护禁令。除要求社区居民节约灌溉用水外，还要求社区组织或企业做到：除非客户明确要求，否则任何供应或出售食品或饮料的餐厅、酒店、咖啡厅、自助餐厅、酒吧或其他公共场所均不得向客户提供饮用水；除非客人明确要求，否则酒店或汽车旅馆不得每天洗涤客房的毛巾和床单。

（3）美国社区房屋修建

房屋的修建和重建都要通过社区建筑服务部门和社区居民的双重

认可。

首先，社区对于本地范围内的房屋修建的各个细节都有严格标准。社区居民想要进行房屋修建，需提前向社区建筑服务部门提交房屋规划的设计图纸，并申请办理建筑许可证。如果没有得到建筑许可证，将影响房屋主人的个人信用，房屋的火灾和责任保险也会无效，并且不能合法出售房产。

在房屋重建工作中，除了对房屋更换组件、插座、灯具等故障维修或翻新加固类的修建不需要递交申请，其他的扩建或改造工作都需要向社区提交申请。

其次，房屋规划图纸必须在正式动工之前向社区公示。如果房屋的设计对邻居或其他社区居民有影响，都会被驳回。美国的社区一般不主张一味地扩大房子面积，而是强调整体的统一性、美观性和协调性。在独栋房屋较多的社区，一般也提倡多留一部分面积进行庭院和草坪的建设，以提高社区整体的环保和绿化。此外，还需要考虑公共通道和停车的效率及安全性，停车位和对公共交通的影响。任何改造或重建显得突兀的房屋设计申请，都会被社区居民驳回。

最后，社区对建造房屋的时间也有严格要求，一般时间在周一至周五的早上7：00至下午6：00，周六上午8：00至下午5：00。周日不允许施工。

（4）美国社区空置或废弃房屋管理

从社区治理的角度看，空置或废弃房屋会引起诸多问题。首先，无人居住的住宅因长时间得不到管理和打扫，会吸引流浪动物、野生动物、害虫、啮齿动物、病媒动物、寄生虫的侵入，对社区的环境和卫生以及社区居民的健康产生较大影响；同时，无人居住的住宅影响社区的整体美观。此外，无人居住的住宅如果不进行登记，可能导致城市工作人员在识别、定位和联系业主时耗时耗力，业主也有可能因此蒙受损失。

基于这样一些对公共利益和私人权益的考虑，社区制定了空置、废弃房屋登记管理条例，要求业主对无人居住的住宅进行登记。这样做的目的是，当房屋出现财产维护或健康和安全等问题时，登记处可及时与相关部门和业主取得联系，使业主和社区的损失降至最小。

（二）其他典型国家的社区强制规约

1. 英国社区

英国的社区享有充分的自治权。社区管理的相关规约以居民意见为基础而制定，能够很好地反映居民需求和意愿。

以社区行车限速提案为例。在利物浦，社区居民针对本社区住宅道路的特点，以及对骑行和步行的偏爱，提议将本社区内车辆行驶速度的限制从 30 英里/小时降低到 20 英里/小时。针对这一提议，社区委员会广泛征询了住户意见，最终确定在一些路段设立 20 英里/小时"安全区"，并通过寻求政府协助，对这些地带的交通设施（包括限速标志、减速带、照明等）进行了更新。通过这一提案，利物浦的居民对社区内部道路行驶安全速度进行了自定义，降低了交通事故发生的可能性，使得社区道路行驶更加安全。这一做法在爱丁堡、沃灵顿、朴茨茅斯等社区的施行也取得了不错效果。

2. 日本社区

日本社区的"集体主义"观念较强，对个人行为的约束更多时候依靠群体内的尊重剥夺和道德压力。同时辅以利益诱导、柔性惩罚。

以社区垃圾处理为例。在日本，社区居民对社区环境极其重视，也有高度的自觉性，自觉处理和分类垃圾是日本社区的公约和常识。日本垃圾处理实行的是地方自治制度，每个社区都有自己详细的垃圾分类手册指南和严格的规章制度。有的社区比较宽松，垃圾只要分为七八类，有的社区则要分二十多类，并且不同类垃圾的处理时间也不同。比如京都的垃圾大致分为可燃垃圾、不可燃垃圾、报纸杂志、易碎容器等，其中，可燃垃圾要在每周周一和周四早上 8 点前扔；不可燃垃圾在每周周六早上 8 点前扔；报纸杂志等纸类垃圾每周周四早上 8 点半前扔；易碎容器，如陶器、玻璃制品等，则只能在每月第一周和第三周的周二早上 8 点前扔。

如果不按照规定进行垃圾分类、处理，会被邻居指责；对于不听劝告、屡教不改的，则会被处以罚金。而如果社区居民因为大意，不小心错分了垃圾，也会受到"黄牌"警告。

此外，社区对于乱扔垃圾的行为，每次罚款 100—150 日元；对于在垃圾分类、清运上比较积极、做得比较好的居民，社区管理人员每月统计，择优奖励，奖励金额在 250—300 日元。

（三）强制性社区规约的运行机制分析

社区规约作为软法治理在社区的实践，原本是介于法律规范和道德约束之间的一种柔性契约，而欧美国家的社区治理经验表明，通过罚款、起诉、驱逐等硬性手段，增加社区规约的强制力，将能够更有效地约束个人行为，将社区公共事务落到实处。

1. 创制基础：共同利益

社区规约关注的是本社区事务，牵涉本社区的共同发展和利益。现代社区不仅是人们的聚居之地，而且承担着消除贫困、提供就业、娱乐休闲、应急减灾等多方面功能，生活及工作其中的居民、社区组织、政府机构等既是这些利益的相关者，又同时存在着不同的利益诉求，冲突与对抗在所难免。社区规约通过积极挖掘多元主体的共同利益来维系平衡。

社区共治离不开利益驱动。社区规约之所以能够成立，是多元主体在某种利益上协调的结果。比如，在美国很多地方都明令禁止户外晾晒，租房条款中也常常有一条：不许晒被子。从居民个人来说，这一条款无疑是对个人权利的侵犯，而且也加重了自己的日常经济支出（因为使用烘干机的电费昂贵）；但它仍得到了广泛推行，原因就在于，户外晾晒会使人产生"这里是贫困社区"的印象，从而影响社区的地皮和房产价值。而后者是更大的利益。

2. 形成机制：协商民主

社区规约的形成是国家向社区赋权的过程。在现代社区治理中，政府、社区组织和公民之间已由原来的管理和被管理的关系，发展为指导监督、协商合作的关系。国家通过向社区赋权，将日益复杂且多样化的公共事务转移给社区组织，通过多元主体的充分参与和民主协商，形成能够反映社区共同意志的软法规范。因此，社区规约治理的实质是社区自治，强调政府、社区组织、居民的合作共治。

社区规约的形成是平等协商的过程。以美国为例。美国的社区治理由地方政府、社区管理委员会和非政府组织三方负责。其中，社区管理委员会负责社区规约的起草、创制与维护。社区规约的建立，一部分依照市政法典，一部分由当地居民提出。正式规约出台前，各方主体通过座谈会、听证会等方式，充分讨论、对话、沟通，最后在社区管理部门和多数居民投票通过后方才确定。整个过程贯穿了各个利益主体的共识与合意。

社区规约的形成体现了社区居民的回应性。这是一种区别于上级政府或社区管理机构自行创制的"双向"模式。在公民意识较强的国家，社区规约的产生和维护源自居民对社区问题的自发关注、提议和反馈。

新加坡社区的管理机构是介于居民和政府之间的组织，管理人员由社区居民自愿参与产生，任何一个社区居民都可以参与到社区生活问题的治理中来。这些草根志愿者作为政府和人民之间的桥梁，帮助找到以社区为主导的、解决当地问题的方案。例如峇鲁地区的交通问题，起因于该社区一名居民的特别关注，之后，在他的带领下，社区居民也开始关注该社区的停车问题，通过观察车流量、数据分析等前期努力，社区居民向该选区办公室提交了一份 300 页的报告，用于制定该地区停车规约。

3. 维护手段：强制实施

欧美国家社区规约的强制性，主要指惩戒手段的刚性和直接性。

（1）经济惩罚

罚款是最常见、也是最主要的惩罚方式，其特点有二：一是规定细致、严苛、明确。比如，纽约市规定牵狗绳不得长于 6 英尺；再如，京都中野区的垃圾分类和丢弃时间安排堪称细致入微。二是严格规定罚款金额，并依照违约程度、违约次数等逐级增加。欧美国家的罚款金额一般较高。比如，在加拿大公园内吸烟，会被罚最低 250 美元；英国的宠物狗主人如果不能在规定期限内有效制止自家小狗狂吠，罚金最高可达 5000 英镑。

不同社区在违约事项和罚款金额上存在不同，这与每个地区的生活习惯、经济状况、传统认知、价值标准等有关。比如英国要求 6 个月以下幼犬需要注射狂犬疫苗，而在匈牙利的布达佩斯市，这个时间是 3 个月。

（2）开除出共同体

最严厉的惩罚方式是被房东驱逐或被社区孤立。一般来说，被驱逐不仅是因为欠缴房租，也有的是因为严重违反社区规定且屡教不改。例如，在瑞典，多数社区有安静条例，如果闹得太凶造成高分贝噪音会被邻居举报到社区管理部门，若不听劝阻则会被房东驱逐。

三 国外社区治理规制之治中的软硬兼施

强制性社区规约可以说是软法与硬法的结合。一方面，在创制机制上，它比国家法条更贴近基层生活，也更注重协商民主、对话与互动；另一方面，在维护手段上，它依靠国家权威和强制力，而不仅仅是通过倡导或口号来达成目标。

社区治理中引入软法之治，并不意味着要放弃硬法。软法固然有柔性、共识性、互动性和回应性等优势，却缺乏硬法的刚性、权威性、确定性及可预期性。二者各有长处，也自有短板。因此，"实现软法与硬法的刚柔相济，做到扬长避短、各展其长，软硬兼施、各得其所，才能最大限度地发挥公法的规范和调整功能，推动公域之治的全面实现"①。

---

① 罗豪才、宋功德：《认真对待软法——公域软法的一般理论及其中国实践》，《中国法学》2006 年第 2 期。

社区治理应倡导"软硬兼施"的规则之治。一方面要完善硬法，在国家权力和法律法规授权和认可的框架下开展社区自治，也就是说，国家需要在硬法层面积极探索促进社区治理创新的政策和机制，同时对破坏与损害社区发展的主体及行为采取限制性或惩罚性措施。另一方面要培育软法。通过多元协商、开放共赢的创制机制，引导制定业主公约、文明公约等软法条例，促进社区治理在取得广泛共识的基础上高效、规范、有序运行。

社区应急管理的多道防线

作为群众生活的基本单元，社区日益成为公共突发事件最直接的承受者和最初的响应者，应急职能和防灾减灾功能日益凸显。

一　应对社区突发事件

社区"突发事件"也被归为"突发公共事件"之列。2007 年颁布的《中华人民共和国突发事件应对法》中，对突发事件给出了明确的定义："突发事件是指突然发生，造成或可能造成严重社会危害，需要采取应急处置措施予以应对的自然灾害、事故灾难、公共卫生事件和社会安全事件。"[①]

根据发生过程、性质和机理，社区突发事件可分为四类：自然灾害、事故灾难、公共卫生事件以及社会安全事件。如表1。

表1　　　　　　　　　　　突发公共事件分类

突发事件类型	常见表现形式	具体实例
自然灾害	主要包括水旱灾害，气象灾害，地震灾害，地质灾害，海洋灾害，生物灾害和森林草原火灾等	2008 年汶川地震、2010 年玉树地震、2004 年印度洋海啸、2005 年美国卡特琳娜飓风

---

① 《中华人民共和国突发事件应对法》，2007 年。

续表

突发事件类型	常见表现形式	具体实例
事故灾难	主要包括工矿商贸等企业的各类安全事故，交通运输事故，公共设施和设备事故，环境污染和生态破坏事件等	2015 年天津滨海新区爆炸事故、2011 年"7·23"甬温线特别重大铁路交通事故
公共卫生事件	主要包括传染病疫情、群体性疑难杂症、食品安全与职业危害、动物疫病等严重影响公共卫生和生命安全的事件。	2003 年"非典"疫情、2013 年H7N9 型禽流感、2008 年中国奶制品污染事件
社会安全事件	主要包括恐怖袭击事件，经济安全事件和涉外突发事件等	2001 年 911 事件、2008 年"3·14"西藏严重暴力事件、2014 年昆明火车站暴恐事件、2015 年"11·13"巴黎恐怖袭击事件

社区突发事件具有突然性、公共性和紧急性。"突然性"指事件的发生时间、地点、方式、程度和态势等都无法预知和掌握。"公共性"指事件发生的破坏范围较大，涉及公共利益，产生的后果严重。"紧急性"指事件发生的形势较为紧急，留给人们反应和应对的时间极少，需要应急管理主体快速做出反应。

大量数据表明，政府以及专业救援队员或其他处理突发事件的主体，时间或空间上存在一定局限，其行动的有效性难以保证。而作为基本生活单元的管理主体——社区居委会、村委会等，在预测预警、应急准备、应急处理乃至恢复重建的过程中，有可能克服时间及空间的限制，成为突发事件应急管理的第一响应人。

事实上，社区不应仅仅只被看作事件的发生地或是被救助地，更应该成为应急管理战役的前沿阵地，发挥组织、指挥、协调和辅助的职能。而处在突发事件中的居民也不仅仅是受害者角色，更应该成为应急管理战役中的"骑兵"，积极响应、自救和互助救援。

综上，社区应急管理应是以政府及其他公共机构为主体，通过必要的应对机制，在事前预警、事中应对、事后恢复过程中，采取科技、规划、技术与管理等一系列方式方法，保障群众生命财产安全的活动。

二 社区应急管理的典型模式

20 世纪末以来,社区作为应急管理第一响应人的地位已得到确认。1999 年,第二次世界减灾大会在日内瓦召开,重点讨论大城市特别是社区作为减灾基本单位的防灾、减灾、救灾问题;2001 年,联合国提出"发展以社区为中心的减灾战略"口号①;2005 年,日本神户世界减灾大会上通过"2005—2010 年间规划",提出"社区应急机制和提高应急能力";2005 年,《亚洲减少灾害风险北京行动计划》提出,各国政府要实施从社区到国家的全方位保障,制定应急预案②。从实践层面来说,一些国家和地区已经形成较为完善的社区应急管理体系,其中,英国"社区恢复力"、美国"全社区"应急模式以及日本"互助型"应急模式较为典型。

(一) 英国社区应急管理的"恢复力"

英国应急管理历史悠久。其应急管理体系的建立始于第二次世界大战后,进入 21 世纪,又通过立法方式对中央和地方的应急机制进行了协调。2004 年,英国政府通过《国内紧急状态法》,针对事前预防、事发处置、事后恢复三方面的具体措施做出规定。历经多年发展,英国逐步确立"社区恢复力"理念,并为其他各国的应急管理思路提供了借鉴。

1. "恢复力"的含义及其政策价值

恢复力(Resilience),是英国应急管理体系中的一个特有名词,也译做"回弹力""复原力"。Community Resilience 即"社区恢复力"。2013 年 2 月 20 日,英国内阁办公室发布《社区恢复力国家战

---

① 中国疾病预防控制中心:《亚洲减少灾害风险北京行动计划》,亚洲减灾大会 2005 年 9 月。

② 张素娟:《国外减灾型社区建设模式概述》,《中国减灾》2014 年第 1 期。

略框架》（以下简称《框架》），以文本形式明确了社区恢复力的含义、目的与程序意义等方面的内容，使其定位更为清晰。

在《框架》中，"社区恢复力"被定义为某个社区即使在非同寻常的情况下也能使其功能、结构、性能维持在可接受范围内的适应性。"社区恢复力工作"是针对政府响应的一种补充行为，指社区①、社区居民以及社区内的组织利用社区资源在突发事件中自救互助、减轻损失。

2. "恢复力"的核心要素：社区居民第一反应意识

英国政府通过各种方式，如培训、宣传、公告等，帮助社区居民实时了解所在社区的资源及潜在危险，使其掌握可利用的资源和知识技能，培育"减灾救灾、互帮互助、我为人人、人人为我"的第一反应意识。

恢复力意识培育分为两步：第一步，是鼓励人们学习突发事件及应急管理的相关知识，思考所在社区及自身的脆弱性。第二步，是鼓励社区居民思考自己面对的突发事件是什么以及如何做出反应。经由这两步，社区居民不仅能够认识到自己在突发事件中应当担负的责任，而且能够在风险发生时成为社区应急的第一响应人。例如，在英格兰和威尔士，由于地形原因，大约有四分之一的居民长期处于洪灾的威胁中。而随着海平面上升，这个比例还在不断变大。为此，英国环境中心定期发布洪灾预警。民众借此了解自身所处风险，并做好防洪准备。据统计，现在已有超过 120 万人注册，而每次的预警服务都给居民们提供了宝贵的应对时间。

专栏：英国社区的恢复力：居民参与

社区恢复能力的重点在于居民参与。通常政府通过以下 3 个问题来评估社区的准备程度以及社区居民可以做什么：

---

① 英国的社区与中国的社区有所不同。英国社区即市、镇和教区，因此在应急文件中会明确标出该文件适用于市镇还是教区。

您知道您和您的社区可能面临的风险吗，比如：洪水？

在紧急情况下，您如何帮助自己和身边的人？

您能做些什么来参与社区的应急管理？

当每个居民都能利用自己的经验知识以及当地资源参与到社区应急管理中时，社区在事前预警、事发应对、事后恢复等工作中将更有作为。例如，如果居民对洪水、热浪或降雪期间可能遇到的风险比较了解，他们就会采取积极措施，这将也有助于减少对其自身和家庭以及社区的影响。①

3. "恢复力"的支持者：提供相关服务的社会组织

英国的社区服务中心是社区宣传减灾防灾的集中地，也是联系社会各方力量（政府机构、非营利组织、慈善机构、志愿者、居民）的网络中心。社区突发事件发生时，社区服务中心会将各类信息（包括情况、对策等）通过网络传达至各方，使各方主体及时反应，做好应对工作。

英国社区中提供应急服务的社会组织有：红十字会、英国皇家女子志愿服务团、圣约翰救护车队，以及业余无线电爱好者急救队等。这些组织会在事前预警、事发处理、事后恢复等环节与居民一起应对突发的社区公共事件。比如英国的红十字会组织，在每个区域都有应急小组，每个地区的小组也与各地区的其他组织及政府部门相互联系，在应急情况下共同整合和调动救援资源。

英国保险业在社区恢复力支持中发挥了独特作用。由于政府对灾害赔偿并无严格限制，英国的商业灾害保险发展迅速，覆盖英国93%的家庭。基于投保家庭所形成的灾害与理赔数据库，不但有利于灾害的成本分析，为突发事件事前预警与评估提供条件，而且在社区的抗灾能力分析上起到重要作用。如，1993年设得兰群岛大风暴相关数据显示，建筑物的构造与灾害损失大小信息，保险公司通过对理赔金额

---

① 参见英国政府官方网站：《应急准备、响应和恢复》，https://www.gov.uk/guidance/resilience-in-society-infrastructure-communities-and-businesses#。

与理赔对象的数据整理，可以帮助识别不同建筑部位在风暴中的脆弱等级，并据此为风暴易发区的建筑商提供建筑标准，增强建筑物抗灾能力。

专栏：英国业余无线电爱好者应急网络

"业余无线电爱好者应急网络"是由注册无线电业余爱好者组成，旨在为社区提供的应急通讯服务。该组织成立于1953年，一开始是为了应对东海岸的严重洪水。这个组织非常活跃，有大约2000名成员，每年为数百个活动提供通讯方面的沟通援助。

业余无线电操作员可以使用各种无线电波段、操作模式和设备，提供独特的紧急通信服务。再加上成员众多、组织资源丰富，"业余无线电爱好者应急网络"被政府和志愿紧急服务组织视为专业支持组织。①

专栏：英国皇家女子志愿服务团

该组织成立于1938年。当时全国正在为战争做准备，"妇女自愿服务组织"的产生促使100多万国内妇女自愿为前线提供支持。从疏散儿童到执行空袭预防措施，"穿绿衣服的女人"是英国防御和恢复能力的核心力量之一。

在随后的几十年中，该组织及其独特的志愿服务理念一直为民众推崇和践行，如应对特殊的社会挑战、保护处境不利的儿童、为残疾人士提供餐点等。今天，它的志愿者仍然活跃在英国各地的医院和社区。②

---

① 参见业余无线电爱好者应急网络官方网站，https://www.raynet-uk.net/。

② 参见英国皇家女子志愿服务团官方网站，https://www.royalvoluntaryservice.org.uk/about-us/80-years-of-royal-voluntary-service。

4. "恢复力"的模板：案例研究的网络图书馆

"案例研究网络图书馆"是 2011 年英国政府开辟的一个网站，主要负责整理和发布全国社区恢复力的成功案例。该网站提供案例编写模板，并配有编写说明，描述某个时间、某个地点、某个具体环境中应急管理实施的具体做法及效果。入选的案例必须具有共性、普遍性、可借鉴性等特点。通过这个平台，英国政府能够了解各社区应急管理的动态，相对的，各社区也能从中查询到适合自己需求的信息，为社区实际工作提供帮助。

（二）美国社区应急管理的"全社区"模式

美国地处太平洋沿岸，是自然灾害频发的国家之一，诸多社会矛盾也使得人为事故及技术灾难时有发生，造成巨大的经济损失和人员伤亡。为应对这一情况，美国通过立法并对其不断地修订完善，形成了应急管理的"全社区"模式。

1. 应急管理的"全社区"动员模式的含义

1979 年 4 月 1 日，卡特总统签署成立联邦紧急管理局（Federal Emergency Management Agency，FEMA）。2011 年 FEMA 公开发表名为《全社区应急管理途径：原则、主题和行动途径》（*Whole Community Approach to Emergency Management：Principles，Themes，and Pathways for Action*）的报告，首次提出应在全美范围内建设应急管理的"全社区"动员项目。

"全社区"动员模式，指整个社区居民、应急管理人员、社区组织以及社区领导，在理解和评估社区需求的前提下，能够在应急管理的五个阶段［预防（prevention）、保护（protection）、减缓（Mitigation）、响应（Response）、恢复（Recovery）］，协同私人部门、非营利组织以及联邦、州以及地方政府，组织社区资源，提高运用能力，保障社区利益。

专栏：美国应急管理的"全社区动员"的原则和主题

全社区动员模式的原则：

- 了解并满足整个社区的实际需要。
- 赋权多元主体参与社区应急管理活动。
- 加强社区应急管理活动。

全社区动员模式的主题：

- 理解社区的复杂性。
- 识别社区能力和需求。
- 促进与社区领导的关系。
- 建立并维持多元组织合作关系。
- 授权当地行动。
- 利用和加强社会基础设施、网络和资产。①

---

2. 应急管理"全社区动员"模式的实施策略

（1）理解社区的复杂性、能力及需求

社区是人们社会生活的基础单元，且受到多种因素影响。具体包括：人口特性、地理环境、社区资源、政治活动、经济状况、社会网络等。这些因素的独特组合及其相互依赖性，使得每个社区呈现独特的复杂性、多维性和多样性，形成了社区的集体行动力。

理解社区的复杂性、应对能力和需求，有助于识别和预防社区隐患，解决社区实际问题。例如，加利福尼亚州某社区的暴力犯罪率很高，除社会原则外，社区内那些任意停放的废弃汽车、随意丢弃垃圾、破败的公寓楼、超速飞驰的汽车、街道缺乏照明等，都是导致不安全状况的因素。于是，警方联合消防、公共工程、住房管理等部门，并与当地居民合作，将犯罪打击问题转化为社区振兴工作，消除了环境隐患，从而也改善了治安。

---

① FEMA, *A Whole Community Approach to Emergency Management*: *Principles*, *Themes*, *and Pathways for Action*, 2001.

（2）应急管理伙伴关系中的领导者培育

应急管理伙伴关系中的领导者内涵极其广泛。社区组织者、地方理事会成员、政府领导人、非营利组织、商业领导者、志愿者领导者、信仰领袖以及具有某种权威的社区居民都可称为社区的领导者。他们拥有着宝贵的知识与实践能力，能够理解所在社区的复杂性、了解社区的需求及可利用的资源。最难得的是，他们能将社区资源转化为可用的力量。

科罗拉多州的应急管理伙伴关系（Colorado Emergency Preparedness Partnership，CEPP）较好地说明了培养社区领导者的必要性。CEPP 是由丹佛警察基金会，国家安全业务主管和慈善圆桌会议创建的合作企业。它实质上是企业自愿参与建立的应急伙伴关系的广泛联盟，包括慈善界、企业、学术界、联邦、州和地方机构以及领导者。[①] CEPP 作为社区领导者联盟，在社区应急管理中的主要作用是通过信息公告与社区网络保持联系，并利用其能力应对较小的紧急情况和其他需求。如，社区警方最近需要一架直升机协助调查，他们联系了CEPP，看是否有可用的直升机。30 分钟后，由三个不同成员组织提供的直升机准备妥当。

（3）集体行动中伙伴关系的有效维护

集体行动能够带来更大的潜力与资源，因此需要在社区成员间建设和维护伙伴关系。伙伴关系建立的关键是共同利益，马克思曾说"人们奋斗所争取的一切，都同他们的利益有关"，因此，要找到政府与这些团体和组织之间共同利益，并通过公私合作的方式来保持关系稳定。

在俄亥俄州克利夫兰市西南部的麦地那县有一个成功的例子。麦地那县的城市化建设有许多困难：首先，湿地很难开发地产；其次，地产开发需要消防、治安等配套基础设施建设；最后，对未开发湿地

---

① FEMA, *A Whole Community Approach to Emergency Management: Principles, Themes, and Pathways for Action*, 2001.

的保护。针对以上的挑战，当地政府、规划委员会、建筑商、应急管理人员等组成了一个多元主体的伙伴关系，通过政社商合作，共同推动湿地的合理开发。

（4）赋予应急管理中地方行动的必要权力

美国的应急管理体系为国家、州、郡三级管理体制，应急救援一般采用属地管理和分级响应原则。[①] 因此，地方社区一般没有权力进行单独应急管理，这就意味着需要赋予地方一定的行动权力，充分利用其运作潜力。

授权地方行动指赋予社区领导者在确定优先事项、组织支持、实施项目和评估结果等应急事项中的主动权利，而不仅仅是被动跟进。被授权的地方行动可以促使当地居民毫无保留地表达需求，积极参与社区应急管理决策，推进社区自身的减灾抗灾行动。与之呼应的是，地方政府并不是直接领导，而是通过诸如提供居民规划协商的场所、提供资源支持地方行动、构建新的伙伴关系等方式积极推动地方行动。[②]

赋予地方行动的权力对农村地区尤为重要，因为那里的基础设施（电信、公共交通、卫生服务、公共设施等）往往不尽完善，而应急管理人员需要关注的应急管理区域众多。事实证明，某些农村的农业安全委员会（由当地应急管理人员、公共卫生人员、急救人员、兽医、农业综合企业、农民组成）在解决突发的粮食安全、农业减灾等特定问题上能够起到关键作用。

（5）加强社区应急管理中硬件设施的利用效率

如果说社区居民、文化及其各项活动构成了社区的血肉，给社区以鲜活姿态；那么社区的社会基础设施、网络及资产则是社区的骨架，支撑起社区日常生活的环境、经济及政治结构。

---

① 陈丹妮：《政府灾害应急管理体系的国际比较研究》，《防灾科技学院学报》2009 年第 1 期。

② 唐桂娟：《美国应急管理全社区模式：策略、路径与经验》，《学术交流》2015 年第 4 期。

首先，随时掌握基础设施情况。如提前检查道路的塌方、对公共交通工具的零件老化情况进行评估，有助于事前预防、事中发生、及时响应和事后恢复的情况处理。其次，积极构建社区互助网络。这里的互助网络指的是人与人之间、社区伙伴之间、社区组织之间、社区组织与社区外组织之间的互动，并以此为基础，了解和学会在突发事件发生之际如何授权于他们，即时解决问题。例如，在海地地震中，由大型救援机构组成的支持网络，从国外运送大量救援人员奔赴灾区实行人道主义救援；由当地居民和团体组成的支持网络，为灾区提供基本生活服务，都取得了成功。最后，充分利用社区资产。社区资产包括社区资金、物质材料、人力资源等。社区应急管理工作人员应时刻注意社区资产是否足以支持社区日常运转，做到有备无患。志愿者的培训、食物的储存、居民的动员演习、社区的空间规划等，都能够为应急管理提供强大的人力、物力与财力支持。

（三）日本社区应急管理的"互助型"模式

日本作为一个处于三大地质板块交界处的岛国，台风、火山、地震、海啸、暴雨等自然灾害频繁发生。突发事件的"多发"也使得日本的基层社区具有较强的抗御灾害的应急能力。

1. "互助型"模式的法治基础

日本是全球范围内较早制定灾害管理与应急基本法的国家。早在1880年，日本就公布了第一部防灾法《备荒储备法》，后又推出一系列有关灾害的单项法律法规，但由于缺乏综合性防灾体系，各部门的防灾义务与责任不明确，出现了很多"短期行为"和"短期效应"。为应对以上情况、达到综合应急管理的目的，日本在1961年制定了防灾应急管理的母法——《灾害基本对策法》，该法首先针对突发自然灾害的预报、警报、灾难应急对策、防灾计划、救灾援助、灾后重建等各个过程做出明文规定。此外，该法明确了首相、都道府县、市町村等各级政府的职责，使得应急管理工作有法可依、行之有效。

1995 年日本阪神发生里氏 7.3 级大地震，震后，政府的应急能力显现出其时空的局限性，而社会群体及社区的响应能力却大放异彩。故日本政府在 2012 年修改了《灾害对策基本法》中的"基本政策"："地方公共团体的居民，在采取手段自己防备灾害的同时，必须努力参加自发的防灾活动"[1]，强调社区公众的参与以及社区与政府沟通互动的重要性，并对社区居民及领导的职责、途径、地位做出了详细的规定。由此，互助型应急管理模式在法律层面得以体现。

日本对灾难应急措施的立法具有很强的针对性。神户大地震发生后，日本为解决震后财政扶助问题，通过了《关于为处理阪神淡路大震灾的特别财政援助及扶助的法律》。此外，为提高各类建筑的抗震标准，连续 3 次对 1950 年制定的《建筑基准法》进行修改。1995 年，日本还颁布了《建筑物抗震改修促进法》，要求学校、体育馆、医院、剧院、商场等公共场所的建筑提高抗震强度。[2]

2. "互动型"应急管理模式软实力：志愿者团队为骨干作用

"自助、共助、公助"是日本在阪神大地震后提出的减灾与防灾理念[3]。"自助"指"自己的生命自己保护""自己的社区自己保护"；"共助"指借助社区居民、民间各志愿者团队等力量，互相帮助、从事救援。在社会动员方面，日本尤其注重鼓励社会志愿者活动，发挥社区居民与政府之间的桥梁作用，形成应急管理的互助循环。

在日本（如表 2 所示），志愿者根据活动区域的限制分为社区志愿者和社团志愿者，社团志愿者依据是否官办分为官办非政府组织和草根志愿者。据统计，日本有 3252 多个市町村，自主防灾组织总数接近 9.7 万个，家庭覆盖率达 56.1%。[4] 其中，"消防团"是日本最重要的防灾组织，大多由社区精干青壮年组成，是地区防灾和互助的

① 王振耀：《国外救灾救助法规汇编》，中国社会出版社 2004 年版。
② 佚名：《日本的减灾与重建：法治当头》，《法制日报》2011 年 5 月 10 日。
③ 伍国春：《日本互动型防灾减灾志愿者制度建设研究》，《国际地震动态》2010 年第 7 期。
④ 林家彬：《日本防灾减灾体系考察报告》，《城市发展研究》2002 年第 3 期。

骨干力量。

表2　　　　　　　　　日本志愿者团体分类

类别	内涵	特点	代表性团体
社区志愿者	由同一小区居民志愿者组成的团体	地域性限制，主要在社区内活动，但具有即时响应性	自主防灾会；消防团
社团志愿者	官办非政府组织、草根志愿者团体	受时间、空间限制，无法及时做出反应，但不局限于地域限制	红十字会；地域福祉协会

日本民间力量较为成熟，社区志愿者活动的主要特征是社区化、常规化。按户籍统计，社区志愿家庭参与率可达到56%[①]，无论是在校学生、公司职员、个体经营者、学校学生、离退休老人，都常常会利用空闲时间在社区提供义务服务。

1995年1月17日阪神发生大地震，社会志愿者团队和社区志愿者始终是抗震救灾的主体，他们的自救、互助减少了震时大量的伤亡及财产损失，同时在灾后重建与恢复的过程中也发挥着至关重要的作用。在这次大地震中，北淡町地区因灾后救援速度快而知名（10小时内将社区300多名居民全部营救出来），政府将这种速度归功于社区志愿者团队——北淡町消防团——他们十分熟悉当地建筑与社区情况。据统计，日本全国约有130万名志愿者参加阪神大地震救灾活动，这一年也因此被称为日本的"志愿者元年"。

专栏：世界各国的应急管理志愿者团队

德国——联邦技术救援署

德国联邦技术救援署是由德国联邦政府控制的民间保护组织，成立于1950年。该组织99%的成员都是志愿者。德国联邦

---

① 陈文涛：《国外社区灾害应急模式概述》，《中国职业安全健康协会2007年学术年会论文集》，2007年。

技术救援署的职能：为德国非政府组织或其他机构，如消防队，警察或海关当局提供技术和后勤支持；在国外提供由德国政府分配的技术或人道主义救援；在德国作为国家民事保护措施的一部分来提供技术救援。

新加坡——民防志愿者计划

新加坡构建了社区民防系统，实施民防志愿者计划。目前，新加坡民防部队训练了6万多名民防志愿者（civil defence volunteer）。年满14岁并有永久居民身份的新加坡公民均可报名参加。新加坡每个地区都有对应的民防团队，民防团队的一切组织活动由民防主管进行协调。同时民防执行委员会根据应急预案，协助招募并培训当地居民成为民防志愿者。民防执委亦通过公共安全保障计划，协助建立民防义工网络。例如，在有火灾风险的地区，让每个人都了解消防安全条例。

美国——纽约市公民团（citizen corops）

公民团是美国国土安全部发起的一个项目，旨在鼓励公民参与志愿服务，发扬志愿精神。公民团理事会的主要工作职能包括，发起和组织地方志愿服务活动，提供短期培训提高志愿服务水平，提高社区应对突发事件、恐怖袭击、自然灾害等的能力，帮助建设安全社区。①

3. "互助型"应急管理模式硬实力：安全化设施和通信网络

工欲善其事，必先利其器。"互助型"应急管理模式的运作除了要有志愿者的帮助，更需要安全化设施以及发达的通信网络。安全化设施在一定程度上保障了志愿者的援救行动，而发达的通信网络则使得无限制范围下的援救信息更为通畅，使应急管理活动更为准确、科学。

---

① 顾林生：《国外基层应急管理的启示》，《中国应急管理》2007 年第 6 期；新加坡民防部队及社区民防的教育和组织，http：//www. rfb. suzhou. gov. cn/hangyeyedongtai/2017-0512/44401. html.；德国联邦技术救援署官网，https：//www. thw. de/DE/Startseite/startseite_ node. html. 。

安全化设施主要包括两个方面。一是社区的基础设施，主要指综合道路交通设施。无论是在日常还是紧急时刻，交通往往是生命线。日本安全设施中最大的亮点是"共同沟"（设置于道路下，容纳两种以上公用设施及其附属设备、并留有检修通道的隧道结构，最早见于法国霍乱流行时期）的建设，不仅能够有效保护沟下的设施设备，而且能够固化地面，防止因灾害产生的路面塌陷、龟裂等情况。

二是防灾据点以及避难空间的建设。应急避难场所是指居民在突发事件发生后，可以用来躲避由灾害带来的直接或间接伤害，并在一段时间内保障基本生活的场所。闲时也可以用作突发事件应急知识传播平台。例如东京临海广域防灾公园，它一方面是首都圈广域防灾的指挥部；另一方面也是广域救援部队的大本营及医疗工作的基地。公园构造包括本部大楼（基础防灾设施、应急知识学习平台）、人口广场（疏散人群）、多功能广场/草地广场、直升机广场。日常主要用做防灾应急管理的宣传平台，也可供当地居民娱乐、游玩、休憩。当突发事件发生时，又可以作应为急管理作战的指挥部，用于汇总受灾情况、调整应急对策以及安置受难居民等。

如果说综合道路交通是联系有限区域间的有形通道，那么通信网络则是能在无限范围内沟通的无形的高速公路。日本凭借先进的信息技术，织起一张覆盖全国、运转良好、高效严谨的防灾通信网络，例如中央防灾网、消防无线网、紧急联络通讯网、气象通讯网以及民众使用的手机受灾信息系统等。在公共事件突发后，日本通过各市町村的防灾无线网络来实现灾情的采集和发布，并凭借收集到的信息对事件做出及时反应。与此同时，市町村的防灾无线网不仅能够保证居民与社区通话，也可以保持政府及地方受灾区的联络与通信，使救援行动更为高效迅速。

三　国外社区应急管理的启示与借鉴

社区应急管理的不力往往会造成巨大的人员伤亡和财产损失。这种状况与社会安全意识薄弱、社区居民自救能力低、互助精神缺乏、应急机构构建和设施不完善、社区层面应急管理的法律规章不健全高度相关。

（一）完善社区应急管理法律

英美日等国的社区应急管理无不遵循"依法应急"原则，即通过立法先行、动态修订，保证社区应急管理的规范化和法制化。我国的社区应急管理立法进展较快，已经有多个专项立法，如《消防法》《防洪法》等。基于这些针对特定突发事件的立法基础，一方面，有待出台可以协调各方主体、调动各类资源的综合性应急管理立法；另一方面，有待出台和社区特点相适应的《社区突发事故应急管理条例》等行政规章或规范制度，明确社区应急管理的主客体权利、义务与责任，规范机构设置、预警应急等方案计划的编写、社区各队伍的建设（尤其是志愿者队伍）、各方力量的协调等内容。借此，使各项应急工作能在法律法规的指导下有序进行。国家应急管理部的成立，为上述应急管理法治建设提供了契机。

（二）建立社区应急机构协作机制

无论是英国的社区服务中心，还是美国的联邦紧急事务管理局，都拥有专门应对社区突发事件的组织及协调机制。而社会应急组织的多元化更是亮点，如：英国的红十字会、圣约翰救护车队；美国的应急准备伙伴关系；日本的自主防灾队和消防团等。

就目前来看，我国应急管理部门与社会应急组织之间的责任分工较为模糊。一是有些社区并没有专门负责应急管理的机构；二是非政府部门的应急组织发展缓慢；三是尚未形成社区、企业、志愿者组织协同发挥作用的社会联系网络；四是志愿者队伍在救援过程中缺乏组织性、规范性和纪律性，乃至"好心办坏事"。

基于此，我国的社区应急管理建设首先应从机构入手，建立与社区相适应的专门负责应急管理的机构，同时明确横向机构及部门的职责与分工，这有助于打破不同部门之间的合作壁垒，使应急行动更为协调。其次，鼓励多元应急组织的发展，特别是志愿者队伍（社区志愿者、社会志愿者）发展。重在确立志愿者队伍建设标准和培养机制，提高专业素质的基础上，使其行动方式更规范、更高效。最后，应急管理机构领导人员要提高资源配置能力，集合各方力量形成有机网络，提高社区应急能力。

（三）形成互助型社区应急文化

无论是英国的"社区居民第一反应意识"，还是美国社区居民的"全社区模式"，抑或是日本社区居民的"自助、互助"理念，都彰显了居民的应急意识和自救互助能力在突发事件应对中的重要作用。

虽然我国许多社区的街道办在普及公共安全知识时也会宣传相应的应急知识，不定时开展应急安全消防讲座等培训活动。但从落实来看，一方面，参与培训的往往是社区干部及工作人员，而真正需要获取应急管理知识、提高应急管理能力的社区居民却不愿参加；另一方面，社区应急宣传往往采用张贴宣传板的方式，容易为社区居民所忽视。据有关文献显示，我国46%的民众对突发事件的应急措施了解十分有限，26.6%的人甚至根本就不了解。①

基于此，首先，社区要运用各种途径（宣传栏、广播、网络、有奖知识竞赛、演讲、讲座等）落实安全教育与培训，培养社区居民的应急意识。其次，社区应发挥志愿者作用，定期且规范地开展应急演练（火灾、地震等）演习活动，使应急管理常态化。最后，社区应急文化的培育要特别关注老人、孩子、病残等弱势群体，不仅需要进行专项疏导和帮助，还应该有专门的救援措施，让"互助"理念不至于流于文本。

（四）加强社区应急网络与设施建设

我国现行的应急设施建设规划除了有原则性、指标性要求之外，

---

① 顾桂兰：《国外民众防灾教育》，《城市与减灾》2013年第2期。

对于具体的监控设施、逃生通道、避难路线、避难场所等硬性基础设施，也日渐重视。总体而言，其完善程度有待大幅度提高。但与此同时，受技术及数据的限制，我国的应急管理网络平台还未完全建立，监测监控、信息汇总、辅助决策、指挥调度等功能尚不完善。在这一点上，英国的"网络案例图书馆"、美国的"应急志愿者网络"、日本的"消防无线网"、共同沟、应急公园等值得借鉴。

据此，我国应将应急防灾理念融入社区规划当中，不要让应急安全设施流于形式。社区应急管理人员要学会利用这些基础设施进行预警（监测设施）、准备（网络设施）、援救（通信设施）、重建（道路设施）等活动，提高社区综合抗灾能力。此外，尽力克服数据以及技术的限制，建立应急管理网络平台，实现综合信息、调度力量、汇总数据的功能，真正做到预警准备，从根源上减少人员伤亡和财产损失。

契约精神指引下的社团规制

契约精神的核心是找到一种有效的结合形式，凭借它可以运用共同力量，包括公共力量和私人力量，来捍卫和保护每个人的人身和财产安全。[①] 契约精神下的政府是中立角色，发挥宏观调控、引导、支持作用，在微观上不介入、不干预，以保证社团的独立性。

欧美等西方发达国家的社团与我国社团在本质上有很大差别，但其在进入与退出的资质、资产处置、内部决策等方面采取中立的规则和程序，旨在保护社团的资产与权利，具有借鉴意义。

一 社团规制及必要性

社团就是社会团体，是独立于政府、企事业单位的第三种组织类型。按 1998 年《社会团体登记管理条例》规定，社会团体具体指中国公民自愿组成，为实现会员共同意愿，按照其章程开展活动的非营利社会组织。[②] 根据该定义，社团的基本特征为：非政府性、志愿性、自由性、共同性以及非营利性。目前，中国的社会团体既有正式的，也有非正式的，主要包括学会、研究会、协会、商会、联合会、联谊会和促进会。

社团拥有丰富的社会资本，集合了社会成员的信任和互惠，有利于培养社会的公共精神，促进社会协同发展，实现社会治理新目标。

---

① ［法］卢梭：《社会契约论》，黄小彦译，译林出版社 2014 年版。
② 黄燕婷、兰华礼：《依托民间文化社团推动社会主义核心价值观大众化》，《广西教育学院学报》2018 年第 6 期。

正如罗伯特·帕特南（Robert D. Putnam）在研究意大利的民主精神时指出，北方比南方制度绩效高的原因，正是社团构成的社会资本差异。① 在意大利北方，经济发达、公民遵纪守法、互相信任，他们自发形成各种社团组织，如合唱团、足球队、扶轮社、鸟类俱乐部等。社团在维持社会秩序、促进经济发展、形成社会规范等方面发挥积极作用。在意大利南方，经济停滞，公民自治精神极度缺乏，只有黑手党是唯一的非正式社团，它控制了欠缺民主意识的公民，使政府不敢过度管控。

我国的社团在社会治理中发挥着重要作用。例如，党的十九大以来，在我国展开的"脱贫攻坚战"中，许多社团积极参与其中，持续开展教育扶贫、健康扶贫、救灾扶贫、旅游扶贫、生计扶贫等项目，带动更多社会力量参与到脱贫攻坚的工作中来。截至 2017 年年底，中国扶贫基金会累计筹措扶贫资金和物资 340.95 亿元，受益贫困人口和灾区民众 3328.07 万人次；2017 年筹集资金约 1626 万元，为贵州、云南、四川 3 个省 10 个县 810380 名建档立卡贫困户家庭主要劳动力提供了补充医疗保险。②

二　国外社团规制的相关做法

社团规制及其契约精神的关键在于处理好"公共精神"与"私权利"之间的关系。

（一）美国的社团规制及其契约精神

美国社团遵循自由契约精神。在美国，公民视社团为重要的社会资本，几乎每一个人都有自己的组织：学校里的孩子、商人和学者、朋友和邻居、老移民和新移民、素食者和戒酒者、集邮爱好者、心脏

---

① ［美］帕特南：《使民主运转起来：现代意大利的公民传统》，王列、赖海榕译，江西人民出版社 2001 年版。
② 中国扶贫基金会：《中国扶贫基金会 2017 年度报告》。

病患者等，统统都有自己的组织，且民主程度很高。政府通过制定繁多而细致的法律来规制社团，而管理则较为宽松，以引导和扶持为主，充分尊重社团的自愿精神。

美国社团规制的主要对象有两类：一是经过登记注册，面向全社会或目标群体提供服务的公益性社团，包括协会、促进会、研究中心、研究所，如亚裔妇女工商协会、战略和国际研究中心等。二是面向在校及毕业生的学生社团，包括学会、联谊会、校友会，如哈佛大学中国学生学者联谊会、南加州中华科工学会、休斯敦中国联合校友会等。

美国社团规制的具体内容包括三个方面：一是社团的进入和退出的规制，如进退条件、资质、程序等；二是社团运作的规制，主要包括资产来源、处置、停产清算，内部决策程序和规则；三是社团的监督和控制规制，例如，要求社团活动不能违背国家利益，必须遵循相关法律等。

1. 美国社团进退规制

针对不同性质、不同类型的社团，美国政府设置了两类登记机关、两步登记程序，规范社团的注册，并对社团的资质资格进行审查，保障社团具有合法地位。

（1）美国社团登记方式

美国社团采取双重登记制度，即法人登记和免税登记两步。首先，美国社团不需"挂靠"业务主管部门，而且可自行选择是否进行第二步免税登记。国税局是免税登记机关，如果想成为免税组织，需向国税局提交申请，额外填写一张表格，经过批准后获得一个雇主号即可。除此之外，在美国，即使未正式注册登记的社团也具有组织合法性，在法律范围内可自由开展活动，权利受法律保护。另外，联邦和州政府都有独立的登记审核权。社团可根据服务类型选择登记部门，如提供全国范围服务的社团到联邦政府登记，从事一定区域范围活动的社团到州政府登记等，这种"一步到位"的成立方式简便高效。

（2）美国社团注册资质

美国社团注册的资格限制较少，仅在名称、人员、注册资产等方面规定有少许条件。如社团的名称要求为英文，一般要以学会、研究会、协会、工会等命名，为避免重复，通过审核才能注册；又如，美国一般要求社团有 3 位董事即可，还有部分地区要求社团有 1 位董事、1 位股东，其中董事和股东可以由同一个人担任，如德拉瓦、爱达华、密西西比州，这就意味着在美国可以做到"3 人成社"；年满 18 周岁，不管是哪个国家的公民，都可以注册成为合法性社团；针对社团注册资金没有要求。只要满足上述条件，即可注册。

美国社团注册的程序也简单，主要包括两步：第一步，向所在州递交成立社团的申请，申请材料包括递交成员、资产、组织章程等基本信息，填报 SCC 819 表格；第二步，通过州政府的专业部门审核后，取得证书。注册时间也较快，一般为 1—2 个月，也有部分州仅需 1 周左右，如科罗拉多州。

《纽约乡村法》是首部关于乡村社团的规制法。乡村社团指依赖于土地和区域，由村民群体自愿组成的社团。① 乡村社团的注册主要有三步：第一步，提出申请。条件是乡村土地要素，鼓励有财产实力的人参与进来。为审核内容真实性，信息需在递交之后的 20 日内，在本地 5 处以上的重要报刊登载 2 次；第二步，政府部门裁决。县政府作为受理部门，做出是否同意的裁决；第三步，通过后的 40 天内，由选举委员会组织全体村民，做出是否设立乡村社团的公决。此外，乡村法规定，乡村社团所在的市镇需要帮助其建立相关基础设施，如通信、消防、卫生、照明、用水、治安等。

美国对社团的退出采取同样简单且民主的方式。首先由申请人提出申请，经过取证、资产清算后，就可完成退出。在资产清算时，要求社团剩余资产不能在成员间分配。

---

① 黄辉：《论美国乡村自治法律制度——以〈纽约乡村法〉为例》，《当代法学》2009年第 1 期。

2. 美国社团运作的规制

社团运作过程中涉及众多领域，如运作资金的来源、使用，运行方面的决策制定程序等，这考验社团的能力。美国社团法既从税收上支持其发展，又同时兼顾其能力的培养，给社团以充分的发展空间。

（1）美国社团资金来源及管理

美国社团的资金来源多元化，主要包括个人和企业的捐赠、政府资助以及服务收费。[①] 类型多样的资助形式拓宽了社团资金的来源渠道。[②]

政府资助主要有两种形式：一是有偿服务收费，如政府采购服务、政府推动项目、委托合作项目等；二是补助金，如税收减免、税收抵免、免税券、拨款补助等。其中，税收减免是最常用的资助方式，被政府用来调节和支持社团发展。税收减免包括两个方面：一是对社团自身的优惠，对与社团宗旨相关的活动予以免税，如促进国家体育竞赛、防止虐待儿童、动物组织等；二是对社团捐赠方的优惠，对向特定社团进行捐赠的个人或组织减税，包括从事教育、科学、文化、宗教等活动的社团。

社团申请免税资格有明确的程序要求，具体包括：一是社团需向联邦政府申请免税资格，时间期限是在注册的 15 个月内；二是向美国联邦税务局申请免税号；三是填写 IRS1023 表，内容包括组织名称、法人姓名、社团地址、活动内容等；四是通过审批后，社团获得一个雇主号，这是免税社团的标志；五是成立后，法律限制免税社团的部分行为，比如，不得参与政治活动、竞选游说、避免利益冲突、防止巧立名目花钱等。

对社团资金的管理一般采取保护性举措。这种保护仅通过明确界定和限制主体资格（免税组织或非免税组织）来实现，而只要社团的

---

① ［美］贝奇·布查特·阿德勒：《美国慈善法指南》，NPO 信息咨询中心译，中国社会科学出版社 2002 年版。

② 夏建中、［美］特里·N. 克拉克等：《社区社会组织发展模式研究：中国与全球经验分析》，中国社会出版社 2011 年版。

筹资渠道和筹资方式在法律规定范围内，政府便不会干涉。比如，美国研究图书馆协会是非免税组织，政府不予以税收优惠，但保护其通过个人和社会捐赠等渠道得到的资金；全美国华人青年联合会作为免税组织，政府既在税收上予以优惠，保护其他渠道的合法资产，同时又限制其政治活动收入、取缔巧立名目的收入。

美国国税局税法和社团自治法要求社团定期准备年度预算、结算、向国税局提交报告等。此外，当社团解散时，社团资产必须进行清算，社团首先要偿清其对外欠款，剩余资产不能在成员之间进行分配，应分发给社团的基金或者组织。

（2）美国社团内部决策规制

社团制定决策的关键，在于处理好不同主体间的利益和关系，这需要遵循公平、平等的契约精神。在美国，社团制定决策方案时普遍遵循平等理念，尊重普通会员的意见，兼顾所有会员的决策权。美国社团决策模式多样，有所有人权利平等的"平面式"，也有尊重不同层级主体权利的"协同式"，但总体上都体现民主与平等的精神。

纽约 ACT UP（Aids Coalition to Unleash Power）是一个致力于消除全社会对艾滋病患者歧视的社团，其决策理念是"每个人都是一样的"；它的运行民主且开放。在这里，会员来自各个行业和阶级，没有任何雇佣的职工，每个人都是完全自愿来工作。此外，ACT UP 提出："让每个人都成为领导，而不是让少数人掌握特权"，因此，在组织每周一晚上的例会上，只要参加会议的成员，都有对组织事务的决定权。所有会员权利平等。

新墨西哥市的妇女跨文化中心，致力于培养妇女和儿童的多元文化。该中心采用"平面管理模式"，即社团的管理层和普通会员之间不分等级，关注每位会员的意见，充分保障每一位会员的决策权。这种决策规则是为了加强普通会员、参与者参与决策进程，并帮助保持社团运行决策完整性、提高决策的价值。

美国社团管理协会（American Society of Association Executives, ASAE）是国际上有影响力的社团管理机构，旨在提供发展资源、安全环境、交流拓展平台等。在 ASAE 制定决策时，采取尊重不同会员权利的"协同式"，实施过程为"三步走深入战略"。首先，由一位专家就某一问题展开深入发言；然后，请所有会员分享观点，形式灵活多样，如 60 分钟的主题发言、10 分钟的交流发言、2—5 人的嘉宾对话、主题平行活动等，根据会员数量采取不同形式、多种模式并用；最后，整合会员的观点，形成最终决策。该模式特别强调"尊重每一个与会者的声音，所有会员都享有决策权"。

在美国，社团也走进社区，参与社区治理和建设。社团作为社区具体服务的承担者，享有充分的自治权。以美国凤凰城为例，社团遍及城市每一个社区，服务类型多样，如提供健康照顾的"对行动的信仰"（Faith in Action）、维护家庭生活质量的"健康家庭与繁荣合作社"（HFTCC）、抵制艾滋病的旧金山艾滋病基金会（San Francisco AIDS Foundation，SFAF）等。它们的共同特点是民主和自由，具体表现在，与政府接触极少，实现高度自治；每个会员都是服务者，不分等级；涉及社团和会员利益的决策，尊重所有会员的决策权等。

3. 美国社团监督的规制

在美国，社团运作资金主要依靠政府资助、社会或个人捐赠，符合 501（C）（3）税法①的社团，会得到许多资金，而未取得免税资格的社团，则依赖于社会的捐赠。因此，为发挥社团的社会价值，美国对社团进行监管规制，主要包括政府监管、自我监管、社会公众和媒体监管，构建了一个多元主体的监管体制。

（1）政府监管

在美国，政府与社团之间不是管理与被管理的关系，而是合作伙伴。政府对社团的监管也不依靠政治地位、权威等，而是依靠国家税法，主要通过税法来监管社团的资产及运作。此外，税收监管也是一

---

① 501（C）（3）税法是美国为了促进宗教、慈善、科学、公共安全监测、文学、教育、推进国家或者国家体育竞赛爱好者、防止虐待儿童或者动物的 27 类组织的发展，实行所得税豁免，并采取相对应的不同的税收减免规则和程序。

种分类监管，其分类标准为：是否注册、是否注册为免税组织。政府
监管的总体原则是享受政府优惠越多，受到的监管越大。

首先，按是否注册形成为两类社团：非注册社团和注册社团。美
国政府规定，非注册社团无法享受政府的优惠政策，因此不受政府的
监管；注册的社团在享受政府支持的同时，也受到政府的各种监管，
如财务审查、统计报表等。

其次，注册的社团也分为两类：非免税社团和免税社团。政府对这
两类社团都实施监管，但是监管程度不同。国税法规定，所有年收入超
过 5000 美元的社团，必须定期提交年度财务报告、组织纳税报告。而
免税社团除提交上述报告之外，还需提交组织基本信息、990 报税表、
财务状况。若没有按照要求及时提交资料，会受到各种处罚，比如，每
年高达 25 万美元的罚款、注销社团资格、撤销免税权利等。

最后，政府对免税组织的监管还体现在各种限制上，如严格审查
申请材料，通过运作测试考验社团，禁止参加政治活动、竞选游说，
不允许对立法机关施加影响等。①

（2）社团自我监管

效率和绩效高的社团普遍更关注组织的专业化、透明化。这种透
明化也使得许多规范以及财务制度的监管由国家监管转变为社团自我
监管。② 在美国，每个社团都有自治法，在国家社团法和自治法范围
内开展监督活动。

美国纽伯格市的"人类服务之友"，是一个向任何经济困难的人
提供紧急援助的社团，如食品服务、衣物服务、生活用具等。其运作
依照组织自治法和《罗伯特议事规则》，该社团自治法规定，只有得
到理事会的支持，经费才能够进行使用，并且社团经费使用受理事会
的监督。理事会的主要职责包括：监督社团资金支出、监督财政预算
内的食品购买、生活用品购买等。此外，社团自治法还规定了其他方

---

① 郑琦：《社会组织监管：美国的经验与启示》，《社会主义研究》2013 年第 2 期。

② 夏建中、［美］特里·N. 克拉克等：《社区社会组织发展模式研究：中国与全球经
验分析》，中国社会出版社 2011 年版。

面的监督，如限制那些未经过正常预算批准程序的临时用款、执行理事定期向理事会和成员大会报告，司库每年必须向成员大会汇报财务收支的详细报告等。社团的这些规定，可以有效地防止受资助的捐款被滥用或者被贪污。①

此外，在美国，社团组织还自发地成立同行业联盟，对社团展开行业内的自我监督。同行业联盟建立社团评估指标，每年分四次公布，以引导社会捐赠、规范社团自我行为。同时，社团联盟通过开展一系列活动，来提高社团的透明度、公众的认知度，如行业内信息交流、社团组织评估、社团组织法研究等。

（3）社会公众和媒体监管

社会公众既是社团的捐款方，又是社团的服务对象，因此，社会公众有动力对社团进行监管。

在美国，公众有效行使监督权有两个条件：一是，政府的支持和保障，如政府完善相关制度、提供信息渠道、及时处理举报、积极回应公众等。二是，社团积极履行信息公开义务，如公开资金来源、支出方向、财务状况、组织人员等基本信息；若社团没有及时履行该义务，州检察院会强制其公开信息。

美国法律规定，公众一旦发现社团的违规行为，可以向相关部门举报，相关部门必须及时审查，积极做出回应。此外，对于社团违法、违规行为的投诉，如编撰虚假信息、社团欺诈、误导公众募捐、滥用、贪污善款等，州政府的检察部门也会主动受理，根据公众的举报展开跟踪调查，并及时向公众做出回应。

此外，美国媒体凭借其广泛信息渠道、强烈社会关注成为重要的监督主体。例如，最近美国媒体爆出"基金会贿赂名校"事件，揭露了社团背后的违规运作。舞弊案的中心人物威廉·辛格，通过其创办的基金会向美国知名大学"捐款"，实为向哈佛、耶鲁等大学以及学

---

① 夏建中、［美］特里·N. 克拉克等：《社区社会组织发展模式研究：中国与全球经验分析》，中国社会出版社 2011 年版。

校体育教练等行贿，以使得该社团会员及其子女进入知名大学。此外，他还通过各种违法手段达到目的，比如，把申请人修改成为运动员，建立假档案，找"枪手"代替会员子女参加考试等。

（二）其他典型国家的社团规制

1. 英国社团

英国社团享有高度自由，政府干预和管理较少。在法律范围内，社团可以从事各种活动。比较特殊的是，慈善委员会管理所有的非营利组织，包括社团组织。

（1）登记规制

英国采取自行设立模式，社团可自行选择成立形式。慈善委员会是常设的登记机关，但社团可选择是否注册，不注册的社团无法得到财政支持，同时政府不加干涉，完全自由活动；注册的社团必须受政府监督，但只要获得法人资格，就自动享受税收优惠，实现免税、法人登记"合二为一"，程序简便高效。此外，在注册资格方面，英国仅要求年收入达到5000英镑（约合人民币4.3万）以上，对其他条件不予限制，如人员构成、资金来源、治理结构等。

社团的注册仅需两步：一是，提供基本信息，如组织财务、理事签名、组织治理文本、联系方式、年收入证明；二是，在线回答关于社团目的、名称、治理结构、成员、资金来源等问题。审核合格后，只需等待5日便可完成注册。

（2）社团运作规制

首先，独立运作。即社团资产由独立于会员个人的法人或非法人团体运作。这些法人或非法人团体包括：法人形式有限责任公司，新型的慈善公司组织、信托，非法人社团等非法人形式。涉及人力、财务和管理方面的事宜，由他们运作。

其次，"伞状管理模式"。即采取分工负责的方法，不同领域的决策由所属部门负责，彼此之间无权干涉。如计划和资源主管负责财务决策管理，人事主管负责会员管理等。

（3）监管规制

英国对社团的日常监管较少，如管理费用比例、治理结构、人员构成等方面，都没有做出要求。对于公民投诉，除非影响恶劣且广泛，否则一般不予处理。但有两条强制性规定社团必须遵循：一是，必须向慈善委员会提交包括财务信息的年度报告；二是，禁止参与任何政治活动。①

监管是双向的。政府对社团运作、规范、制度等进行监管，同时，社会也对政府公权力进行监管。公权力与私权力相互监督，共同推动英国社会发展。

如，1998 年英国政府签订"政府与志愿及社区组织关系协定"（The Compact on Relations between Government and the Voluntary and Community Sector，简称 Compact），为政府和社团之间的合作伙伴关系提供基本框架，以达到互益的效果。② 需要指出是，Compact 不是国家立法，只是政府和非营利组织之间的合作备忘录，其效力来自于双方的磋商与合作。Compact 提出，在遵循合作原则的基础上，委员会应与社团一道共同监督和约束政府的公共决策权，以保证政府的公共决策民主性和合理性，并要求政府在政策制定过程中，必须同社团组织进行协商、沟通，并充分尊重社团组织的意见。2000 年，英国又先后颁布"志愿准则""社区团体准则"等五部准则，再一次明确规定政府的可为与不可为，规定政府的关键职能。③

在 Compact 协议签署后的十多年时间里，志愿部门和国家的伙伴关系得到了迅速发展。④ 这极大地推动了英国社团的发展，也为我国

---

① 中国财政部国际财经合作司：《英国、法国社会组织发展与管理体制情况介绍》，中国财政部国际财经合作司官网，http://gjs.mof.gov.cn/pindaoliebiao/cjgj/201308/t20130821_980382.html.。

② The UK Voluntary Sector Almanac 2006，*The 2006 State of the Sector*，National Council for Voluntary Organizations.

③ 石国亮：《国外政府与非营利组织合作的新形式——基于英国、加拿大、澳大利亚三国实践创新的分析与展望》，《四川师范大学学报》（社会科学版）2012 年第 3 期。

④ ［英］尼古拉斯·迪金：《政府、民间团体和企业在英国社会福利中的协作伙伴关系》，《行政管理改革》2010 年第 7 期。

的社团改革和发展提供一种建立在契约关系基础上的新模式。

2. 德国社团

德国人喜爱结社，德国政府也支持社团发展，社团环境宽松，社团法具有分散而完备的特点。

首先，进入、退出完全自由。所有社团自发成立，无须注册。德国没有社团主管机构，想要注册的社团须到所在地初级法院登记，形成契约行为。如《德国民法典》第21条规定，非营利目的的社团，因登记到有管辖权的区法院社团登记簿中而取得权利能力，并受到法律保护，同时还赋予社团成员共益权、自益权和社员权。① 而未注册社团没有法人资格，不具备权利能力。但是，只要不违反德国法律规定，非注册社团也具有合法性。

其次，注册程序简便。只需确定社团基本信息，如社团名称、地址、人员构成、部门设置、组织目的、工作方式等；然后以此设立社团章程，向所在地的初级法院递交申请即可。注册仅有人数限制，7人以上才可注册。

再次，社员大会享有充分自主权。德国社团一般有两个必要机关：董事会和社员大会。社员大会由全体社员组成，主要负责社团决策。制定决策的方式有两种：一是，普通决议由出席大会成员过半数同意形成；二是，特殊决议由达到要求的多数人同意形成。社员大会做出的决策只要不违反法律章程规定，董事会必须遵守和服从。② 此外，若无其他规定，成员大会可通过决议决定社团的任何事项。

最后，监管以追惩和激励为主。对于社团的违法、违规行为或公众投诉，政府会开展调查、发布禁令、追究责任，并进行不同程度的处罚，如扣押或没收社团财产、剥夺社团权利能力、解散社团等。此外，董事会和协会均以债务人之名，承担主要责任。社团领袖若不及时回应关于违法行为的质询，将承担连带责任，如私人财产受到牵

---

① 陈卫佐译注：《德国民法典》，法律出版社2004年版。

② 薛欢：《浅析有权利能力的社团——读梅迪库斯〈德国民法总论〉有感》，《法制与社会》2010年第30期。

连、财产部分被扣押以偿还罚款等。

3. 法国社团

在法国，公民结社是私法领域内的一种社会契约。① 社团的创立和运作尤其注重遵循自由、平等和公平的理念。

法国多数社团是以社员的共同兴趣爱好而建。比如，共同欣赏某位作家形成的"兰波之友协会""马塞尔普鲁斯特协会""斯宾诺莎之友协会"；共同喜欢做饭形成的"爱斯克菲厨皇美食协会"，或者对某个历史事件感兴趣、怀着学习与传播的理想而聚集等。此外，也有众多以公共利益为目的的社团。

首先，进退自由，程序简单。只需两步即可完成：第一步，向当地政府提出申请，提交拟定的章程，内容包括社团名称、地点、目标、时间、社团创始人名字、职业、国籍、住址等。第二步，在政府公报刊登，通过社会审核后即可获得合法性地位。此外，在没有固定时间限制的情况下，会费到期或交完本年会费后即可退出。

其次，税收支持，财权自由。具体体现在：法国政府对公认社团的部分税收予以免除，如捐赠总额的60%所得税、所有的交易税、消费税；在其目的范围内，社团享有资产保护权，例如，可以接受捐赠、遗赠，有偿或无偿地获取木材、树林、育林土地等②；社团资产受到保护并享有充分自治权，如那些由于自愿、法定、法律仲裁等原因解散的协会，可以重新分配和转移财产。

最后，分类监管。按照活动领域实施分类监管：对从事文化、艺术、教育、科技、社会服务等领域的社团，采取较为宽松的监管政策；对特殊领域采取鼓励性政策，如负责发展经济的工商协会组织，只对其组织性质、财务管理、组织职责等方面进行监管，其他方面不加以控制，给予社团较大的自治权；对有可能威胁公共管理和公共安全的活动领域，采取严格控制和监管。例如，针对宗教组织，一是要

---

① 张金岭：《法国社团组织的现状与发展》，《中国民间组织报告（2011—2012）》，社会科学文献出版社2012年版。

② 汪梦：《议法国1901非营利性社团法》，《理论界》2010年第1期。

求其成立、解散和取缔必须经过政府相关法律宣告；二是所有宗教组织均有纳税义务，不享受税收优惠，必须设立相关年度的财务账单、并将其财产清册登记。① 分类控制政策体现了公共安全至上的原则和自由的契约精神。

4. 日本社团

较之英美国家，日本社团的管理较为严格，有专门的社团管理法，并且采取完备而严格的登记制度、管理制度以及监管制度。

（1）登记规制

首先，社团的进入和退出均有严格的法人登记标准。在充分尊重社团自由性的基础上建立契约关系，特点是宽严相济。包括登记备案、认证、认可以及公益认定。

国家设有登记机关，社团必须依法进行登记注册，成为法人组织。社团申请登记之前，必须先取得相关业务部门的批准，类似于我国的双重负责制。其中，有关宗教、学术、技艺及其他公益、不以营利为目的的社团，经业务相关部门批准后，即可成为法人②，无须再去登记机关注册，这类公益性社团可以实现"一步到位"地成立。

另外，除法人组织外，还存在大量未经登记注册的"任意团体"，这些团体不具法人资格，但具有组织合法性，可以开展活动。《促进特定非营利活动法》对该类社团予以支持，通过提供一个容易的申请和认证机制，使其获得法人资格。

（2）社团运作规制

在资金运作上，采取法人处置模式，具有财产处置的自由性。在内部资金分配上，遵循"利润分配禁止"原则，即不允许向社团会员进行利润分配。通常采取两种方法：一是通过社团法人会员大会的决议分配剩余财产；二是一般法人直接分配利润或剩余财产。此外，日本法律规定，政府应支持并促进社团法人建立完善的内部治理机制，

① 胡仙芝：《自由、法治、经济杠杆：社会组织管理框架和思路——来自法国非营利社团组织法的启示》，《国家行政学院学报》2008 年第 4 期。

② 王书江：《日本民法典》，中国法制出版社 2000 年版。

以保障法人运营的自律性和自主性。[①]

在内部决策上，以尊重不同层级主体权利的"协同式"为主要模式。如，日本町内会是一个由社区居民委员会组成的社区团体，致力于为其会员、社区居民提供服务。町内会的治理结构包括：会长、班组长以及下属部门，如青年部、妇女部和体育部等。会长是社团的负责人，其产生方式主要有三种：前任指定、轮流坐庄、选举产生。[②]在制定决策时，日本町内会遵循平等协商原则。具体来讲，社团以会长为决策主体，先由会长听取班组长及下属部门的报告，如资金筹集、收支情况；然后一起讨论社团发展事项，如规划建议、工作计划、实施项目等，最后与会员共同做出决策。

（3）监管规制

监管采取分类的方法。对于注册的法人社团、公益性社团、"任意社团"采取不同的监管方式及力度。

对社团法人的监管体现在三个方面：一是资产监督，如按照委托的任务拨付活动经费、监督经费使用；二是人事监督，如委派官员到团体任职；三是免除团体所得的各种税费。

对于"任意社团"，只要其活动在法律规定的范围内，不但无须接受来自政府部门的监管或干涉，还能享受一定的税收优惠。[③]

对于公益性社团，遵循自由理念，给予支持引导。例如日本地域中心，它是一个由社区居民自发成立、以提供公共服务为目标的民间管理组织。政府对其进行工作指导，在人、财、物和行为上进行资助，并不直接参与具体管理、干涉活动。

5. 新加坡社团

在新加坡，政府与社团之间不是合作伙伴关系，而是管理与被管

---

① 俞祖成：《日本非营利组织：法制建设与改革动向》，《中国机构改革与管理》2016年第7期。

② 韩铁英：《日本町内会的组织和功能浅析》，《日本学刊》2002年第1期。

③ 卢学晖：《日本社区治理的模式、理念与结构——以混合型模式为中心的分析》，《日本研究》2015年第2期。

理的关系。新加坡政府对社团的支持力度颇大，这是新加坡社团蓬勃发展的重要原因。

新加坡政府通过多种方式支持各种民间团体的发展。

首先，采取单一登记制。新加坡《社团法》规定，社会组织只需向登记管理机关提出申请，仅接受形式上的审查，无须其他部门批准。此外，政府对社团注册的限制性条件少，如只需 1 新加坡元、10 人以上即可获得合法身份。

其次，在税收政策上鼓励社团勇于创新、积极培养能力、激发社会创造力。如，从事公益性活动的社团，享有税收免除的优惠，同时，向这类社团的捐赠可享受高达 250% 的减税政策。

再次，给予资金支持。包括：设立组织能力发展建设基金，鼓励社团申请该项基金用来学习和培训，以提高组织和人员的能力；新加坡社会及家庭发展部为从事公益活动的社团拨款，以扶持社团发展；对年收入 50 万新元以下的社团免除审计要求，以避免由财务审计形成的额外支出。

最后，政府从资金、税收优惠、项目经费等方面吸引国外环保类社团入驻。如，新加坡政府建造东陵国际中心，以较低的价格将 IHUB 大厦的办公场所提供给国际社团使用。近年来，众多知名社团纷纷入驻新加坡，如世界自然基金会（World Wide Fund for Nature or World Wildlife Fund，WWF）、世界未来基金会（World Future Foundation，WFF）、保护国际（Conservation International，CI）、国际微笑行动（Operation Smile）、国际鸟盟亚洲总部（Bridlife Asia）等。

新加坡对社团的监管较为严格。监管的一般原则是，不直接干预，但是社团必须保证在其宗旨、法律法规范围内活动。监管内容主要有登记注册信息监管、日常监管、违法行为处罚等。首先，根据社团提交的信息进行日常监管，例如，登记注册提交的基本信息、年度报表、纳税表等；另外，严格处罚各种违法行为，如未经登记的社团、以社团名义开展政治活动、滥用或贪污社团资金等。

综合来看，国外社团的管理模式具有严宽相济的特点。政府是扶持者，主要从宏观上进行引导，在资金支持、税收优惠等方面给予支持，不干预社团的具体运作；在社团决策、资金处置方面赋予社团自由处置权利，但是不得逾越政府事先设置的规制。

三 国外社团规制及其契约精神对我国的借鉴

（一）完善社团运作机制

首先，完善社团内部的治理结构与管理方式。根据社团的基本情况、职能部门分布等选择合适的管理模式。如，平面管理模式、伞状管理模式、协同管理模式等。

另外，实施宽严相济的监管制度。一是分类施治，区分不同性质的社团，分别实施严格型和宽松型的监管；二是随着社团自治能力提高，逐步赋予其更多的自治权。

（二）提高社团能力和独立性

首先，鼓励社团开展能力建设。例如，政府设立专项资金，用于培养社团能力建设，鼓励社团申请提升能力类的项目；通过税收优惠、物质或精神奖励的方式，鼓励社团开展各种活动，提升其独立性；鼓励社团合作治理、主动提供公共服务。

另外，加强社团专业人才建设。政府要推进社团高素质人才队伍建设。[①] 比如，在各大院校开设社团管理相关专业，培养专业高级人才；将专业人才数量作为社团绩效考核的指标，鼓励社团引入并培养专业人才。

（三）强化合作伙伴关系中的契约精神

许多国家的政府与社团签订合约，规定双方的责任、义务和权

---

① 夏国永：《国外政府与社会组织合作治理的经验借鉴与启示》，《经济研究导刊》2012 年第 6 期。

利，在该框架下展开平等合作。例如，加拿大"政府与志愿部门协议"（An Accord Between the Government of Canadaand the Voluntary Sector，Accord）、澳大利亚"全国性协议—携手合作"（National Compact）、英国"政府与志愿及社区组织关系协定"（Compact）等。契约建立了政府与社团相互认知的合作关系。[①]

政府与社团建立合作伙伴关系的要求：一是政府适度放权，将社团视为平等的合作伙伴，保证社团自主运作、平等参与社会、政治、经济事务等；二是政府发挥公权力的作用，激发社团的主动性，保护社团的发展；三是探索合作的模式，推进政府购买、公私合作等，创造双方合作的机会。

---

① 石国亮：《国外政府与非营利组织合作的新形式——基于英国、加拿大、澳大利亚三国实践创新的分析与展望》，《四川师范大学学报》（社会科学版）2012 年第 3 期。

针对公益慈善的综合监管体系

我国的公益慈善秉持"政府所需、百姓所急、企业所能"原则，在社会动员、社会整合、社会教化和促进社会和谐方面发挥重要作用。实践中，对其进行的扶持和监管，应当精准把握"度"。一方面，公益慈善组织拥有的"社会信任"资本一旦被打破，重新建立颇为艰难；另一方面，一些大型公益慈善机构拥有巨额资金和通畅的社会渠道，对其进行监管难度较高。借此，政府不仅对公益慈善组织的资产流向进行过程监管、制度约束和社会规范，同时还特别强调公益慈善组织的自律。

一　公益慈善监管：如何把握"度"

国际常用"Charity"和"Philanthropy"表示慈善；公益则用"Public Benefit"或"Public Welfare"表示，强调维护并实现社会公众的利益。从英文表述上看，慈善基于"个体"概念，公益基于"社会"概念，当慈善实现了组织化和公平性之后，才能被称为"公益"。

在我国，慈善文化源远流长。来自民间和官方的慈善活动从春秋战国时期的"平籴""通籴"制度，到现代的中华慈善总会、中国麦田计划等，慈善活动不仅在内容上逐步涵盖"老有所养、幼有所托、孤有所扶、残有所助"，而且呈现出从一般性捐赠向公益文化和规范运作转变的趋势。

2016年，《中华人民共和国慈善法》正式颁布，并对慈善和公益做出权威解释。"慈善"，即人们没有外在压力情况下自愿地奉献爱心援助和扶弱济贫行为。通常以自然人为行为主体，以钱物的捐赠为主要形式，注重个人的情感释放。"公益"，即社会成员基于社会责任感和使命感，主动谋求公共利益的满足与维护，动员社会资源，优化或重建社会结构与关系，解决或改善社会问题。行为主体包括自然人、法人和其他组织，注重理念传播与群体效应。公益组织的类型有两种：政府类公益组织和非政府类公益组织。非政府类公益组织一般就是慈善组织。根据该法，现代意义上的慈善即"公益慈善"，具有大众化、多元性和专业性的社会属性。

社会属性带来的监管问题具体有二：

一是社会信任资本易碎。首先，公益慈善组织的影响力和公信力来自其拥有的"社会信任"资本。"社会信任"既是"奢侈品"，也是"脆弱品"，它根植于社会文化传统之中，建立信任需多年积累，而一旦被打破，如同瓷器落地，重拾艰难。如，前些年爆出的"郭美美炫富"事件，引起社会舆论的各方关注和谴责，充分印证了这一点。另外，网络"诈捐"面广量大，线上的网络信息传播具有即时性和"从零到无穷大"的传播范围，人们随手在微信朋友圈或者网上发个求助信息就可以募集善款，谁来为求助信息的真实性负责？如何保障爱心不被"诈捐"绑架？凡此种种，皆需监管。

二是扶持监管难度颇高。首先，一些大型公益慈善组织自身拥有巨额的资金和通畅的社会渠道，同时，又享有税收减免、公开募款以及为捐赠者提供税前抵扣等特权，这些有形与无形的资本赋予其影响力。其次，公益慈善事业的独立性较高，其活动对象、范围、标准和项目一般由施善者自行确定。最后，监管能够依托的法律依据匮乏，目前主要以行政监管为主。

国外一般强调依法监管和公益慈善组织自律。一是源头把控，严守"以公益慈善为目的"，不符合者一律不予注册。如，英国的"慈善法"规定了13项"慈善目的"，凡是持政治目的、非法或有悖公共政策的目的、针对特定受益者的目的，都不能被认定为合理的"慈善目的"。二是监管重点定位于"运营合法性",尤其是筹款和交易行为的合法性,如,民间资产的流向。倘若将监管重点放在绩效的高与低或实施方式的合理与否方面,就是对监管资源的"错配"。三是分类监管。活跃于社区的"非营利组织",按宽口径划分为三类,即公益慈善组织、社会组织和"睦邻"组织。与公益慈善组织相比,社会组织专业性更强,并且是承接政府购买服务项目的主体;"睦邻"组织是邻里互助型的小微组织,一般由志愿者或低薪工作人员组成。上述各类组织之间没有隶属关系,皆独立开展活动。四是过程控制、制度约束、社会规范和自律相结合。五是走向立章建制和立法。

二 英美等国的公益慈善事业

世界各国或地区的公益慈善事业在制度体系、监管机制、实施力度上颇有差异,呈现出不同的特点。其中,尤以英国、美国为典型。

(一) 英国:多元化的组织类型和分类监管

英国的慈善活动可追溯至公元 55 年出现的互助会和友谊会。[1] 早期慈善限于扶危救困、援助教会或资助教育,慈善行为表现在为穷人提供食物,照顾病人和孤寡老人。

1601 年,英国政府颁布《慈善用途法》和《济贫法》,成为世界慈善事业史上具有里程碑意义的事件。《慈善用途法》对慈善的目的、意义和性质作了明确规定,并列举了当时国家认可的慈善行为,此法被看作现代慈善法制的开山之作。《济贫法》则体现了英国慈善精神的延续性。

18—19 世纪,伴生于工业革命的诸多社会问题使人们将目光转向公益慈善事业。如,由于环境污染,儿童早夭、弃婴现象普遍,以拯救儿童生命为目的的慈善机构应运而生。其中成立于 1739 年、以

---

① 彭小兵:《公益慈善事业管理》,南京大学出版社 2012 年版。

"教育和维护暴露在外和被遗弃的儿童"为宗旨的伦敦育婴堂极具代表性。在这一阶段，公益慈善事业显现出以下特点：一是大批涉及教育、公共卫生、动物保护等事业的慈善机构兴起，其中有些机构初具现代组织结构和管理机制。比如 1870 年的"巴纳多之家"、1824 年的皇家防止虐待动物协会等。二是探索如何优化慈善救助，使慈善能够推动社会进步，帮助真正需要救助的人士，而不是助长懒散之风。1869 年，慈善组织协会（Charity Organization Society）成立，严格限制根据济贫法而实行的户外救济，对真正需要救助的人进行核实并登记，以期发挥慈善资源的最大效用。三是政府成立慈善委员会（Charity Commission）负责民间公益组织的登记注册和监督管理，旨在加强对慈善事业的监督。

20 世纪以来，英国的志愿服务活动得到较大发展，志愿精神被看作社会责任感的体现，以及慈善精神的延伸。这一时期的显著特征是众多志愿者协会的成立。1919 年，英国志愿组织联合会（National Council for Voluntary Organizations）成立。该联合会拥有 1 万多家会员组织。

随着公益慈善组织的发展壮大，其与政府的关系逐渐产生变化。公益慈善组织不是政府的附属机构，二者之间是相互合作的关系。同时，慈善作为一种公共政策选项，被纳入社会福利体系中，并且实施分类监管。

1. 组织类型

在英国，慈善组织表明一种资格，无论登记与否，只要它是以慈善为目标，就表示该组织具有慈善组织的资格。① 慈善组织的法律形式并不单一，常见的有慈善公司、慈善法人组织、非法人慈善组织、信托型慈善组织四种法律形式。

（1）慈善公司，即具备法人资格的慈善组织。慈善公司设立管理理事会，也被称为"受托人"。与一般商业公司不同的是，慈善公司

---

① 王世强：《英国慈善组织的法律形式及登记管理》，《社团管理研究》2012 年第 8 期。

要同时遵守《公司法》和《慈善法》。商业公司的目标是获取利润，而慈善公司的利润只能用于慈善事业。慈善公司适用于规模大、资产多、依据合同提供慈善服务的组织。

（2）慈善法人组织，即具备法人资格、可以自身名义签订合同，并制定内部章程对组织和成员进行管理的慈善组织。目前只存在于英格兰和威尔士，并未在全国普及。慈善法人组织的登记单位是慈善委员会。适用于收入较多、有雇员的中小型慈善组织。

（3）非法人慈善组织，即无法人资格、不能自行签署合同、采取会员制管理的慈善组织。这类组织通过制定章程和规则决定理事会成员任命和会员管理等问题。非法人慈善组织适用于资产较少、采取会员制管理的组织。

（4）信托型慈善组织，牵涉资产捐赠人、持有资产的受托人和受益人三者之间的关系。信托型慈善组织拥有一定的资产，通过签订"信托契约"为他人管理资产，这意味着受托人要承担资金损失的风险。信托比较适用于雇员少、会员管理简单的资助型组织。①

2. 运行和监管

除了自身拥有成熟的运行机制外，慈善组织管理机构的监管和法律监督，也为英国的公益慈善组织的运行和监管提供了一套行之有效的外部监管体系。

英国慈善组织自身运行机制完善。从组织类型来看，有联邦制组织、垂直型组织、科层制组织和联盟型组织四类。② 理事会是慈善组织行为和资产安全的责任主体，其成员大多由享有名声或经济地位高的人士担任，保障组织资产安全、组织有效运营、实现公益目标等。

慈善委员会是英国最权威的公益慈善组织管理机构之一，它独立于政府运作，一方面负责监管公益慈善组织；另一方面架起了政府和公益慈善组织之间的沟通桥梁。《慈善法》明确规定了慈善委员会的

---

① 王世强：《英国慈善组织的法律形式及登记管理》，《社团管理研究》2012 年第 8 期。

② 丁开杰：《英国志愿组织联盟与志愿者参与实践——以英格兰志愿组织理事会（NCVO）为例》，《理论月刊》2009 年第 3 期。

五大目的，即公信力目的、公共利益目的、促进守法目的、慈善组织资源目的和责任目的。① 慈善委员会的职能主要体现在四个方面：判定组织的性质以及对慈善组织登记注册；对慈善组织提供其所需要的法律、技术和信息等方面的援助；对在慈善委员会登记的组织进行监管；调查在公共资源使用方面违反法律的慈善组织，并将违法者移交给法院。②

成熟而完善的法律体系为公众监督公益慈善组织提供了有力的支持与保障。首先，明确了慈善目的。据 2011 年《慈善法》，慈善组织提供的服务包括贫困救助、教育援助、宗教慈善、生命健康、公民或社区发展、文艺和科学发展、业余运动、人权矛盾和种族冲突调和、环境保护、动物保护、提高政府机构救援效率等。③ 并规定，凡是持政治目的、非法或有悖公共政策的目的、针对特定受益者的目的，都不能被认定为"慈善目的"，且不予注册。其次，构建了制度体系，包括登记注册、组织土地管理、组织账户和报告、组织审计、组织信托和受托人管理等。最后，规定了主体权利和义务。对慈善组织管理涉及的组织本身、慈善委员会、法院、政府权力机构等主体的权利和义务进行了明确的规定。比如慈善组织具有制定章程、直接管理组织具体事务等权利，也要向慈善委员会发送年度报告、接受慈善委员会、法院和政府的账目审查等。慈善委员会在享有决定组织是否为慈善组织、调查慈善组织管理中失职行为、指定慈善组织托管人等权利的同时，也要承担向公众公开相关组织文件、为有需要的慈善组织提供指导等义务。这些法律共同构成了英国公益慈善事业发展的法律体系与法治环境。

（二）美国：新慈善理念和内外部监管

美国公益慈善事业萌发于基督教的盛行。17 世纪初，伴随欧洲移

---

① 金锦萍译：《英国慈善法》，社会科学文献出版社 2017 年版。
② 冯英：《外国的慈善组织》，中国社会出版社 2008 年版。
③ 金锦萍译：《英国慈善法》，社会科学文献出版社 2017 年版。

民陆续迁徙至北美大陆，基督教教义中宣扬的仁爱思想、救贫扶弱的社会回馈意识①成为慈善活动的原始动力和思想基石。教会作为慈善事业的主体，主持修建了医院、学校等慈善机构，并展开主要针对穷人的救济活动。

随着慈善活动的发展，民间慈善机构逐渐兴起。如，"五月花号"清教徒达成的"五月花号"公约，主张结成"自治团体"（civil body politic)，这些团体随后迅速成长为学校教育、卫生保健和其他社会服务的主要提供者。②

美国南北战争之后，大众慈善活动和新慈善理念逐步在国内普及。一是大众慈善活动的普及。大众慈善倡导民众积极参与慈善事业，并为民众提供慈善事业管理和监督的渠道和平台。19 世纪中晚期以前，美国慈善事业以收容所、医院等慈善机构为载体。虽然慈善事业发展迅速，但是对慈善机构的监管明显缺位，以致出现管理混乱和资源浪费等问题。为优化慈善工作，美国借鉴英国的慈善组织协会运动，倡导在国内成立类似的慈善组织协会和社区组织协会，对全国或地区的慈善事业进行统一协调管理，并强调自律。

二是新慈善理念的完善。在这一阶段，美国的慈善理念经历了从个体式救助向关注社会福利、从扶危救困向解决社会问题的转变历程。最有代表性的是美国钢铁巨头卡耐基的慈善信条。卡耐基在《财富信条》一书中宣称，富人死守财富的行为是可耻的，富人有责任将财富分给社会，让手中的财富通过慈善造福社会大众。卡耐基于 1910 年成立研究国际事务的"卡耐基国际和平基金会"，1911 年成立以促进科学教育进步和传播知识为宗旨的"卡耐基基金会"。如今，私立基金会已成为美国公益慈善事业的重要组织之一。

19 世纪 30 年代后，美国的慈善理念向公益方向转变。③ 当年，

---

① 邬德平：《基督新教与美国早期社会稳定》，《湖南科技学院学报》2010 年第 3 期。

② ［美］乔尔·L. 弗雷施曼：《基金会：美国的秘密》，上海财经大学出版社 2015 年版。

③ 彭小兵：《公益慈善事业管理》，南京大学出版社 2012 年版。

在罗斯福新政及其改革中，各大财团为改变自身形象，开始投身慈善，建立了大批慈善基金会，开启了美国现代公益慈善基金会的大发展时期。如今，美国拥有数目众多的慈善基金会，其中最具代表性的是由比尔·盖茨创办的比尔和梅琳达·盖茨基金会，资助机构遍布美国和全球 100 多个国家。

据《2018 年美国慈善捐赠：2017 年度慈善年度报告》统计，2017 年美国个人、房地产、基金会和企业向美国慈善机构捐款约 4100 亿美元，占 GDP 总量的 2.1%。其中，个人捐款额为 2866.5 亿美元，占捐款总额的 69.9%，比 2016 年增长了近 5.2%。基金会捐款额为 669 亿美元，占比 16.3%；遗产捐赠为 357 亿美元，占比 8.7%；公司捐款为 207.7 亿美元，占比 5.1%。

1. 组织类型

美国公益慈善组织分为公共慈善组织和私人基金会两种类型。《美国国内税法典》501（c）（3）条款规定，可以以宗教、慈善、科研、公共安全测试、文学、教育、促进业余体育竞技、防止虐待儿童或动物等为目的，设立服务于公共利益的非营利公司、社区福利基金或者基金会。①

公共慈善组织包括法定公共慈善组织（常见的是慈善性质的宗教组织、医院、公立学校等）、公众捐助的慈善组织、免税目的活动受资助的慈善组织、捐款建议基金、其他规定目的的支持型慈善组织（如商业联盟和专业协会）。

私人基金会则是以教育、社会等公共服务为目的设立的有自己基金的非政府的公益性组织。② 私人基金会包括"独立基金会""公司基金会""社区基金会"和"运作型基金会"四种类型。独立基金会主要是由个人通过捐赠和遗赠建立的，捐资给其他非营利组织用于公益事业。公司基金会是由公司的盈利捐赠建立的社会慈善组织。社区

---

① 褚蓥：《美国公共慈善组织法律规则》，知识产权出版社 2015 年版。
② Judith B. Margolin, *Foundation Fundamentals*, New York：The Foundation Center, 1991, p. 1.

基金会的资金来源多样化，包括个人、企业或单位，其资金主要服务于本社区。运作型基金会由个人或家族提供资金，其资金主要用于资金提供者个人倾向的公益事业，如研究、教育等。

2013年，美国非营利组织数量超149万，其中公共慈善组织超过100万，占非营利组织总数的68.5%。私人基金会的数量超过10万，占比为6.7%。与2003年比，2013年公共慈善组织的数量增长迅速，增加了30.6%。

2. 活动领域

美国人的公益慈善事业更倾向于公共服务，而非个人救助。据美国捐赠基金会（Giving USA Foundation）分类，公益慈善组织的活动领域主要包括宗教教育、公共服务、公共健康、社会福利、文化艺术、基金会、国际事务、环境及动物保护、个人等。据美国捐赠基金会统计，2017年获得基金捐赠额最多的是宗教和教育两大领域，分别占捐赠总额的31%和14%，其次是公共服务领域为12%，基金会占11%，健康占比9%。而个人领域所获捐赠额仅占比2%。

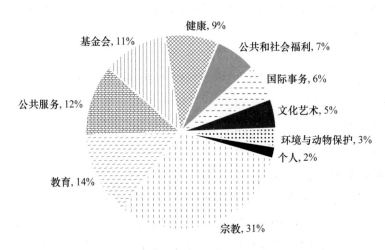

图1 2017年美国慈善捐赠资金流向图

3. 组织运行

在美国，除联邦政府外，各州也有一定的自治权。各州对公益慈善组织的规定有所差异，但从总体来说，在注册成立、组织结构、资金管理、免税申请等方面存在着一定共性。

注册成立。公益慈善组织有一套规则明确的成立程序，包括申请注册和申请免税。负责申请注册的单位一般是州政府，在申请之前，组织要准备好相关文件，包括组织名称和组织章程。组织章程是组织的基本情况说明，包括地址、董事会成员及选举办法、服务宗旨、权利和义务、存续期限、成员数目、规章制度、法人代表等内容。注册成功的组织并不代表已获得免税资格，还需向美国国内税务局提出申请。通过税务局严格审核的组织才能享受免税待遇。值得注意的是，私人基金会若没有违反法律规定，可以长期维持免税资格；而公共慈善组织若要取得如此资格，需长期通过公众资助率测试。[1]

组织结构。私人基金会和公共慈善组织存在差异。私人基金会大多采用公司制或信托基金制，公司制是由私人基金会自己管理基金，一般设立董事会、基金会会长和各部门项目负责人。董事会大多由社会公众人物无偿担任，负责确定基金会的资金资助方向、监督基金会的年度计划、财务报告等。基金会会长由董事会任免，负责执行董事会制定的方案、协调组织公共关系等。各部门项目负责人大多是热心于公益事业的带薪工作人员，负责组织项目的实施、监督和评估、协助会长管理日常工作。信托基金制则是委托第三方（信托公司、基金管理公司或其他合法的公益信托机构）对基金进行投资和管理，基金的所有权、使用权和监督权分离，使得基金管理更加专业化。[2]公共慈善组织的组织结构多是社团制，社团内部有大量会员，从会员中选择代表组成该组织的最高权力机关，负责组织的整体运行和日常活动管理。

资金管理收支两条线。资金收入的来源多样化，包括资金捐赠、服务性收费、政府补贴和国际援助。其中资金捐赠又包括个人捐赠、

---

① 褚蓥：《美国公共慈善组织法律规则》，知识产权出版社 2015 年版。
② 周贤日：《慈善信托：英美法例与中国探索》，《华南师范大学学报》（社会科学版）2017 年第 2 期。

基金会捐赠、企业捐赠、遗赠，而个人捐赠是公益慈善组织资金的重要来源。

劝募活动是组织获得资金捐赠的重要方式。美国有众多专业的劝募人员和劝募团体。最具代表性的联合劝募会，在全国拥有 1300 个劝募网点，遍布城乡。对于公益慈善组织的劝募活动，联邦政府并没有制定具体的法律条例。州政府根据联邦最高法院"不得随意限制劝募人和慈善组织的言论自由"这一判决，在宪法许可的范围内对劝募活动进行管理，主要限制在两个方面：一是对举行劝募活动的公益慈善组织进行管理，即要求组织进行首次劝募活动的注册和活动结束后的年审注册。二是对协助组织劝募活动的专业劝募顾问、专业劝募人和商业合作人进行管理。①

免税申请。首先在免税地位的获得和维持上，私人基金会要比公共慈善组织更具优势。但在接受捐赠时，并非所有的私人基金会都能获得免税，而公共慈善组织接受捐赠则均可免税。另外，详细规定了捐赠人抵税优惠以及不相关营业税。捐赠人抵税待遇包括个人所得税优惠、企业所得税优惠和遗产税优惠。个人所得税优惠规定较为复杂，享受免税优惠的个人捐赠总额不能超过特定比例，分别为个人总收入的 50%、30% 和 20%。例如向法定公共慈善组织、公众资助的慈善组织、运作型私有基金会等特定七种组织捐赠时，捐赠比例最高为个人总收入的 50%；将长期收益财产捐给组织使用的限额为个人总收入的 20%。企业所得税捐赠的额度是当年总收入的 10%，遗产税则不受捐赠额的限制。

需要指出的是，获得免税资格的组织并非免除其所有税款，而是对公益慈善组织"获得的捐款和从事非营利活动获得的收入"免税，而"不相关营业税"则是一种针对组织从事与机构慈善性质不符的活动所获收入征收的税款。②《美国国内税法典》列举了组织营业收入

---

① 褚蓥：《美国公共慈善组织法律规则》，知识产权出版社 2015 年版。
② ［美］贝奇·布查特·阿德勒：《美国慈善法指南》，中国社会科学出版社 2002 年版。

不纳入征税的活动和收益，比如志愿者劳动、合格受赞助的活动、养老金等其他投资收益、特许权收益、不动产出租收益和研究收益等，同时也表述了征收不相关营业税活动要件的有关规定。例如公益慈善组织为获取利润出售商品和提供服务的营业活动、经常性开展与组织慈善目的无关且可与其他商业机构相比的营业活动、与免税目的无实质性联系的活动，都被认为是不相关营业活动，要征收不相关营业税。①

4. 组织监管

美国的慈善监管体系包括内部监管和外部监管。

内部监管主要依靠组织自身对组织及成员行为进行监督和约束。一方面，组织内部设立监督部门，比如设立监事会监督董事会和执行人员的行为；另一方面，制定组织章程，比如筹款管理制度、办事程序等。

外部监管是囊括了政府监管、第三方监督和社会监督等的一整套监督体系。

政府监管。分为三个层次：联邦政府、州政府和地方政府，联邦政府和州政府是监管主体。美国联邦税务局负责审核并监察组织的免税资格、组织全国宣传性活动、提供法律培训，结合组织档案和公开信息对其进行追踪性观察与分析，对违法行为进行处罚。② 州政府则主要负责公益慈善组织的登记注册、运行监督和监管组织州赋税的免税资格。地方政府依据地方性法规对组织的慈善募捐以及一些地方性的税种或收费的免税资格审批。

第三方监管。第三方机构大多为公益慈善组织自发联合成立的全国性机构，除提供各公益慈善组织的信息和测评结果外，还负责规范组织运作、监管组织成员行为，具有专业性、中立性和权威性的特点。如，1918 年成立的"全国慈善信息局"（National Charities Infor-

---

① 褚蓥：《美国公共慈善组织法律规则》，知识产权出版社 2015 年版。

② 李政辉：《慈善组织监管机构的国际比较与启示》，《北京行政学院学报》2016 年第1 期。

mation Bureau，NCIB），对董事会、组织方规划及目标、资金使用、财政支持、年度报告、预算等方面都制订了详尽的标准。[①] 每年公布对数百家公益慈善组织的测评结果，引导组织建立公信力。美国更好事务局委员会所属公益咨询部（Philanthropic Advisory Service，PAS）向公众提供有关组织的信息，目的是促进那些寻找资助的组织遵循行为规范与道德标准，促使捐赠者在信息充分的情况下更明智地进行捐款。

社会监督。属于非正式监督机制，主要包括公众监督和媒体监督。社会监督对保障公众知情权的作用显著，美国联邦法律规定个人有权向税务局申请公开公益慈善组织的部分信息，包括财务状况和内部结构。同时，税务局应该在网站上公布组织有关信息便于查询。[②] 公众监督使得美国公益慈善组织存在危机感，因而更积极地公开组织基金使用情况和年度报告等情况。媒体得益于受众范围广、专业能力强和监督精神，因而成为社会监督中的重要环节，并对推进公益慈善组织改革发挥重要作用。1992 年，美国联合劝募会总裁被媒体爆出挪用60 万慈善基金包养情人，这一新闻给联合劝募会带来了极大的负面影响，有超过一半分会脱离总会，1997 年的捐款人数下降了20%。为挽回组织公信力，联合劝募会聘请麦肯锡公司对组织运作方式进行改革。在 2005 年卡特里娜飓风灾害中，联合劝募会及时到达灾区并展开救助，也因此被评为当年"最具全球影响力的慈善品牌"之一。

专栏：深圳市桃源居社区基金会

社区基金会是舶来品，在我国起步较晚。2008 年，首家民间社区基金会诞生于深圳市，之后各地陆续探索出一批极具中国特色的创新模式。桃源居社区基金会以商业与公益结合，颇具借鉴

---

① 冯英：《外国的慈善组织》，中国社会出版社 2008 年版。
② 褚蓥：《美国公共慈善组织法律规则》，知识产权出版社 2015 年版。

价值。2012 年，深圳市桃源社区发展基金会的成立，桃源社区基金会整合了众多草根社区组织，专注桃源居社区的发展。

桃源居公益体系由社区基金会、公益中心和社区组织组成。社区基金会承担组织"输血者"和"风险投资者"的功能，进行资本运作并确保公益资本保值增值。公益中心是社区基金会和社区组织的沟通桥梁，对桃源居的社区组织进行管理和监督。一方面向社区组织提供办公场地，统一采购行政物资，通过承接桃基会的捐赠，为民间组织提供资金；另一方面协助社区组织进行人才培养和选拔，理顺管理体制。同时，公益中心运作桃源居社区的公建资产，并收购了物业公司。社区组织分为有盈利能力的民非组织（如社区体育俱乐部、社区餐厅）和需要依靠资助生存的公益组织（如老年协会、妇女邻里中心）。这些社区组织都直接为居民提供服务。

桃源居公益体系的这三个部分紧密联系，并在资源上互相支持。全国性的桃基会定向捐赠公益中心和深圳桃基会，并通过资本运作为资金增值；公益中心管理社区组织和社区资产，将取得的利润捐赠给深圳桃基会；深圳桃基会获得公益中心、全国性桃基会和桃源居集团的捐赠，资助社区组织发展。这一体系将资源整合起来，用能盈利部分（社会企业、公建资产运作）补贴不能盈利的社区组织，并通过资本和资产的集中运作实现收益最大化。

桃源居模式提供了一个商业和公益相结合的案例，开发商出资设立社区基金会，通过发展社区公益组织改善社区服务。与通过商业手段提供社区服务不同，公益组织更强调居民的参与、自治和互助，这增加了社区的社会资本。开发商也将商业思维引入公益机构，提升了资源利用的效率，例如，开发商给基金会一次性注资，通过资本运作为公益资本保值增值，又如，通过公益中心收购物业公司、发展社会企业补贴公益开支，使整个体系能够可持续发展。①

---

① 《社区基金会案例研究：美国经验与中国路径》，新华网，http：//www. xinhuanet. com/gongyi/2018-07/18/c_ 1299 05556_ 3. htm. 。

三 国外公益慈善监管对我国的启示与借鉴

英美的公益慈善事业发展历程和现状可谓各有千秋，但是二者之间具有一定的共通性。

首先，两国均拥有较为浓厚的慈善文化，推动民众自发创办公益慈善组织，举办公益慈善活动。同时，慈善文化推动慈善法制建设，慈善立法则为公益慈善事业的发展提供有力的支持。

其次，两国的慈善法制体系均比较完善。英国作为首个颁布慈善法的国家，注重慈善立法对公益慈善事业的促进作用，慈善法包罗公益慈善事业发展的各个方面，并多次修改完善。美国虽然没有制定统一的慈善法，但历经百余年发展，相关法律卷帙浩繁，并构建了联邦、州和地方三个层级的法律体系。

最后，两国都建立了较全面的监管机制。从组织自身监管、政府监管、社会监督、第三机构评估监督和行业互律五个方面给予全面严格监督。完备的监管体系促使公益慈善组织着力于规范运营、提升能力。

我国的公益慈善事业历经多年发展，已形成基本制度体系框架和系列配套政策法规支持，各地政府也均将慈善事业纳入社会发展整体规划。但从目前看来，尚存在几点问题：一是虽有《中华人民共和国慈善法》《社会团体登记管理条例》《民办非企业单位登记管理暂行条例》《中华人民共和国公益事业捐赠法》《基金会登记管理条例》等共同构成公益慈善事业发展的法律环境，但缺乏更加细致的规定。二是尚未形成成熟的公益慈善事业监管体系与法治环境，仍然是以政府监管为主，社会监督、第三机构评估监督和行业自律的发展有待加快和提升。

党的十九大报告指出，慈善行业组织要加强行业自律体系建设，在恪守法律的基础上，建立行业规范、标准体系，建立行业重大事件调查制度，建立投诉举报受理机制，成为慈善事业的"护林人"和"防火墙"。为此，首先，要继续发扬中国优秀的传统慈善文化，以群众喜闻乐见的方式营造慈善文化氛围，同时宣传正确的慈善习惯。其次，要提升公益慈善组织公信力。从内部治理、资金筹措、项目管理、信息披露等方面，加强组织的专业程度和行业自律。再次，进一步完善现有公益慈善法律法规。明确相关法律法规涉及公益慈善事业的领域，避免法律重复和条例相互矛盾的情况；同时还要在现有法律条文框架下补充与公益慈善事业活动有关的细则，真正做到有法可依。最后，建立健全一套保障公益慈善组织良性运行的监管机制。社会大众和媒体要对公益慈善组织行为进行监管，让违反法律的组织和成员无所遁形，接受应有惩罚。

志愿服务体系的建设路径

　　非盈利、无偿服务、非职业化是志愿服务的三大特点。志愿者或志愿者组织提供援助服务，是其参与社会治理的主要途径。志愿服务的内容丰富，如养老、助残、扶幼、帮孤、济贫、环保、教育、卫生、治安等。志愿服务有利于公民道德教育和社会稳定。现行体制是中央文明办统筹指导、民政部具体推进、共青团中央等配合。下一步应借鉴国际惯例，规范运作机制。

一　志愿服务的发展沿革

　　志愿服务（volunteer service）是公民或公民组织基于道义、信念、良知、爱心和责任，在不为物质报酬的前提下，利用自己的时间、精力、技能和资源，为他人、社区和社会提供服务的活动。

　　区别于公益慈善和社会工作，志愿服务具有非营利性、无偿、非职业化三大特点。非营利性，即志愿服务组织不以获取利润为目的，旨在追求福利均等化；无偿，即志愿服务者不以获取物质报酬为行为动机，其活动是出于个人责任或善心的自觉行为；非职业化，即志愿服务是利用闲暇时间提供的"业余活动"，志愿者拥有服务组织、项目和时间的自由选择权。

　　志愿服务发展至今已有近百年历史，其渊源在 19 世纪初欧美的宗教慈善活动。19 世纪末 20 世纪初，伴随西方社会福利事业的发展，志愿服务受到政府重视，并被引入宏观调控和社会管理体系，在扶贫助困、环境保护、社区服务、公益慈善、国际援助等方面发挥重要作用，成为加强公民道德教育、维护社会稳定的有效手段。2001 年，国际志愿者协会（IAVE）发表《全球志愿者宣言》（*The Universal Declaration on Volunteening*），指出，志愿者行动具有非凡的创造能力，有助于：（1）通过强化奉献、关怀、服务意识，振兴社区，实现可持续发展；（2）社会福利最大化，使每一个人都能充分享有权利，改善生活；（3）提供终生学习与成长的机会，发挥个人潜能，实现个人价值；（4）通过国际合作，消除差别，加强沟通，解决经济社会及环境问题，共同塑造未来。[①] 进入 21 世纪，得益于国家重视及市场机制的引入，国外志愿服务事业蓬勃发展，已形成较为成熟的管理经验和国际惯例。具体如下：

一是公众参与全民化、社区化。国外志愿服务普及度很高，志愿者队伍涵盖社会各个阶层，年龄跨度较大。据统计，1/4 以上的美国人参加过志愿服务，半数以上的英国人曾做过志愿者，平均每人每周贡献 4 个小时的义务服务。对很多人来说，志愿服务不仅是为他人做贡献的活动，也是扩大社会交往、积累工作经验、实现个人理想、赢得社会尊重的渠道。在很多国家，志愿服务已经得到社会的广泛认同，并正逐渐成为公民的自觉行为。此外，志愿服务活动深入社区也是现代志愿服务发展的重要趋势。出于较强的社区认同感和归属感，以及就近服务的自由与便捷，人们更倾向于在本社区组织或参与诸如教育、培训、环保、扶贫、助残等志愿服务项目，为需要帮助的邻居及本社区发展贡献力量。

二是志愿组织与政府之间是合作伙伴关系。西方社会组织独立性较高，一般享有独立法人地位；政府通过政策法规规范志愿服务活动，通过财政及税收调节志愿组织发展和方向，不直接干预日常运作。企业和个人则是志愿服务重要的人力及资金来源。企业不仅鼓励员工参与志愿活动，而且支持建立内部志愿组织，宣传志愿服务知

① 党秀云：《论志愿服务的常态化与可持续发展》，《中国行政管理》2011 年第 3 期。

识，参与地域性志愿服务。此外，志愿服务组织突破一国限制，呈现国际化趋势。如日本青年海外协力队，旨在向不发达国家和地区提供技术援助，帮助地区振兴；英国 Projects Abroad 在全世界 50 多个国家及地区设立办事处，提供多类型的海外志愿者项目。

三是志愿服务项目运作市场化、品牌化。欧美国家的志愿服务组织大多是独立的法人机构，自主经营，自负盈亏。由于在社会捐赠、政府拨款、人力资源等方面存在激烈竞争，志愿组织十分重视服务项目的设计和品牌营造。首先，细致划分服务领域。国外的志愿服务大致可分为四类，一是专项性志愿服务，即围绕一个特定项目或目标而开展，活动目标达成即宣告结束；二是专业性志愿服务，即由专门技能和知识人员进行的活动，如支教、医疗护理等；三是公益性志愿服务，如环保等；四是社区性志愿服务，如老年人居家看护、妇女儿童援助等。其次，根据服务类型和特点有针对性地招募人员、设计活动内容，增加服务项目的吸引力。如，美国在体育志愿服务中设有体育辅导、信息咨询、设施维护、联络、募捐、宣传等多个项目，意在使每个申请者都能找到适合自己的岗位。最后，结合地区发展需要，长期运作，形成品牌和服务优势。如国际劳动营项目。该项目创始于1920 年，原是德法两国青年为修复在第一次世界大战期间被损毁的农庄和牧场，共同发起的活动，旨在促进两国青年之间的理解和友谊。发展至今已拓展到环境保护、文化交流、公益服务等多个领域，成为欧洲最受欢迎的青年志愿者项目。

在我国，志愿精神古已有之，而现代意义上的志愿服务则始于改革开放时期。1979 年，第一批联合国志愿者来到中国。1980 年代中期，国家民政部倡导建立以街道为主体、以居委会为依托的社区志愿服务。1994 年，共青团中央成立青年志愿者协会，并依托各级共青团组织，建立起全国、省、市、县四级青年志愿服务工作网络。社区志愿者和青年志愿者成为我国志愿服务的两大主力。近年来，伴随志愿服务在公益慈善、环境保护、社会治安、社区服务等方面的积极参与，特别是在 2008 年奥运会、南方雪灾和 5·12 汶川大地震中做出的突出贡献，影响力逐年增高。据民政部统计，至 2018 年年底，全国注册志愿者超 1 亿人，全国性志愿服务组织 1.2 万个，记录志愿服务时间超 12 亿小时。2015 年，民政部发布《志愿服务信息系统基本规范》。2017 年，党的十九大报告提出"推进志愿服务制度"。

二 志愿服务的典型模式

（一）美国：融入国民生活方式的志愿服务网络

美国的志愿服务高度发达。全民参与、社会支持是其显著特征。据统计，美国 13 岁以上公民中，志愿者占 50% 左右，他们平均每周参加 4 小时左右的志愿服务。[①] 这些志愿者不仅无偿为社会提供各类服务，而且创造了不菲的经济社会价值。以 2012 年为例，美国约有 6336 万人（占总人口 1/4 以上）参与志愿活动，服务时间累计 81 亿小时，创造经济社会价值 2786 亿美元。

志愿精神渗透在美国人工作生活的方方面面，成为美国人的一种生活方式。在美国，为倡导志愿服务，历届总统身体力行；儿童从小就被培养回报社会的理念；许多学校规定高中生必须完成一定时间的社会服务，取得义工学分，方可毕业；志愿服务也是大学入学考察的重要内容。浓厚的志愿服务氛围让美国成为一个实实在在的义工国家。具体来说，美国的志愿服务发展呈现以下特点：

1. 服务内容上，领域广泛，立足社区。据美国劳工部统计，2014—2015 年，美国人参与的志愿服务组织包括：宗教类组织、社区类组织、教育或青少年服务类组织、环境或动物保护类组织、医院或健康护理类组织、公民权利或政治类组织、运动或文艺类组织、公共安全类组织等。[②] 具体服务项目集中在：文化教育（如辅导或教学、教练或督导、文化场馆讲解、技能培训等）、医疗卫生（如医院及家

---

① 张敏杰：《欧美志愿服务考察工作》，《青年研究》1997 年第 5 期。

② ［美］莱斯特·M. 萨拉蒙、［美］S. 沃加斯·索可洛斯基等：《全球公民社会：非营利部门国际指数》，陈一梅等译，北京大学出版社 2007 年版。

庭护理、康复训练等）、法律援助（如妇女儿童、劳动就业等权益保护，法律咨询、犯罪预防等）、灾害应急（如紧急事故救助、难民安置与救济等）、扶贫及经济发展（如消除贫困、振兴社区等）、生态环境保护（如国家公园、动物、植物、海洋、森林、大气保护等）、退役老兵及家属家庭服务，以及国际援助（如无国界医疗援助和培训、和平队计划等），其中，尤以社区志愿服务的参与热情最高。据统计，美国每年约有9000万人次参与社区志愿服务[1]，这种热情源于美国人强烈的社区认同感和归属感。根据专业程度的不同，社区志愿组织又分为由社区居民、社区委员会、社会工作者等自发成立的一般性服务组织，以及由具备专业知识和技能的志愿者组成的专业性服务组织。通过发动和利用社区内部资源，就近提供服务、实施帮助，旨在满足居民的日常需求、改善生活质量、推动社区发展。

2. 组织体系上，政府介入，机构众多。据统计，目前，美国的非营利组织有200万个，他们是志愿服务的主要组织者和管理者，但志愿服务项目并非由民间组织包办。美国政府出资主办过多个志愿服务计划，如老年志愿服务计划（Senior Corps）、美国志愿队计划（AmeriCorps）、学习和服务美国计划（Learn and Serve America），公民服务队计划（Citizen Corps Program）、为美国骄傲计划（Take Pride in America）、缔造繁荣志愿者计划（Volunteers for Prosperity）[2] 等。另外，政府授权成立全国性志愿服务管理机构，引导和监管全国的志愿服务组织和项目。1993年，美国通过《国家与社区服务信托法案》，推动成立国家与社区服务组织（The Corporation for National and Community Service，CNCS），该组织负责制定有关政策、战略规划、绩效考核和财政拨付，为社会提供信息咨询、专业指导及技术支持，与社区组织合作解决经济社会问题等。由此，美国志愿服务组织在纵向上有联邦、州、地方三个层级，横向上有政府、企业、社团、志愿者平等合

---

① Joseph S. Nye & John D. Donahue edited, *Governance in a Globalizing World*, Brookings Institution Press, 2000.

② 黄晓鹏：《美国志愿服务观察及其启示》，《中国青年研究》2012年第11期。

作的体系，形成了纵横交织的志愿服务网络。

专栏：美国志愿军团

美国志愿军团（America Corps）是 CNCS 组织的主要项目之一。美国志愿军团类似于我国国内的枢纽型志愿服务组织，负责招募志愿者，并提供补助津贴；而具体服务工作由社区志愿服务组织派遣。1994 年以来，美国有 63.4 万名志愿者通过美国志愿军团贡献了 7.7 亿小时的志愿服务。

该项目特点在于：一是招募程序便捷。使用网络信息系统简化注册和申请程序。二是服务领域大大拓展。除扶贫、环保、社会福利、帮助各地非营利组织募集资金外，服务还囊括了辅导青少年学生、修建房屋、教授电脑技能、帮助清理公园和河流、协助社区应对自然灾害等。同时，服务直接面向社区需求。如，向断电多天的居民提供食物和其他用品。[①]

---

3. 法律护航，制度激励。一是从法律上确立了志愿者和志愿组织的权利与义务。自 1973 年制定第一部全国性志愿服务法，目前美国已形成包含《国内志愿服务修正法》《国家和社区服务法案》《全美服务信任法案》《志愿者保护法》《爱德华·肯尼迪服务美国法》等在内的一系列较为完善的法律法规体系，旨在保障志愿者权益、降低志愿者服务成本、解除志愿者后顾之忧。如《志愿者保护法》规定，使用志愿服务的任何组织或机构，都必须为志愿者购买基本医疗保险和社会保险，并禁止以工人工资或最低工资标准支付志愿服务。二是政府制定表彰激励制度，充分调动公众积极性。联邦和州均设有专门评估机构，根据服务时长和绩效为志愿者核算积分，这些积分对升学、就业等都十分有益。如，参加"服务美国计划"的大学生，服务满一年即可获得 9450 美元的奖学金，并在选择公务员工作时免考。[②]

[①] 辛华：《美国志愿服务组织成长中的政府角色》，《中国社会工作》2014 年第 3 期。

[②] 宋宇翔：《美国志愿者服务机制探究与启示》，《攀登》2016 年第 4 期。

此外，政府设立多种荣誉奖项，用于表彰优秀的志愿服务者。如，累计提供服务 4000 小时的志愿者可以得到"总统志愿服务终身成就奖"，这是志愿服务的最高奖项。

4. 资金来源上，财政支持，渠道广泛。志愿服务组织资金及活动经费主要来源于政府资助和社会捐助。政府资助数额巨大，形式多样。不仅通过预算安排、拨款计划等，每年向志愿者组织定期发放资金，而且通过"项目委托""购买服务"、以公私合营形式设立基金（如医学研究基金会、儿童发展基金会）等，给予志愿者组织资金支持。此外，政府还出台多种优惠政策，对优秀的志愿者组织给予税收优惠、交通补偿、信用升级等额外奖励；对向志愿者组织捐助的机构或个人给予税收优惠。如，美国税法规定，向志愿者组织捐助，个人最高可获应税收入 50% 的税收优惠，企业最高可获应税收入 10% 的税收优惠。社会捐助包括宗教团体、企业、基金会、个人提供的资金捐助，占志愿者组织收入的 70%。以 2016 年为例，志愿者组织收入资金总额约为 8200 亿美元，其中，社会捐助高达 5600 多亿。社会捐助为志愿者组织的资金运转提供了支撑，其使用情况要求受到社会和捐助者的监督。

专栏：美国社会创新基金

2009 年，奥巴马政府依据《服务美国法》成立社会创新基金（SIF），旨在通过非营利的中介机构资助全美的非营利组织，以创新手段解决低收入社区的经济机会、健康医疗与青年发展三大领域中的社会问题。

SIF 的核心就是企图撬动社会组织的创新和发展，其运行机制有两大特点：

一是政府将拨款的权力赋予中介组织。政府的赠款并不是直接资助到社区志愿服务组织，而是下拨给相应领域的基金中介机构。由中介机构决定款项的去向，而不是政府决策。当然，中介机构的选择必须是公平且具有竞争性的。

二是政府投入的每一笔资金都需要配套资金，即政府将资金下拨到中介机构后，中介机构需要进行1∶1等额匹配私人投资。待基金额度扩大后，再选择多家社区志愿服务组织加入。入选的组织除了要在服务领域符合有关资金使用的要求外，也需要拿出同等配套资金。经过如此运作，政府每投入一美金，将配套二到三倍美金。这意味着政府用有限的资金投入，获取了更多的产出。

截至2015年，政府共计为SIF投入2.41亿美元，并通过公开竞标方式下拨给35个非营利中介机构，而这些机构的配套资金达到5.16亿美元，资助近290家社会组织。配套资金全部来源于私人资金。为保证资金使用效率，SIF通过第三方独立评估来检测服务项目的成效。

除资金支持外，SIF还为志愿服务组织提供团队管理、人员招募、数据库等技术支持。

SIF对于社会组织创新意义非凡，但其运行效率和监管问题一直为人诟病。有研究认为，基金的申请程序过于复杂，对新成立的非营利组织形成障碍。[1]

5. 管理机制上，社团主体，项目运作。社团拥有独立的资金来源和丰富的社会资源，在志愿服务项目的规划，人员的招募、选拔、培训、监管等方面拥有严密的组织程序和规章制度。一是志愿者招募。志愿者组织会通过电视、广播、网络等大众媒体，以及张贴海报、公开演讲等多种形式发布招募信息，使参与志愿活动的渠道畅通，方便快捷。二是志愿者选拔。首先，需要对申请者的体检报告、指纹录入、驾驶记录、犯罪记录四项材料进行审核。初审通过后，进一步从技能、动机、热情等方面筛选，最终确定与志愿服务项目匹配的人员。有的选拔需要通过面试考核，有的需要数月才能完成全部考核。

---

① 盛梦露：《美国社会创新基金：撬动社会组织发展》，财新网，2015年9月29日，http://china.caixin.com/2015-09-29/100859516.html.。

只要一项不达标就不能取得资格。三是志愿者培训。上岗前，志愿者必须接受规定时间的严格培训，内容包括理念培训、技能培训和通识培训。理念培训主要针对志愿服务精神及责任心培养。技能培训主要针对特定岗位的工作流程、注意事项等进行讲解和示范。通识培训主要向志愿者介绍组织机构、活动项目、人员配置、时间安排等。志愿者培训为志愿者个人能力发展提供了空间，也成为很多人参与志愿服务的动机之一。如，美国红十字会为年满18岁的志愿服务申请者提供免费培训课程，通过课程考核的志愿者将获得红十字会认证，并拥有心肺复苏、急救培训等课程证书。① 四是志愿者监督。志愿者在工作中要承担规定的责任和义务，按照工作计划、认真完成服务，并且严格禁止在活动中谋取个人利益。如果出于某种原因不能履行义务，需提前申请、通知组织或找人接替。组织会对志愿者的工作情况进行评估并详细记录。此外，志愿组织十分重视项目绩效评估，并依据评估结果对未来的行动做出改进。

（二）英国：聚合政府、社会和市场力量的志愿服务

英国志愿服务的传统悠久。早在12世纪，英国就出现了正式的志愿服务活动，当时活动的内容主要集中在救助穷人、疾患护理、学生教育等方面。19世纪工业革命后，以志愿参与、公益服务为主的民间组织开始兴起，并与政府部门合作，共同推进社区福利。近年来，英国志愿服务发展良好，并呈现出组织化的趋势，成为政府加强公民教育、维护社会稳定的重要手段。

志愿者队伍人数众多，服务领域广泛。据统计，2016—2017年间，英国每月有1190万人参加志愿服务活动。英国人参与志愿服务的原因多元，有帮助他人改善现状、打发空闲时间、展示自我、结交朋友、宗教信仰、学习技能或获得证书、利于事业发展等。依照不同

---

① 郝运、王岫：《浅析当代美国大学志愿服务的运行机制》，《外国教育研究》2010年第4期。

的动机以及个人时间安排因素等，志愿者可选择提供正式志愿服务
（通过团体、俱乐部或组织提供无偿帮助）或非正式志愿服务（不借
助团体、俱乐部或组织无偿帮助非亲属）。正式志愿服务中有 37% 选
择提供不定期志愿服务（至少每年参加一次志愿活动），22% 提供定
期志愿服务（每月至少提供一次服务）。非正式志愿活动中 52% 选择
提供不定期服务，27% 的人参加定期志愿服务。

　　志愿活动涉及领域相当广泛。其中，体育志愿服务、兴趣性志愿
活动和宗教志愿服务吸引了更多参与者。据 2018 年《英国公民社会
年鉴》统计，2016—2017 年正式志愿活动中，体育组织和团体吸引
的志愿者最多，57% 的人在过去 12 个月内至少提供过一次正式志愿
服务。其他包括与爱好、娱乐、艺术、社交俱乐部有关的组织
（40%）和宗教组织（38%）。约四分之一的志愿者支持与青少年有
关的组织，其中 29% 的义工为儿童教育和学校提供无偿协助，24% 则
为青少年、儿童活动提供协助。

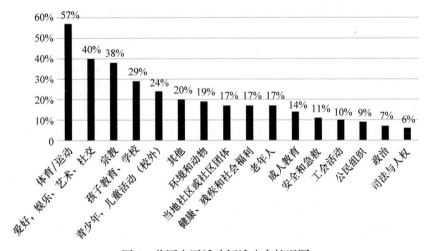

图 1　英国志愿活动领域分布情况图

　　志愿组织数量众多。其中，微型规模组织和小型规模组织占比较
高。据英国全国志愿组织理事会（NCVO）统计，2015—2016 年，英
国的志愿者组织数量超过 16 万。从地区来看，英格兰的志愿组织超

过 13 万，其次是苏格兰，接近 2 万。从组织规模①来看，中等以下规模组织占绝大多数，其中微型规模组织和小型规模组织超过 5 万。一般而言，这些小型的地方组织通过志愿服务理事会等中介机构或志愿组织联合理事会等全国性机构联系开展合作。如，英格兰志愿组织理事会（NCVO）是目前英国最具影响力的志愿组织联盟，负责管理全国志愿组织，并提供相关服务。志愿组织的类型也很多，有联邦制、科层制，也有垂直型、联盟型；有合作互助型、直接援助型、倡导型，也有专为志愿者服务的组织类型。

表1　　　　　　　英国志愿组织数目（按地区划分）

地区＼规模	英格兰	威尔士	苏格兰	北爱尔兰	联合王国
微型规模	63369	3734	9906	1948	78957
小型规模	46389	2292	6205	2586	57472
中等规模	19055	801	2657	1329	23842
大型规模	4099	165	522	258	5044
较大规模	549	21	66	5	641
超大规模	44	0	1	0	45
总计	133505	7013	19357	6126	166001

数据来源：英国全国志愿组织理事会：《英国公民社会年鉴》，2018 年。

志愿组织立足社区。在英国的法律文件中，志愿组织的正式名称为"志愿和社区组织"（Volunteer and Community Organizations，VCOs）。②VOCs 的工作主要包含四个方面：一是招募青少年志愿者。通过多种渠道鼓励 16—24 岁的青少年积极投身志愿活动，为社区中需要帮助的人群提供诸如课业辅导、长者陪护等服务。如"DO IT"（做起

——————

① 说明：《英国公民社会年鉴》按照组织收入划分组织规模大小。收入在一万英镑以下为微型组织，一万英镑至十万英镑为小型组织，十万英镑至一百万英镑为大型组织，一百万英镑至一千万英镑为较大型组织，高于一千万英镑为超大型组织。

② 丁开杰：《英国志愿组织联盟与志愿者参与实践——以英格兰志愿组织理事会（NCVO）为例》，《理论月刊》2009 年第 3 期。

来）、"千年志愿者""飞溅浪花"等方案，都是以小区为单位的青少年招募计划。二是促进成年就业者参与志愿服务。政府希望充分整合社会资源，让更多有知识、有能力、有经验、有素质的成年人加入到服务项目中来。如，"马可小区"计划，旨在推动退休专业人士，加入志愿组织继续从事专业活动，协助社区解决问题。三是着重为弱势群体服务。主要针对黑人和少数族裔，为其争取和提供服务资源。四是发展志愿精神和文化。为有意愿参与志愿服务的社区居民提供多渠道的参与机会，借此培育人们的志愿理念和社会认同。

专栏：英格兰志愿组织理事会

英格兰志愿组织理事会（National Council for Voluntary Organizations，NCVO）创立于 1919 年，是英格兰规模最大的志愿和社区伞形组织。其设立目标是：促进志愿组织参与社会治理；成为志愿组织资源中心；保护志愿组织利益。价值理念上，追求创新、独立、合作、包容和激情。

NCVO 是综合型中介组织，下设老人照顾联盟、儿童看护联盟等多个小型联盟，小型联盟之下是个体机构。NCVO 为会员提供定制服务，并依据会员组织的年收入征收会费。一般来说，会员组织规模越小，会费越低。

NCVO 设有董事会，但运营由行政官负责。首席行政官负责总体运作管理；副首席行政官负责能力建设；企业主管负责招募会员、生产新产品以及创收；计划和资源主管负责制定发展规划和财务管理；公共政策主管负责与相关政府及社会机构协调沟通。

NCVO 旨在发出声音，提供支持：（1）为会员提供建议、咨询和培训；（2）部门研究和分析；（3）征求会员意见，对公共政策提供思考和建议；（4）开展活动，对政策和实践施加影响。（5）"共同购买"，以团购形式为会员争取办公用品等的优惠和便利。（6）"发挥影响力"，这是由 Compact 机制决定的，即任何政策若不咨询 NCVO 及相关企业团体，就不能在议会得到通过。
（7）主动分析新政策对会员组织的影响，并指导应对。[①]

英国志愿服务群众基础广泛，社会信誉良好，总体来说得益于以下几个方面：

1. 政府支持。1981 年，英国审计实务委员会专门发布关于志愿服务的指导方针。现在，政府主要以三种方式扶持志愿服务发展：一是通过制度制定鼓励捐赠。如，制定税收优惠政策，规定捐赠部分返还所得税；又如，制定便利捐赠制度，允许企业员工直接通过工资发放银行进行定期或不定期的小额代捐。二是通过购买服务或委托项目的形式，让志愿组织承接部分公共服务，实现双赢。三是成立政府专项基金。如政府每年都会将 16.7% 左右的博彩业收益用于志愿服务组织。[②]

2. 社会支撑。社会力量是英国志愿服务的运作主体和监管主体。首先，志愿组织的资金主要来源于社会。除教育和研究性志愿组织，大部分志愿组织的资金主要来源于各类社会公益基金，如儿童公益基金、欧洲慈善基金、健康部门与志愿行动基金等。即便是文化娱乐型志愿组织，其自身获得的资金也远超过政府投入和私人捐赠。其次，志愿组织形成董事会为主、政府为辅的监督机制。英国的志愿组织是独立法人，在董事会领导下自主运作，董事会负责指导机构运作、重大事务决策和财务管理监督。政府则通过志愿服务委员会进行宏观把控，如志愿组织资格审查、年度财务报告审查等。政府有义务向社会公开志愿组织有关信息。

3. 市场运作。英国的志愿组织都是独立法人机构，自主经营，自负盈亏，不依赖于政府和社会资助；另外，志愿组织危机意识很强，为争取有限资源（资金和人力）竞争激烈，同时，也为招募人员、谋

---

① 丁开杰：《英国志愿组织联盟与志愿者参与实践——以英格兰志愿组织理事会（NCVO）为例》，《全球视野理论月刊》2009 年第 3 期。
② 中国现代国际关系研究院课题组：《外国非政府组织概况》，时事出版社 2010 年版。

求利润开展了不少创新的尝试。如义工型旅游项目，即将志愿活动与旅游结合在一起，用于吸引青年人参与异地的志愿活动。

4. 回报激励。英国倡导将无回报的志愿服务与公民的成才就业、企业的利益等联系起来，如，规定企业的公益捐款可以免税；注重技能培训，使志愿者在奉献时间的同时获得个人成长；大学入学、政府部门招聘都会要求填写志愿服务经历等。这些措施使志愿服务活动得到更广泛的社会支持和响应。

（三）德国：兼有规范性与选择性的志愿服务

在德国，志愿服务由国家主导，同时鼓励公民自我组织，积极奉献。德国的志愿服务最早由国家引入社会管理领域。1808 年，普鲁士推行地方自治改革，为提高行政效率同时降低成本，规定可以将一些行政事务委托给挑选出来的公民（主要是德高望重的人士），这些人以"名誉"身份参与到城市管理中，承担公共责任而不求取报酬。从某种意义上说，此时的志愿服务，实质上是国家为降低社会管理成本、弥补公共服务不足，而赋予公民的一种义务。20 世纪中期，伴随国家和市场失灵，各种民间志愿服务社团、社区互助、公民倡议活动不断涌现，德国的公民自组织志愿服务得以发展。1999 年，德国联邦议院成立"公民志愿行动的未来"调查委员会。在政府的大力推动下，德国志愿服务事业稳步发展。目前，全国有近三分之一的成年人每月平均花费 15 个小时从事志愿服务。德国并没有对志愿服务的领域进行特别限定，但如果想从事志愿服务，则需要加入获得认证资格的志愿服务机构，由该机构派遣工作。

政府不仅参与志愿服务的组织领导，而且通过立法、资金资助等推动志愿服务发展。首先，根据德国志愿法规定，公民在年满 22 岁取得社会保障号之前，至少应有一年的社会服务经历。志愿者可获得税收、社会保险等方面的优惠，服务支出可以报销，志愿服务可以替代兵役等。此外，法律对志愿服务侵权赔偿也做了明确规定。按照规定，志愿者以保护他人为目的且不违反法律规定的，只有在志愿者有过失的情况下才需要承担赔偿义务，这些政策起到良好的激励作用且为志愿者和志愿活动提供了法律保障。其次，财政拨付是志愿服务的主要资金来源。以 2011 年为例，德国联邦预算为 3 万个国内志愿工作岗位和 3000 个国际志愿服务岗位提供 3.5 亿欧元资助，以此保障志愿组织正常运转。最后，政府还设置奖励基金，为优秀志愿者和组织颁发高额奖金。

德国的志愿者培训体系完备，运作规范。此项措施旨在促进志愿服务的规范化和专业化。首先，硬性规定培训的必备内容以及时间长度。如《促进青年志愿者法》规定，志愿者组织应为志愿者提供专业培训，且时间不得少于 5 天，培训时间计入志愿者服务时间。德国联邦技术救援署、红十字会等大型公共机构，以及非政府组织都设有志愿者培训机构，志愿者申请通过后都要接受一定时间的培训方能上岗。其次，师资雄厚，专兼结合。以联邦技术救援学院为例，教师有的是学院授课的专职人员，有的是经验丰富的官员或志愿者，有的是灾害救援方面的专家学者，保证培训质量。第三，课程标准化。如技术救援中的领导培训课程，由人力资源保障培训、灾情现场分析培训、组织协调培训、应急物流培训、媒体沟通培训、通信技术保障培训六大标准模块组成。标准化的课程安排，旨在保证每一个志愿者接受的培训内容都大体一致，且全面系统。最后，模拟演练，强调实操性。培训课程广泛采用情景模拟、角色扮演、实战演练等方式，提高学员的知识运用能力，学以致用。

德国志愿服务多元化发展。首先从志愿服务的主体来说，受过良好教育、已婚、有孩子的中高阶层人士一直是志愿服务的主要力量。而近年来，伴随老龄化的加深，退休人士参与社会管理的热情高涨。为此，德国联邦劳动协会专门开设老年义工培训机构，将身体情况尚好的退休人士培养成为银发义工。源于志愿服务可以代替兵役的规定，青少年本来也是志愿服务的主要力量。2009 年，14—24 岁的青少年志愿者占整个志愿者群体的 35%，49% 表示有意愿参加。但随着 2011 年强制兵役制度的取消，青少年志愿者有所减少。另外，志愿服务的形式呈现个体化、动态化的发展趋向。由于经济社会发展，工作和生活方式改变，人们更希望能够根据自己的生活安排，将职业活动、家庭活动等与志愿服务活动结合起来，这对传统志愿服务的约束性（如时长、地点等）提出了挑战。志愿服务的进入和退出呈现出多种可能性，因此催生出诸如"志愿者事务所""企业志愿服务"等新的形式。

（四）日本：广泛渗透于教育体系乃至全社会的志愿文化

日本志愿活动比较普遍，民间弥漫着浓厚的志愿文化，许多人以参加志愿服务为荣。据 2000 年统计，日本的志愿者人数占总人口 25% 左右。其中，家庭妇女占 40%，退休人士占 20%，成年雇员占 10%，自由职业者占 10%。大约 75% 的日本人愿意为社会和他人贡献时间。日本的志愿服务事业特色有二：一是志愿服务作为一种文化渗透到教育体系之中；二是志愿组织的行政色彩浓厚。

日本志愿服务教育全面普及。日本不仅在中小学教学大纲中明确要求培养服务型人才，还将志愿服务教育渗透进整个教育体系。中小学志愿服务教育的特点是体验式学习，即在志愿服务的实践中，学习了解相关知识，丰富直接经验，逐步形成关心他人、服务社会的意识和理念。中小学通常组织学生参与探访养老院、清扫道路、养护环境等较为简单的工作，目的在于使学生理解自己应当承担的社会责任，培养公民意识。高中除老人福利服务外，还设有家庭看护、扶贫助困等相关课程。大学志愿服务教育则更倾向于"服务学习"。即通过服务活动，有意识地使学生得到学习和成长。它不同于单纯的体验，而要将系统化的知识组织到服务活动中。日本目前已有 100 多所学校将志愿服务教育纳入正式课程，并结合各自的教育理念和方针，开设各具特色的服务课程。如，国际基督教大学以传统博雅教育充实志愿服务内容，形成体验学习、自我发现、关心精神的志愿服务课程体系。滋贺县立大学设立近江讲座，结合本县地域发展问题，指导学生开展调查研究并参与推进社区振兴的志愿活动。东京外国语大学主要为在日外国人、国际小学等提供支援服务，并成立文化交流教育支援办公室，对参加语言学习志愿活动的学生进行知识与技能的培训。志愿服务教育的开展，有力推动了志愿服务的日常化和全民化。日本学生支援机构 2011 年调查表明，日本大学生中有一半参加过至少一次志愿活动。

日本大多数志愿组织都与政府有所关联，在组织运营、经费来源上基本依靠政府。组织结构上，以民间非营利组织为行为主体，同时，通过半官方性质的全国社会福利联席会网络（志愿者服务中心），引领、协调和支援全国的志愿服务活动。政府通过对社会组织进行法人资格审查和认证，给予相应的税收优惠政策，并通过宣传推广、人才培养、信息整备等建立志愿服务的综合体系。服务类型上，主要分为社会福利、灾害救援、国际援助三种。其中，社会福利型服务占60%（面向老人的居家服务占41%），灾害救援占15%，国际援助占10%，环保及其他占15%。[①] 资金来源上，呈现多样化趋势。日本民间社会组织的活动资金大部分来自政府，目前除政府资助外，社会募捐、会费和财团资助也有所贡献。以全国社会福利联席会为例，其个人会员平均年费为800—5000日元（约合人民币50—300元），团体会员平均年费2.4万日元（约合人民币1500元）。

专栏：日本立命馆大学：志愿教育的三个阶段

立命馆大学于 2004 年设立志愿者教育中心，并于次年得到文部科学省现代 GP 项目的支持。立命馆大学建立的志愿者教育体系相对完善，已成为日本大学志愿教育竞相模仿的蓝本。

第一阶段：寻找自我发展与社会发展的契合点

这一阶段旨在激发学生的参与热情。首先，开设志愿活动通识课程，邀请经验丰富的志愿者进行专题演讲，并与学生开展经验交流。每学期开设两个班，每班 150 人。通过这种多层面、多角度的志愿服务教育，激发学生参与地域贡献的热情，促使学生

---

① 根据日本内阁 NPO 统计数据，https：//www. npo-homepagego. jp/about/npodata. html. 。

努力寻找自身发展与社会发展的契合点。此外，开展丰富多彩的课外活动。如春季入学后开展学生志愿服务宣传活动，暑假前参观访问地区志愿者团体，秋季开展志愿活动体验交流活动等。在这些活动中，学生能够将课程中学到的知识付诸实践，促使学生探寻如何在志愿活动中发挥自己的优势和特长。

第二阶段：开展目标明确的志愿活动

这一阶段旨在培养学生志愿活动的能力。核心课程有两个，一是促进地区发展的活动项目，由大学与当地社会团体共同协商开设；二是志愿活动协调能力培养项目，为有意深入地区发展的学生开设，学期一年。这一阶段课程又分为三期：第一期，开设志愿活动理论课和"调查访问"演习课，学习基础知识及基本的协调技能。暑假即可开始实习。第二期开设"组织管理"理论课和"活动支援"演习课程，在实习的基础上，深入学习志愿组织的管理和协调。最后，以研究报告的形式结束课程。

第三阶段：推进自主组织的志愿活动

这一阶段旨在促使学生自主组织活动。目前有两个比较成熟的项目。一是学生协调员制度，即在志愿教育中心设置学生助理，协助中心教师开展第一、第二阶段的课程学习和课外活动。也可依托中心资源组织团队。二是志愿者广播项目，即由学生建设成立广播电台，传播志愿服务教育和志愿活动信息。①

　　灾害志愿者体系健全。灾害志愿服务源于日本灾难多发的自然因素，历史悠久，体系较为完备。一是建立灾害志愿者中心。作为灾害志愿者管理的中枢机构，该中心负责志愿者的招募、组织、协调工作，使原本松散混乱的个体志愿行为实现组织化、有序化。二是建立志愿者分类招募制度。灾害志愿者主要招募两类人员：专业技能型（如医生、护士、房屋拆迁人员等）和一般工作型（如搬运人员、信

---

① 刘原兵：《实现区域与学生的共同发展——以日本大学志愿者教育为核心的考察》，《洛阳师范学院》2014 年第 1 期。

息传递员、后勤服务人员等）。招募程序严格。首先，灾害志愿中心与灾难现场联系，确定所需的志愿者类型及数量；而后，向社会发布招募信息，志愿者根据自己的实际情况提出申请，准备物品；申请通过后，专业型志愿者一般会被安排直接奔赴现场救援，一般志愿者还需接受不同内容的应急培训，之后听从派遣。灾害志愿中心会为志愿者提供必要的救援工具并购买人身保险。三是建立顺畅高效的组织机制。对于以个体身份参与救援的志愿者，灾害救援中心会将其编入救援地的临时组织，如果救援地发生变化，组织关系也会更改，但一切都要以中心调遣为上，不允许擅自行动。灾害救援中心负责与各救援单位保持沟通和联系，并通过网络平台和志愿者数据库实现信息共享；随时关注志愿者需求变化，为各单位提供人力物力支持。四是建立志愿者约束机制。灾害志愿者纪律要求：志愿者须重视自身安全；随身携带身份证件并佩戴志愿者标志；志愿者工作是辅助性救援，不能取代或干扰政府救援；不能占用饮食等救灾物资，应尽量保持谦让。①

企业积极参与社区志愿活动。一是在经营理念上，强调社会责任。如，东芝集团将"致力于实现更好的地球环境，做更优秀的企业公民，为社会发展做出重要贡献"作为承诺原则。松坂屋的经营者认为，"应以感谢大众支持为念，以奉献社会福利为任"。二是在组织管理上，一般会成立专门的社会责任促进部门，如，丰田汽车公司设置的"志愿者中心"，除了向员工宣传志愿服务知识、接受志愿服务咨询外，还要求对员工的技能、需求、服务意愿等信息进行登记，以便于在需要时组织志愿活动。此外，出台多项制度对员工的志愿行为予以支持。如，带薪休假、表彰制度、研修制度、活动支持制度等。三菱电器实施一项名为 MC Volunteer Activity 的全员志愿活动。员工每参加一次志愿服务，就可获得一枚假想币。一枚假想币可换 500 日元。每到年末，公司会将每个人积攒的假想币进行兑换，然后以相同金额

---

① 宋云超：《关于借鉴日本应急志愿服务机制的思考》，《法制与社会》2014 年第 9 期。

捐助给环境和福利团体。这样，员工不仅实现了个体奉献，而且在某种层面产生了更大的社会收益。三是结合企业的技术和产品优势，组织活动。如佳能公司为社区免费开设摄影课程，在假期为青少年讲解光学原理；理光公司设立"理光青少年研究会"，为中小学义务培训相关科学知识。① 除此之外，日本企业还积极参与国际志愿活动，通过为所在国家和社区贡献力量，树立良好的社会形象。

（五）新加坡：政府强力推动和回报激励的志愿服务框架

新加坡自建国始就十分重视志愿服务的发展，并将其视为促进民族融合、推动社会和谐的重要方式。志愿服务涵盖社会生活各个领域，如关爱老人、救助孤儿、环境及动物保护、促进种族和谐、大型赛事及节日庆典等。

志愿服务主要由国家社区组织管理机构——人民协会负责。隶属于人民协会的人协青年运动是规模最大、影响最广的志愿服务组织，在全国拥有 96 个青年团、10 万团员，其中近三成是由总理公署任命并登记的基层领袖。由政府出资建立的民众俱乐部，分布全国，是基层志愿活动开展的主要阵地。依托民众俱乐部，下设青年银行（Youth Bank）、青年计划委员会（YPC）等志愿平台，负责招募大众志愿者、运营志愿服务项目等具体事宜。新加坡的志愿服务事业进入良性发展的轨道，得益于政府倡导和全社会的多元互动。

目前，新加坡志愿队伍稳定增长，人数（包括志愿组织专职人员和志愿者）多达百万，约占总人口的四分之一。从事志愿服务的人员构成跨度较大，不同年龄、种族、阶层的各类人士都能够在志愿服务的统一框架下平等协作。志愿组织资金充实。除政府出资外，志愿组织也以多种方式自我筹措资金。如，以特定公益目标向社会募集捐款；开拓经营渠道，义演义卖或举办培训班等；吸纳企业和个人慈善捐助等。总体而言，新加坡的志愿服务发展具有以下特点：

---

① 程永明：《企业的社区志愿者活动——以日本为例》，《社会工作》2010 年第 2 期。

一是政府强力推动，回报激励。新加坡志愿服务的最大特征是政府强力推动。首先，政府不仅以主办者身份直接发起志愿者组织，而且通过财政拨付、技术赞助等开展扶持。如，为改变退休老人无所事事的现象、激发"老有所为"，政府发起老年志愿者计划（RSVP），为有专业技能的退休人士提供就业服务。设立"关怀与分享基金"，以1元对1元的方式资助志愿服务资金缺口，其目标是"志愿团体募捐2.5亿新元，国家对等资助2.5亿新元"。另外，政府建立激励政策，从物质和精神两方面激发民众热情。一方面，根据志愿服务的时长和成就，给予不同等级的荣誉奖励。最高荣誉是人民协会颁发的社会服务奖。该奖包括"公共服务奖状""公共服务勋章"和"公共服务星条勋章"。① 每年的国庆日，总统或总理会为获得最高级别荣誉的志愿者亲自颁发勋章。另一方面，为优秀志愿者提供物质奖励，在社会福利、就学就业、职务升迁上予以优先考虑。此外，为公益机构捐款的企业可获得2.5倍的扣税优惠，社会企业还可以获得政府提供的种子资金。

二是注重志愿精神的培植，形成社会共识。为培养儿童的服务意识和社会责任感，新加坡实施"浸儒计划"，每年选送20%的中学生参与国际志愿服务，时间在2—3周；明文规定每年的7月为志愿服务月，4月为关怀分享月；大街小巷都张贴着爱心宣传海报，营造"做奉献光荣，做义工快乐"的社会氛围。志愿服务作为一种公民教养，深入新加坡人的思想和行为。据统计，新加坡30%的青年人有参与志愿服务的意愿。

三是法律严格规范，制度建设。首先，新加坡将志愿服务纳入公益慈善的法律框架。在新加坡，志愿组织必须作为慈善机构或社会团体进行登记，未注册的社会组织依法取缔。依据《慈善法》和《社团法》规定，其活动领域严格限制在各自章程规定的范围之内，禁止

---

① 岳金柱、宋珊、何桦：《新加坡志愿服务主要经验做法及其启示》，《社团管理研究》2012年第12期。

参与政治活动。此外，依据《慈善法》对志愿组织进行评估和监管。部分志愿服务项目经费实行双轨制，即管理成本与募捐款项完全分离。另外，将志愿服务纳入制度体系。一方面，政府行政人员参与志愿活动制度化。总统长期担任人民协会主席，各级官员也几乎都在社会团体或志愿服务组织中任职，但不代表官方干预组织事务。2016年规定，国家公职人员每年可申请一天"志愿服务事假"，16个政府部门、50多家法定机构必须助养至少50个志愿服务和慈善团体。[①] 另一方面，志愿者招募培训、项目管理、活动组织等"有法可依，有规可循"。如，在招募中规定，要详细登记申请者的个人背景、服务意向、服务时间等内容。又如，规定培训需要根据申请人不同工作背景、不同阶层、准备付出的服务时长等开展适宜的课程，内容包括服务技能培训和社会责任感强化。

四是服务网络庞大，多元互动。目前，新加坡的各类基层社会组织3000多个，其中既有法定机构，也有私人的非营利机构。政府与民间组织合作，构建起庞大的志愿服务网络。首先，居民社区是志愿服务的主要平台。学校除开设志愿服务课程外，还推行社区服务计划，要求学生每年需完成一定时间的志愿服务；十余家慈善医院，为需要帮助的病患施医赠药，其经费全部来源于社会捐助；律所推广无偿法律服务。数据显示，2015年，新加坡约有50%的律师参与志愿服务。同年，律师公会规定，境内所有律师须申报无偿服务时数，同时公开批评不参与志愿服务的执业律师，并警告若不改正将受到从业审批限制[②]；居委会作为新加坡的基层组织，在社区公共事务中贡献颇多，其主席和成员均不拿报酬，可谓居民身边的最佳义工。另外，企业也通过多种方式参与行善，如捐款捐物、无偿提供服务、无偿出借资产或资源、向公益慈善组织购买产品或服务等。政府成立"企业行善理事会""社会企业委员会"、社区关怀企业基金等，提高企业

---

① 李义勤：《新加坡的志愿服务制度》，《中国社会组织》2017年第8期。
② 同上。

社会责任感，扶持社会企业。据统计，2015 年，新加坡有 75% 的企业参与志愿服务或慈善捐款，企业行善蔚然成风。

三 国外志愿服务对我国社区建设的启示与借鉴

发端于国外的现代志愿服务，依据不同的政治、经济、社会、文化背景而呈现出各具特色的模式和形态，同时也呈现出一些共性和经验。

（一）增进社会认同

在英美等发达国家，全民参与志愿服务的氛围浓厚。政府通过立法保障、资金资助、政策激励等大力倡导志愿精神，企业通过鼓励员工参与服务、自我组织志愿活动等承担社会责任、塑造公众形象，普通人也以做义工、做贡献为义务和荣誉。

首先，学校教育中融入志愿服务教育和服务学习制度内容，从小培养学生的社会责任感和奉献意识，在服务实践中了解志愿精神、学习服务技能；让大学生有机会在与社区的互动中，真正接触社会需求，探寻自身与社会发展的契合点，树立奉献社会的理想。

另外，政府、社会共同行动，扩大宣传推广力度，形成人人关心、支持、参与志愿服务的良好氛围。利用电视、广播、网络、海报等大众媒体普及志愿服务知识，介绍志愿服务经验，弘扬志愿服务精神；企业、社区可根据本地需求或特色资源，以各种形式组织丰富多彩的志愿活动，以此提高公众的参与意识。

（二）立法护航和制度保障

成熟的志愿服务事业与健全的法律制度保障密不可分。不少国家不仅从法律上对志愿组织和志愿者的社会地位予以确认，而且还通过立法详细规定了志愿组织的注册、招募、筹资、管理等内容。健全的法律制度保障，使志愿活动有法可依、有规可循，更为重要的是为志愿者权益保障提供了坚实的法律依据。

我国在志愿服务立法上较为滞后。由于在现有的地方法规中，多是倡导性、原则性规定，可操作性不强。因此，应尽快建立健全志愿服务法律保障体系，规范志愿服务活动，明确和保障志愿者合法权益。

首先，应明确志愿服务的法律地位和活动领域。其次，明确志愿者权利与义务。如，志愿者应享有自主决定和选择志愿活动的权利，在服务中享有人身及物质的保障权利。又如，志愿者有服从志愿组织合法管理、接受监督的义务等。第三，对特殊领域的志愿服务提供特殊保障，如户外救援、野生动物保护等危险性较高的志愿活动。第四，从法律层面厘清政府部门与社会组织在合作中的职责和权限。最后，从法律层面保障志愿服务的资金来源，如政府财政拨付和税收优惠。

（三）完善政策激励机制

政府推动是志愿服务走向社会化的重要因素。对于我国来说，志愿服务事业要想发展壮大，同样离不开政府的支持。

首先，政府应加大预算安排和资金扶持力度，同时引导志愿组织建立合理的筹资方式和筹资渠道。针对我国社会捐助尚不发达的现实，可考虑建立志愿服务政府专项基金，专款专用。其次，制定和落实税收优惠政策，鼓励和引导社会资源向志愿服务领域流动。最后，建立多层次、多形式的激励机制。一是建立志愿者荣誉表彰制度。根据服务时长、贡献大小等，为杰出志愿者提供不同等级、不同形式的物质（经济补偿、社会福利优先等）或精神奖励（如荣誉称号、荣誉证书等）。二是将个人成长与志愿服务挂钩。如，规定在升学、就业、升迁时将志愿服务经历作为参考内容；国家企事业单位招考，同等条件下优先录取等。三是建立道德银行或志愿服务"时间储蓄"制度，将志愿服务时长记录入档，可换取未来优先获得志愿服务的权利。通过这些激励方式，充分调动公众积极性，为志愿服务增添动力。

（四）规范管理的专业人才队伍

完善的组织管理对于培养高效、稳定的志愿服务队伍十分重要。首先，应建立科学规范的组织管理机制，明确目标和使命，合理分工，科学运作。其次，完善注册登记制度。降低登记注册门槛，建立良性的准入机制，促进志愿服务参与大众化。再次，科学制定招募程序。现阶段应降低门槛、拓宽招募渠道，吸引更多的人参与进来。针对特殊项目，应结合服务需求、资源状况、志愿者意向等，有计划、有目标地招募人员。最后，优化培训机制。一方面，应注重对志愿精神的培育，强化服务意识；另一方面，应注重专业知识和服务技能的培训，提高志愿服务的专业化水平。

社会工作专业化的工作机制

社会工作与公益慈善、志愿服务有明显区别。前者重在协助陪伴，助人自助；后者重在无偿给予，解困济难。社会工作的必备因素包括：完善的专业教育体系、严格的职业准入制度，以及政府立法保障和政策支持。目前，我国社会工作有了长足的发展，但是，前瞻性地看，社会工作的专业化水平亟待提高。具体而言，应从统一行业标准、拓宽服务领域、提升服务效能方面入手，同时发挥专业社工对志愿服务的引领作用。

一 社会工作专业化发展沿革

社会工作（social work）通常指以利他主义为指导、以专业知识为基础、运用科学方法助人的社会服务活动。[①] 一般由专业服务机构（包括政府和民间社团）举办，涉及扶贫帮困、助老助学、禁毒、犯罪矫治、优抚安置、风俗改造、社区服务与管理等多个领域。社会工作一般针对老人、妇女、儿童、青少年、成人以及残疾人等弱势群体，在农村、家庭、学校、医疗机构等场所开展工作。由于其与社会福利保障制度的密切关系，在一些国家，社会工作也被称为"社会服务"（social service）或"社会福利服务"。

作为一种专业助人活动，社会工作与公益慈善、志愿服务等有明

---

① 王思斌：《社会工作概论》，高等教育出版社 2014 年版。

显区别。从工作主体来看，做慈善、做义工没有准入门槛，人人均可；而社会工作者是具有专业知识背景和掌握科学助人方法的专职人员。从工作方法来看，做慈善和志愿服务，通常只针对当前工作开展特定内容的岗前培训，不具有知识的系统性；而社会工作者需掌握和灵活运用个案工作、小组工作、社区工作等专业方法，以及预估评估、沟通交流、增能使群等专业技巧，以推动服务对象与环境互动。从工作目标来看，慈善、义工主要提供物质和精神资源，重在"无偿给予"，旨在解决实际困难；而社会工作者主要提供协助和陪伴，重在"助人自助"，旨在培养实施对象解决问题、顺利生活的能力。

社会工作不仅是一种服务活动，也是一种以科学理论为指导、以专业方法为手段、以专业教育为依托，以权威机构为代表、以受过专业培训的受薪人员及专门化的社会机构为主要实施者的高等教育专业和专业化的职业。[①]

现代意义上的社会工作起源于西方贫困救助和宗教慈善活动，并经历了由临时性、局部性救助向专业化、职业化工作体系的转变。19世纪末，工业社会快速发展，贫困、疾病、失业、犯罪等社会问题日益增多，原有的国家法律或政策体系（如英国济贫法、德国保险法等）以及传统民间慈善事业无力应对。为解决社会大变革带来的社会适应问题，英、美、德、法等国先后开设社会工作者培训班，试图通过专业教育，提高社会服务的有效性。1899年，美国成立历史上首个社会工作教育机构——社会工作者培训学院；1917年，美国学者玛丽·里士满（Richmond Mary）出版《社会诊断》一书，确立了一整套独立的社会工作知识体系，标志着社会工作专业化的开端。而后，在联合国及各国政府推动下，社会工作的教育规模不断扩大，伦理守

---

① 陆素菊：《社会工作者职业化和专业化的现状及对策》，《教育发展研究》2005年第10期。

则进一步规范，并吸纳社会学、心理学、经济学、统计学、医学、教育学等多学科成果，逐步形成了集价值理念、知识体系、方法技巧三位一体的专业工作体系。

作为一种专业化的职业，社会工作具有科学性、专业性和制度性等多重属性。具体来说，科学性指社会工作拥有客观的知识体系、科学的操作方法和清晰的过程逻辑；专业性即社会工作拥有系统的理论体系、伦理守则、专业权威和社会认可；制度性即社会工作拥有明确的理论指导、严密的行为规范以及专门机构和专职人员。

在欧美及东亚诸国，依托发达的社会福利保障制度和市场机制，社会工作的发展已相当成熟。不少国家通过建立从专科到博士的教育体系、严格的职业准入制度、全国性社会工作者协会，以及立法制定社会工作者职业道德和伦理守则等，使社会工作者成为像医生、律师一样拥有专业身份、社会认可的职业类别。

在我国，社会工作的兴起源于改善民生、增进福利的需要，其发展过程中表现出较强的政策依赖。一方面，政府行政管理部门承担了大量公益性、福利性服务，如共青团承担青少年服务；另一方面，社会工作部门或组织的资金来源大部分来源于政府的资源配置或购买服务。社会工作发展的初期阶段，行政化模式极大地推动了我国社会工作事业的发展。十六届六中全会提出"造就一支结构合理、素质优良的社会工作人才队伍，是构建社会主义和谐社会的迫切需要"，2015年"发展专业社会工作"被首次写入政府工作报告。这些社会政策的提出，为社会工作专业化发展提供了国家保障和社会动员能力。截至2016年年底，全国社会工作专业人才76万人，其中取得入职资格人员28.8万人；社会工作岗位27.3万个，民办社会工作服务机构达到5880家。社会工作的服务领域也拓展到就业援助、人口计生、青少年辅导、双拥服务、信访维稳、民族宗教等诸多领域。[①]

---

① 徐道稳：《积极升级社会工作职业化水平》，《中国社会科学报》2017年4月26日。

二 专业社会工作发展的经验做法

（一）美国：集执业资格、学科和活动于一体的社会工作体系

在美国，社会工作被认为是一项需要较高专业水平的职业，社会地位与工资待遇较高。据美国劳工部统计，2014 年全美社会工作者中，拥有硕士及以上学历者占比 90% 以上。根据教育背景、工作经验、服务区域等因素，执业社会工作者的薪资有所差别，人均年薪从 3 万美元到 6 万美元不等。得益于从政府到民间的共同推动，以及较完善的管理制度和教育体系，执业社会工作在美国社会得到广泛认同，逐步形成了多层次的社会工作服务体系。

多部门合作。首先，从管理机构上看，地方政府与行业协会分工配合，权责明晰。具体来说，地方政府通过立法设立强制性社会工作者最低执业资格，任何有意从事社工工作的人员都必须具备这一资格；行业协会则由三大民间机构组成，提供自愿性、多层次的行业资格认证，以及行业自律和行为规范。其中，美国社会工作教育委员会（Council on Social Work Education，CSWE）负责制定社会工作教育政策和标准、审核课程设置、提供学位认证和评估，以及教育机构资质认证。一般来说，只有在通过资质认证的教育机构就读并顺利毕业，才能参加国家执业资格考试。美国社会工作者协会（National Association of Social Workers，NASW）是美国社工最重要的专业组织，主要通过制定职业伦理守则与行业标准以规范社工行为，通过与政府沟通、政治倡导以保障社工权益，通过宣传推广以提升社会认知，并为协会会员提供法律保护、资格认证、教育培训等专业支持。美国社会工作理事会联盟则是社会工作者的一个全国性组织，负责组织考试、发放执照。这三个机构都是非营利性质的社会团体。

另外，从服务供给上看，包括政府机构、私人执业机构、非营利组织以及私营组织等。其中，32.7% 的专业社工受雇于政府机构，主要提供老年及青少年福利、社会教育、社区矫正、心理健康等服务；

37.3%受雇于非营利组织，活跃在脱贫、救灾、助老、扶残、支教、社区治理等多个领域；13%受雇于私人执业机构，即独立于政府的专业社工机构，提供家庭治疗、顾问及研究工作；16.7%受雇于私立医院、养老院、精神病院等私营组织。[①]

多领域分工。美国社会工作主要分布在四大领域：一是精神健康服务。主要针对患有精神疾病或药物依赖的人群，如烟瘾、酗酒等。从事这项工作的社会工作者须持有临床执照（LCSW）。与心理医生不同的是，社工无权使用药物治疗，且更注重个人与环境的互动和社会调试。此项服务约占服务总量的三分之一。二是儿童、老人与家庭服务。主要帮助被虐待或遗弃的孩子寻找寄养家庭，帮助家庭收养孩子，帮助学校处理孩子的行为偏差[②]，为老人提供养老问题指导等。三是医疗卫生服务。主要为病患及其家属、弱势群体等提供心理支持和资源链接。四是其他服务。包括政策规划、司法矫正、就业服务、社区发展、教学研究等。美国社会工作根据不同领域、不同对象提供类别精细的服务，专业化程度很高。如，芝加哥养老局针对失智老人开展艺术治疗项目，通过引导失智老人欣赏艺术馆名画，启发思考，提升其认知能力和精神健康。[③]

定向教育，证照分层，培养人才梯队。获得社工执照是美国社工合法执业的必要条件，而想获得执照，则首先需要获得具有资质的专业学位，并通过执业资格考试。

美国社工教育始于19世纪末的社工培训班，如今已形成完整的教育体系，涵盖学位教育、继续教育、培训督导和社会实践。学位教育包含本科、硕士研究生和博士研究生三个层次，并有全日制、非全日制、远程教学等形式。其中，本科教育针对直接服务岗位。学生须

---

① 张孟见、刘伟：《发达国家或地区社会工作发展的经验研究》，《经济与社会发展》2015年第4期。

② 陈鲁南：《当前美国社工职业状况》，《中国社会导刊》2007年第12期。

③ 彭善敏：《美国社会工作教育及实务体系发展见闻》，《中国社会工作》2017年第25期。

学习社会工作的基础理论和一般工作技能，并在高级社工督导下完成400小时以上的服务实习。硕士教育是美国社工的核心教育，主要帮助学生依据志愿和兴趣选择未来将要服务的领域，深入学习。全日制硕士研究生学制两年，学生须掌握社工基本素质以及特定领域的专门知识和实践技能，并在高级社工督导下完成900小时以上的服务实习。博士教育针对社会工作理论研究，培养学术人才，学制一般为5年。据有关数据显示，截至2012年，经社会工作教育委员会审核批准，美国具有本科教育资质的大学462所，有研究生教育资质的179所，博士点86个。① 分层教育从一个侧面反映了美国社工的专业化程度。而继续教育、培训、督导等，是美国社工在入职后提升专业能力和水平的方式。2002年，社会工作者协会确认并通过社会工作者继续教育标准，规定社会工作者需自我承担学习的责任，确保在两年内完成至少48小时的学习任务。

依据教育层次，社工执照考试分为社工学士（Bachelor of Social Work，BSW）、社工硕士（Master of Social Work，MSW）、社工博士（Doctor of Social Work，DSW）和临床咨询社工师（Licensed Clinical Social Worker，LCSW）四个等级。② 社工学士即获得学士学位的社会工作者，是社工的初级职位，一般为高级社工做助理，进行一些资料收集的简单工作，不能独立执业。社工硕士是社会工作者的主体力量，有机会晋升为督导或项目主管。社工博士一般在大学任教或从事研究工作，或在政府或其他机构做顾问，也有少部分进入一线。临床咨询社工师主要为精神病或药物依赖患者提供服务，可独立私人执业，也可受雇于某个机构。从实践来看，分级明确的教育和证照制度，有助于提高社会工作者的专业能力，便于政府组织和管理。

---

① 刘玲玲、史兵、刘承水等：《推动社会工作者专业化职业化——美国经验及启示》，《社会工作》2014年第1期。
② 魏爽：《美国社会工作执照考试分层制度对我国社会工作专业人才培养的启示》，《北京联合大学学报》2016年第2期。

（二）英国：具有国家福利性质的社会工作体系

英国的社会工作被纳入在国家福利体系中，是政府提供社会服务的一种方式。目前，英国登记注册的社会工作者大约有7.95万（包括1.59万社工专业学生）[①]，其中超过75%的人员在地方政府供职，其余大部分受雇于志愿者组织，只有极少数在私营机构工作或私人执业。社会工作的主要服务对象是老人、儿童、残疾人等弱势群体。近半数社会工作者从事与儿童相关的服务。

尽管早在20世纪70年代，英国就成立了专门性质的社会服务部门，如英国社会工作者协会、英国社会工作教育委员会，正式赋予社会工作者以专业地位，但从近年发展来看，英国社会工作的整体专业化程度并不高。原因有四：

首先，社会工作的国家福利性质阻碍其作为一门独立的服务行业而存在。英国的社会服务起源于民间慈善团体的实践，伴随第二次世界大战后福利国家建设，政府开始吸纳大量经过培训的社会工作者进入公共服务部门，社会工作在很大程度上成为地方福利服务的一部分。与此同时，民间志愿团体和私营组织中的社工人数急剧下降，民间性的削弱，使社会工作脱离市场竞争，也导致发展动力不足。

其次，政府和社会组织缺乏推动社会工作高度专业化的动机。一方面，由于政府雇员的行政属性，大量供职于公共服务部门的社会工作者只需从事法定社会福利服务或行政管理工作，如福利需求评估（走访调查）、福利资源分配（管理培训志愿者）等，直接的社会工作服务由私营部门和志愿者提供；也有些地方机构，倾向于组成社会工作者专家小组，为社会焦点问题提供短期服务，或处理突发性件，很少有机会开展长时间的个案或小组工作，社会工作专业方法（如介入与预防、个体与环境互动等）没有用武之地。另一方面，英国推行低水平的普惠式福利，社会组织的活动也在福利服务的框架之内，较

[①] 何欣：《英国社会工作的发展与服务特色》，《中国民政》2018年第12期。

低层次的服务人员即可满足。按规定，私营组织需通过政府购买机制
承接指定的公共服务项目，如婴幼儿护理、少年犯关怀、老人家庭扶
助等，还需按政府要求为单身父母提供婴幼儿看护技巧培训和心理支
持①；志愿者则需在指定机构登记并接受培训，由政府部门分派工作。

　　再次，社会工作者准入门槛低，专业水平参差不齐。2005 年，英
国实行新注册制度，强制性要求所有从事社会工作的人员都必须注册
登记，社会工作专业的在校本科生和硕士生，以及获得经英国社会照
顾委员会批准和认可的社会工作相关学位、国外社会工作文凭的人
员，均可申请注册。② 注册有效期为七年，到期后，只要提供专业教育
培训证明，就可继续持有证照。此外，英国实行社会工作资格教育，即
学生只要大学毕业，即可同时获得毕业证书、学位证书和政府颁发的社
会工作职业资格证书，直接入职。尽管英国社会工作特别小组（Social
Work Task Force）提出建议，在完成学位教育后，还需进行为期一年的
社会服务实践，方可获得职业资格。但这并非全国性的强制规定。

　　最后，社会工作专业的学科地位不高，硕士教育滞后。由于长期
以来被定位为职业技术培训，社会工作的学科教育也以实务课程为
主，学术性较弱。社会工作专业主要培养毕业资格、学士资格和硕士
资格，很少涉及博士层次。学制较短，本科教育一般为两年，硕士一
年。教育内容分为课程、实习、毕业论文三部分，其中，本科阶段的
课程由大学和社会工作机构共同提供，实习占全部课时的 50%。③ 英
国社会工作专业的教育规模不大，甚至没有形成独立的学科体系——
没有独立学位，本科毕业为文学学士（Bachelor of Arts，BA），硕士
毕业为文学硕士（Master of Arts，MA）；专门课程较少，多从属于社
会学相关课程。④ 此外，由于硕士及以上教育滞后，相关的理论和学

---

①　周湘斌：《关于英国社会工作资格教育的考察与思考》，《北京科技大学学报》（社
会科学版）2003 年第 1 期。

②　杨金蔚：《社会工作证照制度比较与借鉴》，《南方论坛》2017 年第 12 期。

③　周湘斌、田绪永：《中国社会工作》，河南人民出版社 2002 年版。

④　王菲、王福山：《香港与英美社会工作专业化模式比较研究》，《西安石油大学学
报》（社会科学版）2014 年第 4 期。

术研究也极少。

较低的专业化程度，导致社会工作者整体专业服务水平不高，社会认可度不高，平均薪资也远低于国家平均水平。据英国国家统计局调查，2017 年，伦敦的平均年薪为 39476 英镑，而社工的毕业平均年薪仅为 22360 英镑，与医生、律师等专业人员的薪资水平相差更远。英国政府也意识到这个问题，近年来着力加大对社会工作专业教育的支持力度。一方面，提供政府津贴，免收社工专业研究生学费并提供生活资助；另一方面，统一教育标准，规范大学的社会工作资格教育。[①] 以此促进社会工作的专业化发展。

（三）德国：政府与民间共同推进的严进严出的社会工作体系

德国是保守福利制国家。较强的国家干预和立法，以及高度发达的社会福利保障体系，促成了社会工作的高度专业化和职业化；"国事民办"的理念和传统，形成政府、民间、市场多元投入，建立起较为成熟的社会工作服务购买机制。

德国社会工作与国家福利密切相关，服务领域涉及妇女儿童权益、失业救助、残疾人等弱势群体救济等。政府职能部门一般都设有专门的社会工作岗位，负责整合福利资源，落实社会政策；公立医院及养老院也设有专门的社会工作部门，负责帮助服务对象链接资源、争取利益、获得支持。遍布全国的民间社团是国家福利工作的重要补充，负责直接面向公众提供服务。据统计，德国社会服务领域共活跃着 150 多万名社工，每万人拥有社工 11—15 名。[②] 社会工作在社会福利供给中的地位和作用得到政府及社会广泛认同。

德国社会工作的兴起与发展，以其社会保障制度为基础。德国社会保障体系包括社会保险、社会福利和社会救济三方面。其中，社会

---

① 李迎生：《英国社会工作教育发展概况及其启示》，《华东理工大学学报》（社会科学版）2007 年第 3 期。

② 曲凤鸣：《国际视野下中德政府购买社会工作服务比较研究》，《郑州航空工业管理学院学报》（社会科学版）2016 年第 4 期。

保险（包括医疗、养老、失业保险）属于法定保险，是强制性义务，要求每个公民都必须参加。公民缴纳的保险金用于资助公共福利支出。相应地，整个社会保障体系覆盖全民，从住房养老到子女教育，从医疗卫生到失业救济，几乎每一个公民都可以享受。这种几近完备的保障机制，一方面为社会工作提供了财政资助和政策保障；另一方面，作为社会服务的具体实施者，社会工作也成为国家福利领域不可或缺的组成部分。

德国的社会工作由政府和民间共同承担，二者依据"辅助性原则"[①] 建立合作关系。政府机构包括联邦政府及各州市政府所设立的机构，如青少年事务局、社会福利局等。主要负责宏观规划，确保社会服务的高质量和多样化；财政资助并监督，确保国家资金合理、高效使用。民间机构是社会服务的主要执行者，由公益性社会组织（如基金会、福利联合会等）和营利性社会组织组成，资金来源由国家补助或资助、服务费用及自筹资金组成。其中，来自公共财政的补助或资助是主要经济来源。数据显示，德国社会工作者中25%在地方政府的福利部门或社会工作部门供职，75%在民间机构工作。但与政府机构不同，民间机构的社工大部分由志愿者组成。因此，专业社工短缺也是德国社会工作面临的挑战。

德国社会工作立法程度很高。表现在：首先，公民获得社会福利保障的资格和权利由法律予以确定。如《社会法典》规定，依据此法，国家须确保公民的社会福利、保障、救济待遇。《联邦社会救济法》规定，国家须为没有能力加入社会保险或自助的公民提供生活救济金。同时，社会工作也受到多项法律管辖，如《社会法典》《民法典》《家庭法》《基本法》等，仅针对儿童、青少年、劳动保护等方

---

① 辅助性原则的理论前提：社会结构由小单元到大单元组成，即个人、家庭、社团、国家，每一个单元都承担不同的社会功能。辅助性原则有两层含义：一是自下而上，每一个单元首先有责任和义务承担自己的功能；二是自上而下，上一层单元有责任承担辅助性功能，对下一层单元提供帮助和支持，以达到助其自助，使之继续发挥原有功能的目的。

面的法律法规就有 12 部。①

　　另外，立法的动态发展反映了社会工作实务的演进。具体来说，从救急走向预防、从个体走向环境、从问题群体走向普通民众。② 以《儿童与青少年专业工作法》（1991）为例。在此法正式颁布之前，依据《帝国青少年福利法》，政府在各地方设立青少年事务局，全面负责儿童和青少年事务，强制监督和干预家庭教养义务；针对没有教养能力的家庭，设立全日制儿童与青少年寄宿教养机构，以专业教育取代家庭教育。在这一阶段，国家在儿童和青少年的成长中充当服务者、教育者和监督者角色。1991 年，《帝国青少年福利法》正式修订为《儿童与青少年专业工作法》，规定了四类服务项目：第一类服务是促进儿童和青少年自身的成长，服务对象不再局限于问题或困境群体。第二类服务是促进家庭教育，主要针对家庭和家长，意在营造良好的成长环境。第三类服务是促进日托机构（如幼儿园、托管机构）发展。第四类服务是协助、补充家庭教育，如为一般家庭提供的教育咨询，为无法得到教育的孩子提供的寄养、收养家庭或教养机构服务。国家的角色转为支持者和辅助者。

　　德国社会工作专业教育严格。2005 年，德国高等教育才设置社会工作专业，但由于"行业先行"的特点，其后发展迅速。据统计，全国有几十所大学（包括职业技术学院，专科大学、应用型及综合大学）设置了社工专业。社工教育讲究"严进严出"：申请社工专业入学资格，须在中学阶段就从事过相关实践，并通过专业知识、助人特质等内容的面试；即使进入社工专业，也会有校方组织的专业评审委员会全程介入，对表现不合格的学生进行淘汰。除了对学生要求高，对师资的要求同样不低。按规定，教师必须具有十年以上社会实务工作经验，且接受过专业培训的才能进行社工专业教学。在这样严苛的教育机制下，德国社工专业的学生素质和水平普遍较高。

---

　　①　郭珏：《德、美两国现代社会工作理论的比较研究》，《社会工作》2013 年第 4 期。
　　②　张威：《德国社会工作立法的演变特征》，《中国社会工作》2016 年第 13 期。

（四）加拿大：准入门槛较高的专业化社会工作体系

加拿大社会工作依托国家社会保障体系快速发展，形成了人数庞大、人员稳定的专业社工队伍，以及较为完善的管理体系。具体如下：

较高的社会地位和准入门槛。加拿大的专业社工一般被定位为职业咨询人士，社会地位高，薪资也不低。一般来说，收入与中产阶级相当。在社区工作的一线社工税前年薪大概为 3.5 万加元（大约为 18 万人民币），在政府福利机构工作的社工税前年薪可达 4.5 万加元以上。随工作年限和职位升高，社会工作督导的年薪最高可达 9 万加元。另外，要想成为注册的专业社工需经过严格的准入程序。首先，在学历上，无论是注册还是加入协会，都必须取得社工专业的大学本科学历；其次，在从业资格上，只有注册的社工才能够开展工作。成为注册社工的要求各省不一，但大都要求满足以下条件：在政府指定机构工作满 700 小时以上，有注册社工或相关机构的推荐信，没有犯罪记录，通过特定测试等。最后，特定岗位也有相应的入职条件。如，医疗机构的社会工作者要求有医务工作背景。

专业化多样化的服务供给。一是社会工作者具备丰富的知识背景和专业技能。加拿大社会工作分为社区服务工作和社会服务工作两个层级，前者提供具体服务的工作，如个人咨询、小组工作、社区发展等；后者以研究为主，主要为政府或社会服务机构（如国家反贫困组织）提供社会政策和服务项目的分析、计划和方案设计。根据岗位特点，政府和相关机构选择不同类型的人才。二是服务领域和服务机构分布广泛。除政府举办外，大量民间组织，如公益组织、基金会、宗教团体等也加入到社会工作中。据统计，加拿大社会工作者中有 64.8% 的在政府部门工作，20.8% 的在非营利组织，14.4% 的在私人执业的医疗或其他机构。[①] 他们在养老、儿童、健康、教育等多个领域提供服务。

---

① 文雅：《加拿大社会工作的发展、现状及挑战》，《社会工作》2014 年第 1 期。

日趋完善的管理体制。加拿大的社会工作机制是"法律保障、政府主管、社会参与"[①]。加拿大没有全国性的社会工作管理机构，社会工作由各省政府自主负责。各省制定本地《社会工作者法案》（Social Workers Act），并据此授权成立社会工作者注册局（BCBRSW），负责社会工作的注册、资格审定、处理投诉等管理工作。社会工作者注册局不是政府机构，其人员大都是来自不同社团的注册社会工作者，由政府任命或社会工作者协会推选。加拿大社会工作者协会（CASW）是另一个负责社会工作管理的民间组织，各省均有分布。CASW 的主要职责是宣传推广、信息咨询、短期培训、国际交流。

完整的教育培训体系。加拿大的社会工作教育体系由专业教育、继续教育、职业培训三部分组成。专业学位包含社会工作学士、硕士、博士三个层次。到目前为止，加拿大共有 35 所高等院校设有社会工作学院或专业，50 多个社会工作证书项目。虽然各省及各个学校要求的课程有所差别，但关于实习时间的规定是明确而严格的。负责全国社工课程鉴定的加拿大社会工作教育协会（Canada Association for Social Work Education，CASWE）要求，学生在本科阶段最少完成 700 小时实习方能毕业；硕士毕业除完成指定课程外，还须完成 450 小时实习或学位论文；硕士毕业后须实习 3 年以上，才可申请博士。据统计，截至 2009 年，加拿大在册社会工作者 3.5 万人，其中，拥有 10 年以上工作经验者占 54%，本科及以上学历者占 95%。[②] 完备的教育体系保证了社工队伍的专业性。

（五）新加坡：完备的社会工作教育培训体系

近年，随着国家重视和民间团体的兴起，新加坡社会工作逐步进入专业化轨道，获得社会认可。据新加坡国家福利理事会数据，专业社会工作者的建议起薪从 2011 年的每月 2400 新元上升到 2016 年的

---

① 叶秀仁、王晓先、刘静林：《专职社工制度立法研究》，民政部政策研究中心，2013 年 3 月 8 日。

② 文雅：《加拿大社会工作的发展、现状及挑战》，《社会工作》2014 年第 1 期。

每月 3160 新元（约合 1.6 万人民币）。社工成为许多毕业大学生的就业去向，也成为一些中年人转行的选择。

新加坡社会工作管理以政府为主。政府以宏观把控为主，不干预具体运作。社会工作的主管部门是国家社会和家庭发展部下设的社会服务委员会，主要负责提供社会工作的职前及在职培训、学位课程、推动社团合作、募集活动基金等。此外，国家社会和家庭发展部还设有家庭服务中心网络系统，在保护隐私的前提下记录社会工作个案，为有关机构和人员提供经验交流。社会工作者的注册登记由新加坡社会工作者协会负责。它是新加坡唯一的专业社会工作者组织，职责还包括在职培训、继续教育，以及为国家社会工作专业发展提供政策支持。

新加坡政府不仅在经济上对社会工作机构予以资助，而且通过法律、政策、福利保障等提供支持。一是给予最高信任，如新加坡国家社会发展、青年及体育部的每一项服务政策和新服务项目设立，都会找社工商量可行性。[①] 二是给予社会荣誉，如建立社会工作勋位制度，为杰出社工颁发不同等级的荣誉勋章。三是给予法律支持，如在社区工作中，社工能够得到法院支持，对家暴者施以禁制令，对受害者施以保护令。

新加坡社会工作教育培训体系较为完善。首先，政府、民间社团及培训机构各司其职。民间社团及培训机构承担了大部分的教育培训工作，能够根据不同对象和需求定制课程；政府则在政策激励和活动计费上予以支持。另外，课程设计逻辑严密，重视实践能力培养。社会工作培养体系分为两种，一种是"三年社会科学课程＋一年荣誉课程"，另一种是"一年社会科学课程＋三年荣誉课程"。两种体系都规定，只有在社会科学课程中表现优异的部分学生才可以进入荣誉课程。在社会科学课程和荣誉课程中，学生将学习心理学、社区评估、社会政策等与社会工作理论有关的核心课程，还可选修沟通与公共教

---

① 李敏兰：《新加坡社工社会服务经验与启示》，《中国社会工作》2011 年第 12 期。

育、咨商理论、初级预防等其他课程。除规定课程外，学生还需要参加共计 800 个小时的社会访问、社区实验、技巧实验、同步实习等实践课程。此外，社会工作者资格鉴定也相当严格。要取得资格认证，除大学本科学历外，需拥有 1 年以上全职社会工作经验，至少 80 小时的培训、1000 小时的监督实习以及 2 人推荐。① 严格的社会工作教育和资格认定，确保了社工队伍的专业化水平。

（六）日本：高准入门槛的社会福祉士和护理福祉士

日本的专业社会工作者被称为"社会福祉士"和"护理福祉士"。1987 年，日本厚生省制定《社会福祉士与护理福祉士法》（2006 年修订），设立社会工作者准入制度，规定要获得社会工作者执业资格，需接受高等教育并通过全国考试，且满足规定时数的社会服务实践。其中，社会福祉士主要在政府福利部门、医院等机构工作，为陷入困境的儿童、老人、残疾人等提供指导和帮助。申请该资格的人员要求大学本科毕业，或专科毕业且有一年以上工作经验，在此基础上通过全国统一考试，方能拿到执业资格。护理福祉士主要供职于养老院、医院等福利机构，需要有丰富的护理知识和经验。达到1000 天以上服务时数的护理人员才可以申请该项资格，想拿到证书则需通过高校社工专业的笔试和技能考试。② 考试较为严格，每年通过率大约在 26% 左右。

日本的执业社会工作者准入制度并没有推动社会工作专业化发展，其原因在于：一方面，政府福利机构人事制度形成对高校毕业生的入职门槛。日本政府长期以来施行社会福利督导制度，社会福利督导是政府雇员，长期占据政府福利机构的工作岗位，且他们无须资格认证就能上岗，缺乏申请资格考试的积极性。另一方面，因为民间机构出于同政府福利机构千丝万缕的关系，只需要针对政府指定的对象

---

① 彭思敏：《对新加坡社会工作的点滴体会》，《中国社会工作》2017 年第 1 期。
② 张雨明：《日本社会工作的专业资格培养》，《中国社会工作》2014 年第 7 期。

提供服务，所以对具有分析策划能力的专业社工需求不大。同时，由于日本社会服务中广泛存在的"去专业化"倾向，因此轻视社工理论和职业技巧，而偏重现场经验和人文关怀。大量非专业人员能够通过实务工作积累经验、快速成长。日本从事专业社会工作的人员占其人口总数的 5‰，其中大多是既不需要接受专业教育，也不需要通过资格考试的实务人员，如居家护理员、保育员等。这种情况直接导致执业社会工作者在就业市场上缺乏竞争力，职业回报和社会声望相应偏低。① 据调查，日本社工专业的学生毕业后从事社会工作的仅占 40% 左右，60% 的人才流失到其他领域。②

尽管存在体制上的局限，但社工仍在日本社会各个领域发挥着重要作用。如，医务社会工作。根据《医务社会工作者业务指南》，医务社会工作主要针对病患及其家属提供直接援助（如经济支援、心理支援、信息咨询、医疗及康复计划等）、间接援助（如向医疗机构提供病患及家属信息、组建病患或家属支持小组等）和社区支持（如居家养老支持、协助复学复职等）。医务社会工作有效促进了医疗、保健、福利三者协作，为解决病人及其家属的实际困难、改善医患关系发挥重要作用。又如，防灾救灾社会工作。社会工作介入自然灾害救助主要有三种方式③：一是政府福利机构的社会工作者，负责对灾害地区的有关问题开展评估，参与设计抢险、赈灾及重建方案。二是社会福利协会的社会工作者，负责接待和组织志愿者，协调社会组织，并为灾民提供医疗救助和心理辅导。三是民间组织的社会工作者，能够弥补一些政府无法顾及的问题，并为灾区链接外界资源。在防灾抗灾过程中，社会工作者的专业能力表现在通过增权或赋能，促进生产生活秩序恢复，提高灾区的自我修复能力。

---

① 朱敏：《日本社会工作职业化及其启示》，《兰州学刊》2012 年第 12 期。
② 张雨明：《日本社会工作专业人才的培养、就业与问题》，《中国民政》2015 年第 10 期。
③ 李娟：《日本的防灾抗灾机制与灾害救助中的社会工作》，《大视野》2010 年第 10 期。

三 我国专业社会工作发展的路径及借鉴

2012 年，民政部发布《社会工作专业人才队伍建设中长期规划》，提出到 2020 年，要"造就一支结构合理、素质优良的社会工作专业人才队伍，使之适应构建社会主义和谐社会的要求，满足人民群众日益增长的社会服务需求"。2018 年，民政部印发《"互联网＋社会组织（社会工作、志愿服务）"行动方案（2018—2020 年）》，对推进专业社会工作信息化建设提出具体举措和进度安排。依托国家顶层设计、高位推进，社会工作专业化体系的建设逐步进入"快车道"。

首先，坚持党政主导，多方参与。就我国现阶段的国情来说，国家在社会福利服务中承担重要责任，同时强化第三部门的作用。具体而言：一是建立多层次的社会工作管理机构。政府负责顶层设计、统筹规划；社会工作专业协会负责科学指导、行为规范，以及社工组织和人员的登记注册、资格评定、监管评估、考核培训等；社会服务机构则具体负责社会工作者的日常管理、项目运作、工作督导等。二是建立多层次的社会工作服务体系。在服务对象上，应由个人、家庭、社区扩展到企业、军队等更大领域，特别要加强对农村基层社区的广泛参与和深度介入，为扶贫助力；在服务内容上，不仅局限于物质援助和心理疏导，更应从助人自助的专业角度促进个体与环境良性互动，提高个体自身能力；在服务方法上，应综合运用个案工作、小组工作、社区工作、督导、研究等多种手段。此外，鼓励针对不同需求层次构建从低到高，具有不同规模、规格的社会工作机构，鼓励优秀专业社会工作者执业，提供个性化服务。三是提供财政支持和政策激励。以税收优惠、社会荣誉等多种形式进行激励。

其次，科学规划学科教育，切实提升专业化水平。学科教育是社会工作专业化的基石。因此应建立以本科教育为基础、硕士教育为重点、博士教育为补充的多层次教育体系，培养人才梯队；建设强化实务导向，在课程设置上着力加强实践能力培养，明确要求服务实习时数；加强和优化师资，要求教师既懂教学，又懂实务；尝试建立政府资助、学费减免、奖学金补贴、对口就业补贴等措施，激励学生报考和从事社会服务工作。此外，发展继续教育和职业培训，明确规定学习时数和在职培训的时间间隔，开发专门的短期或高级课程等。

最后，打造二元职业资格体系，培养造就职业化队伍。由于职业化发展滞后是造成社会工作公众认知度不高的重要原因。因此，应从完善资格认证体系入手，提高社会工作的职业地位和社会声誉。一是打造二元职业资格体系。一方面不断改进和完善现行职业资格等级与考试制度，并强调其法定地位，强制规定只有获得此资格才能从事社会工作服务；另一方面，依托社会工作者协会或政府相关部门，推动职业资格和职称体系建设，通过考试和制定考核标准，为不同专业水平和服务特长的社会工作者颁发不同等级和资格的证照。二是拓宽服务领域，合理提供职业岗位。推动脱贫攻坚、防灾减灾、婚姻家庭、精神卫生、社区矫正、残障康复、社会福利、社区建设等领域专业社会服务工作发展；在医院、学校、养老机构、监狱等特殊领域，设置专业社会工作岗位；推进街道（乡镇）和城乡社区社会工作服务平台建设，着力推进"三社联动"；积极发挥"社工引领义工、义工协助社工"的功能。

专栏："三社联动"工作机制

"三社联动"，即在社区治理中，以社区、社会组织、专业社工为载体，推动多方共同参与。

"三社联动"重在互联、互动、互补。以政府购买服务为保障、以民生实事项目为载体，开展公益创投、项目补贴、项目奖励以及社会组织认领服务等活动，形成社会组织承接项目、社工团队执行项目、面向社区实施项目的运作机制。

"三社联动"以组织、项目、平台、品牌等"四大建设"为路径。一是激活治理的主体与载体，链接多方资源，为"三社联动"拓展资源渠道；二是借力引智、多方联动，将高校、公益媒

体、企业家等智力人才资源与社区需求有效对接；三是发挥社区的基础平台作用，利用社区现有场所设立社会工作服务站，用专业化、社会化的方式提供公共服务，有效弥补了政府社会管理和公共服务的不足。①

---

① 根据网络资料整理。

社区公共服务提供的
市场化改革与购买服务

社区组织向公共服务"企业"转型，类似于我国的"政社分离"或"政企分离"。在西方发达国家，政府通过支持、资助社区企业化的服务机构来支撑其发展。这些企业化的社区组织为社区居民提供了多样化的社区服务，创造了更多的就业岗位，赢得了社区居民的热爱与支持。公益性与财政转移支付，只能解决"小众"需求。社区各类服务组织的企业化，将是一条市场配置资源的道路。

一 社区公共服务提供的市场化改革历程

20 世纪 70 年代，欧洲国家爆发严重的经济危机，呈现经济停滞与通货膨胀同时出现的"滞胀"。为了使政府从沉重的财政负担中解脱出来，提高公共服务效率，很多国家开启公共服务的市场化改革。

公共服务提供的市场化是指政府在筹集资源的过程中，一方面，通过民主的政治程序设定社会需要的优先目标；另一方面，利用私营部门的优势，授权其进行商品和劳务的生产，即政府通过政治决策确定公共服务的数量和质量标准，然后以市场竞争机制为杠杆，运用多种形式调动私营企业、非营利组织等参与公共服务供给。① 公共服务提供的市场化为解决社会需求增长与公共服务供给不足的矛盾，提供

---

① 曹现强、王佃利：《公共管理学概论》，中国人民大学出版社 2007 年版。

了有效的解决途径。

公共服务提供的市场化主要通过政府购买服务来实现。政府购买服务是指，政府将原来自己直接提供的社会公共服务事项，转包给有资质的社会组织或市场机构来完成，并根据服务的数量和质量，按照一定标准进行评估后，支付服务费用。① 政府购买公共服务体现了一种把公共服务的生产和提供进行剥离的功能。其间，政府仍然是公共服务的提供者，但生产者可能是市场，也可能是社会，甚至是个人。此举实现了公共服务供给主体的多元化。"没有任何逻辑理由证明公共服务必须由政府管理机构来提供。"② 政府购买服务成为政府社区治理的新方式，推动了社区组织的企业化转变。

在英国，各种社区服务机构经过改革后，既有政府出资、社区举办的非营利性机构，也有私营的、商业性的服务机构；提供服务的主体，既有政府雇佣人员，也有民间志愿者和专业技术人员。借此，多主体、多层次服务体系逐渐形成。在美国明尼苏达州，州政府与地产公司、银行金融机构、保险公司、基金会等多个主体建立多元伙伴关系，先后签订一系列合作协议，进行破落街区的开发。通过这一系列的改造工程，推动建立了多方主体多元化的合作关系。在此过程中，市政府将某些职能下放至社区，并转包给企业或非营利组织。③

整体而言，发达国家在社区发展方面呈现的特点是，政府提供决策、财政支持，社区充分利用自身优势，积极调动社区及整个社会所有成员的参与，实现社区服务的多元支撑。

二 社区组织的企业化发展趋势

德国、美国、英国等西方发达国家和一些地区，在社区组织的企

---

① 王浦劬、［美］莱斯特·M. 萨拉蒙：《政府向社会组织购买公共服务研究——中国与全球经验分析》，北京大学出版社 2010 年版。

② 周志忍：《当代国外行政体制改革比较研究》，国家行政出版社 1999 年版。

③ 石国亮、张超、徐子梁：《国外公共服务理论与实践》，中国言实出版社 2011 年版。

业化方面，有着悠久的发展历史，积累了丰富经验。

（一）德国：社区服务中工商管理机制的引入

德国的社区是居民高度自治的自我管理和自我服务组织。德国通过严格立法，为社区自治保驾护航，同时也推动了社区自身的建设和发展。在这个过程中，德国通过公共服务的市场化改革，使社区的各类服务组织不断走向企业化。

德国公共服务提供的市场化改革是渐进性的，根据职工意愿和社区居民意愿分阶段推进，通过"先委托，再转企，分步出售股权"的方式，使社区的公共服务提供模式由"政府提供，政府经营"转化为"市场提供，市场经营"。①

第二次世界大战后，德国建立了"社会市场经济"。"社会市场经济"是一种介于计划经济与市场经济之间的经济形态。1922年，《帝国福利法案》出台，意味着私营机构在提供公共服务方面获得了和公共机构同等公平的地位。私人部门参与社区服务供给最主要方式，就是承接政府的公共服务项目外包。

公共服务项目外包是一种服务供给方式，它是指政府通过引入市场竞争机制，利用外部比较资源优势，将本应由自己提供的公共服务转包给私营机构来提供。公共服务项目外包不仅能够减少开支，提高效率，提升服务质量，而且能够限制公务人员的数量，有助于通过调节公共服务的规模来应对需求与资源变化，同时避免政府资本一次性支出、降低风险。

1982年，德国的公共服务提供的市场化改革正式拉开序幕。改革采用商业管理的理论，以"合同外包""政府业务合同出租""特许经营""竞争性招标""租借"和"内部市场化"等方式，积极鼓励私营部门进入公共服务行业开展投资经营活动，充分引入市场竞争机

---

① 王树文、韩鑫红：《德国公共服务市场化改革的启示》，《济南大学学报》（社会科学版）2015年第2期。

制，促进公共管理水平和公共服务质量不断提升。

以德国的社区卫生医疗服务为例。在德国，私人开业诊所提供的门诊服务是德国的社区医疗服务主体。私人开业医生（家庭医生）中包含全科医生和专科医生。家庭医师协会管理着家庭医生群体，医生可单独开业，但更为普遍的现象是医生联合开业，由开业医生雇佣护理人员和非专业人员来提供基本的卫生医疗服务。相关数据显示，与健康保险机构签订服务合同的开业医生占总人数的98%，这部分开业医生中有一部分只为私人保险公司所保险的病人提供专门服务。与此同时，还有部分开业医生与医院签订合同，合同内容包括在医院里安置床位、建立双向转诊关系等条款。这些举措的实行，大大促进了德国社区医疗服务效率和质量的提升。

除医疗卫生，德国还积极推动供气、供热、城市交通等公共服务项目走进社区，通过私营部门、第三部门提供的个性化服务，最大限度地满足公民的多样化需求。市场化改革的目的，就是要增加市场参与的主体。在诸多参与主体的竞争环境下，让客户自己按需选择。从另一个角度看，这也刺激了服务价格以及社区之间的竞争。

公共服务的市场化改革，使社区主导的企业及社区组织的作用得以充分发挥。而多样化的资金筹集渠道，也为公共事业发展提供了充足的资金支持。

1993年，德国社区组织委员会通过一项新的社区管理政策，即把社区组织从一个管理机构转换成为给予税收优惠或财政补贴的私人性服务企业。例如，政府给予适当支持，授权私人投资兴建养老院，养老院由社会福利协会管理，政府免收税费，这实际上就是政府向社区企业购买公共服务的一种方式。这种市场化模式提高效率，减轻政府负担，便于监督。目前，诸多社区建设、社区发展或社区振兴类的工作均以项目制方式承包。这种模式也推广到政府行政机构内部，例如，政府财政机构与社会福利机构签订合同。财政机构拨款的数额大小，主要依据福利机构的完成程度而定。

近些年，德国又出现了新掌舵模式（New Steering Mode，NSM）。

新掌舵模式中很重要的一点就是治理结构多元化，即建立多中心的制度安排和治理结构，鼓励服务型企业（私人社区组织）与政府机构签订合同、提供服务。该模式把工商管理机制从私人转移到公共部门。新掌舵模式认为消费取向或消费主义者模式有助于进一步优化供需平衡，不断提升社会效率。①

专栏：德国利多多代屋

德国作为最早步入人口老龄化的国家之一，其面临着日益严重的老龄化危机。为了适应老年人的生活重心从家庭转变到社区，德国提出了新的养老住房形式——"多代屋"。"多代屋"是指一种无血缘关系的多代居民会面的公共场所，其成为近年来德国应对老龄化危机的一种新型途径。

目前科隆市规模最大的住宅型多代屋，是始建于 2009 年的科隆利多住宅型多代屋。该多代屋所处的北部 Nippes 区 Niehl 街道共有 94 名社区居民，社区居民结构多元，包含不同年龄段的多个社会群体，其中 34% 的社区居民是 65 岁以上的老年人。利多社区多代屋建设项目有多个参与主体，包括多代屋居民群体、政府组织、企业组织以及社会组织。

GAG 地产公司是参与该项目的代表性企业，20 世纪 90 年代以来，该企业进行多次合居型住宅建设的尝试，有相当悠久的建设历史和丰富的建设经验。在项目招标阶段，GAG 中标了 5 个多代屋项目。在工程建设阶段，居民和地产公司针对多代屋建设问题也擦出了不少的思想火花。居民立足自身的需求，提出相应关于房屋设施增设和运作的建议，GAG 则致力解决房屋建设过程中出现的技术性难题。多代屋建成后，GAG、地方银行等企业机构也以资金赞助的形式参与、鼓励和支持在多代屋中举办的一些社

---

① 王浦劬、〔美〕莱斯特·M. 萨拉蒙：《政府向社会组织购买公共服务研究——中国与全球经验分析》，北京大学出版社 2010 年版。

区活动，丰富了社区居民的文化生活。

企业组织参与利多多代屋项目正是体现了德国社区治理多元主体的特色，企业化的社区组织利用其专业领域优势参与社区治理，不仅满足了社区居民的多元需求，同时还大大控制了社区建设成本。①

（二）美国：回报社区的企业伦理与社区企业的发展

20 世纪 60 年代，美国政府受石油危机影响，在财政开支不断缩减的同时，也减少了政府在社区服务提供方面的干预，积极鼓励企业化的社区组织投身到社区服务的提供中来。政府购买服务由此兴起。

1962 年，《社会安全法案》修订案指出，州政府的福利部门可以从具有一定资质的公共机构购买社会服务，这标志着美国政府购买服务的正式开始。1964 年，《经济机会法案》的出台推动政府购买服务在全美得以广泛推行。这些措施的核心是政府通过签订合同，将公共服务的一部分或全部项目委托给政府之外的其他社会组织承担，并在发展过程中，不断扩大公共服务提供的领域。1971 年至 1978 年间，美国《社会安全法》中涉及社会服务购买资助的比例由 25% 上升到 54%。这一阶段形成了以"第三方组织为主要实施主体，社区为主要治理单元，市民为主要参与主体"的社区治理模式。至 20 世纪 90 年代以后，政府购买服务成为美国公共服务供给的首要方式。②

在美国，专门性的联邦政府采购法规以及与政府采购直接或间接相关的法律法规多达 500 余部，所涉及的有关条款多达 4000 余个，其中，《联邦政府采办法案》和《联邦政府采购条例》的出台，将政府机构采购的具体规定统一规范化。这些法律的实行，为美国政府购买服务提供法律支撑。

---

① 彭伊依、周素红：《行动者网络视角下的住宅型多代屋社区治理机制分析——以德国科隆市利多多代屋为例》，《国际城市规划》2018 年第 2 期。

② 吴帆、周镇忠、刘叶：《政府购买服务的美国经验及其对中国的借鉴意义——基于对一个公共服务个案的观察》，《公共行政评论》2016 年第 4 期。

20 世纪以来，美国几乎所有的大中型城市都有私营企业下属的社区机构，这些企业化的社区机构为社区居民提供包括卫生、医疗、教育、养老和就业等多方面生活服务。与政府部门相比，私营企业的组织结构更为灵活，在社区内部拥有良好的社群基础和广泛的沟通渠道。而美国企业本身也积极投身于社区建设发展，大企业回报社区已成为一种企业伦理。企业支持社区发展与企业互动、互惠并产生巨大的经济效益和社会效益。

美国具有较为完备规范的政府购买服务流程。首先，政府制定详尽长远的购买服务计划，计划中包含提供服务的目标、提供者资质要求以及招标评估方式等。① 这为后续购买服务工作的开展制定了行为准则，这项准则会帮助政府选择最适合的合作伙伴。在这一过程中，政府通常会考察相关组织的服务使命、组织的公信力以及提供服务能力。在选定合作伙伴后，政府会通过交流、考察等方式，进一步确定评估标准，从而进行评估。评估结束后，政府和相关组织签订服务购买合同，并在服务过程中进行监督和考核。每一次考核评估完成后，会对整个流程进行重新审视和调整，不断规范购买流程。

美国的社区企业主要包括四大部分：一是社区化的小企业发展中心，它们为个人在社区范围内创办的小企业提供融资、咨询等方面的服务；二是社区化的小企业投资公司，它们为所在社区的小企业提供创业资本贷款服务；三是社区开发公司，它们为所在社区处于成长阶段中的小企业提供固定资产方面的长期债务融资服务；四是社区微型贷款中心，它们为社区的少数民族、妇女、退伍军人等人群所创办和经营小企业提供小额融资服务。② 上述四类社区企业顺应了"小的总是美好的"这一趋势，为本社区熟人社会提供便利的社区服务，成为社区治理的重要支持。

此外，美国鼓励社区开发公司等相关主体参与社区住房建设与管

---

① 吕外：《美国政府公共服务购买模式及其启示》，《长江论坛》2013 年第 5 期。
② 邹丽琼：《走向善治：美国城市社区治理模式及其启示》，《中国社会报》2014 年 6 月 3 日。

理活动。例如，波士顿市行使国家征用权，授权社区组织管理一些无人居住的大楼和空地。美国一些公共住房机构还会鼓励居民组织自己的公司来参与社区的物业管理。① 美国的社区发展公司通过采取各种措施为贫困社区提供基础服务，为社区居民摆脱贫困创造机会。除此之外，社区发展公司作为经济机构，为社区经济的发展、居民生活的改善做出巨大贡献。

专栏：社区银行

"社区银行"这一概念最早源于美国，指的是一定社区范围内的中小商业银行，其主要经营存贷汇兑等传统业务，遵循市场化原则，自主设立、独立运营，为所在社区内的中小企业和家庭客户提供个性化金融服务。社区银行与大型银行的区别在于，社区银行有着较为简单的组织架构、特定的服务区域和客户对象、个性化的金融服务、差异化的市场定位。社区银行不同于社区支行，作为独立法人机构的社区银行是一种银行类型，其立足社区进行资金吸纳和运用活动。不同于大中型商业银行强大的逐利性，社区银行的经营"取之于当地，用之于当地"，其资金运用立足社区，致力于为社区经济发展提供金融支持，充分体现社区银行社会服务的特点。

继 2018 年年底中央经济工作会议之后，2019 年 3 月，政府工作报告首次提出以服务实体经济为导向，改革优化金融体系结构，发展民营银行和社区银行。中国人民大学重阳金融研究院副院长董希淼认为，我国的城商行、农商行、农合行、农信社、村镇银行等规模较小，业务简单，在未来这些机构都很有潜力发展成社区银行，部分民营银行也可以发展为社区银行。中央决策层对于社区银行的强调和重视，有利于填补我国大型金融机构无暇顾及的市场缺口，优化我国的金融体系，改善金融服务不充分、不均

---

① 夏涛：《英美两国社区公共服务探析》，《商场现代化》2007 年第 20 期。

衡的情况。联讯证券首席经济学家李奇霖认为，轻型化、精简化、智能化、自动化、亲民化、精细化等都是社区银行的未来发展方向。

中国的社区银行，还会很远吗?①

(三) 英国：契约基础上的官办民营社区服务

20 世纪六七十年代，为应对石油危机，英国政府推出一系列市场化改革政策，以求复兴经济，摆脱困境。70 年代后，针对政府公共部门效率低下和机构臃肿等问题，保守党政府大力推行"私有化"政策，许多原来由政府公共部门提供的公共服务，都被政府以委托、转包等方式转交给民间组织来承担。撒切尔夫人上台后，主张货币主义，力推以市场力量调节经济，带动社区发展。90 年代初期，梅杰政府上台，提出"以社区为基础的发展策略"，英国自此走上以经济发展带动社区复兴的道路。90 年代中期，布莱尔政府重新定位政府公共部门、私人企业部门和民间公益部门之间的关系，提出"第三条道路"的全新概念，强调多方治理主体的"伙伴关系"②。

英国实行市场化的社区服务，政府出资，社区办事。政府通过多种方式，将社区服务事务转移给民间团体、私营组织和非营利组织来处理。因为，英国的社区照顾在很大程度上体现了官办民营的特点。英国政府认为，社区服务是一种社会动员的方式。所以，在英国社区发展的历程中，政府积极动员社会力量，有效提供多样的社区服务。英国政府为社区组织提供财政支持，政府通过向社区组织购买具体服务，来使养老服务的社会福利性得到充分发挥。政府与社区组织就服务供给签订相关合同，形成契约关系，如果社区组织违反合同，需要承担相应的民事和法律责任。

英国的社区组织体系相当完整。主要包括由政府举办的服务机

---

① 董希淼：《发展社区银行应重点实施三措施》，《金融时报》2019 年 1 月 21 日；黄蕾：《政府工作报告首提发展社区银行 与你想的概念或不一样》，经济观察网，2019 年 3 月 9 日。

② 倪赤丹、苏敏：《英国社区发展经验及对当代中国的借鉴》，《理论界》2013 年第 1 期。

构、政府资助的社区组织、民间团体举办的非营利性质的服务机构以及私营的、商业性的服务机构。其中，社区组织与民间团体举办的非营利性社区服务机构是社区服务的主体，这些社区组织在不断发展演变中走向企业化与社会化。例如，1995—1997 年，英国政府决定开发 Caterharn Barracks 社区，并以招投标的方式寻找合适的私营公司来承担社区开发工作。1998 年，政府与私人开发者签订合同，将该社区卖给开发者，通过合同与其约定，该区域主要用于开发社区服务与就业。此外，一家小型公司也决定投资该项目，承诺为社区打造更多的公用设施。在社区开发的整个过程中，政府和当地居民对开发商和公司给予最大的支持，当地政府还相继出台辅助政策，为社区开发提供充足的资金，使社区利益最大化。

社会企业是英国最知名亦最具特色的社区经济组织形式。社会企业通过贸易解决社会问题，改善社区的环境和生存机会，尤其致力于帮助贫困社区的开发。以英国 Westway Development Trust 公司为例。该企业通过将工作区域出租给其他企业或者经营运动中心来获得资金，然后将这些资金投入到一些人们重点关注和需要发展的社区服务中，比如教育事业、就业培训以及为社区内企业的发展提供支持等。该公司有 60 多个伙伴组织，包括社区团体、居民协会、学校和体育俱乐部，以及其他当地团体和人员等，为北肯辛顿地区社区的发展做出巨大贡献。

（四）加拿大：政府购买社区组织服务与资金支持

加拿大社区管理中，政府处于主导地位，多样化的社区组织推动了社区的多元化发展。为了满足社区居民的多元需求，加拿大政府广泛购买社区组织的服务。政府与社区组织协定，社区组织需要根据社区居民的需求，为社区提供项目、服务等必要支持，保障社区居民的日常生活。除此之外，政府也会给予这些社区组织一定的资金支持和财政补贴。有数据显示，2004—2005 年，约有 5100 个社区组织接收到魁北克地方政府的资金支持，也就是说，政府为大约 80％ 的社区组

织提供资金支持。省政府的二十多个部门为这些社区组织提供了约
6.3 亿加元的资金。其中，2.3 亿加元用于购买社区组织的服务，一
次性支持 1584 个社区组织的项目约 0.5 亿加元。

三 政府购买服务和社区组织企业化
对中国的启示与借鉴

党的十八届三中全会《中共中央关于全面深化改革若干重大问题
的决定》明确指出，推广政府购买服务，凡属事务性管理服务，原则
上都要引入竞争机制，通过合同、委托等方式向社会购买。2015 年，
国务院办公厅发布《关于政府向社会力量购买服务的指导意见》，明
确指出，"十二五"（2010—2015 年）时期初步形成统一有效的购买
服务平台和机制，到 2020 年在全国基本建立比较完善的政府购买服
务制度。政府购买公共服务的意义和紧迫性由此被上升到前所未有的
政策高度。事实上，随着社会主义市场经济的深入，我国政府正将主
要职能转移至宏观调控、基础设施等方面。社区居民所需要的生活服
务，如医疗卫生服务、教育培训服务、养老托幼服务及其他相关生活服
务，需要新的多元化的社区治理主体来提供。中国社区治理起步较晚，
社区组织自身在发展过程中存在筹资障碍、志愿参与障碍、认同与合作
障碍等问题。如何满足社区居民日益庞大的生活服务需求？如何提高社
区公共服务的效率？社区组织的企业化或许是一条可供探索的新路。

随着中国社区居民的生活服务需求不断增多，未来中国政府购买
公共服务的体量和潜力巨大。数据显示，2012 年，我国政府采购规模
占全国财政支出的比重为 11.1%，其中服务类仅占 12%。而欧美发
达国家政府采购规模占财政收入的比例为 30%—40%，服务类高达
50% 以上。[①] 政府采购的提升空间很大。

---

① 迟福林：《新阶段政府购买公共服务的几个问题》，《中国机构改革与管理》2014 年
第 5 期。

政府购买社会服务收一举两得之效：一是革新了政府包办、补贴等传统的公共服务提供方式；二是成为一种牵引力量，引导社会组织规范发展。具体而言，可从以下五个方面着手：

一是多元共治的现代化社区治理体系。在国外，社区组织被认为是社会自我发展、自我服务和自我治理的制度建设成果。社区组织能够向社区居民提供更符合需求的公共服务。现阶段，我国应将市场机制引入社区治理中，激发各个主体参与社区多元共治的动力，构建起政府与市场相互补充的伙伴关系，吸引更多社会力量加入社区管理的队伍中来，增加社区居民选择的权利和机会，推动社区组织逐步成长为政府服务外包的专业承担者。

二是社区组织加强内部管理，提升参与治理能力。发达国家的很多社区组织在发展地区经济、减少贫困和增强居民归属感方面扮演了重要角色。目前我国的社区组织发展相对滞后，社区组织的服务专业化和职业化水平较低。这需要社区组织不断加强内部管理，拓宽选人渠道、优化人员结构、加大培训力度、强化社区组织的市场竞争力。

三是建立与完善政府购买服务的法律体系。日本推行政府购买服务比英美发达国家晚，但始终坚持以立法为先导的原则，其《关于通过竞争改革公共服务的法律》《会计法》及相关法律和《地方自治法》及相关法规明确了政府购买服务的基本原则和相关程序，建立了较为完备的法制框架。澳大利亚的《财政管理与责任法》和《联邦服务提供机构法》也对本国政府购买公共服务的细则有着明确的规定。我国目前有关政府购买服务的全国性法律法规有三个，分别是《中华人民共和国政府采购法》《关于政府向社会力量购买服务的指导意见》和《政府购买服务管理办法（暂行）》。其中，关于市场准入、信息公开、监督和评估机制及"如何买"的具体操作细节涉及较少。我国需不断完善相关法律法规，为我国政府购买公共服务构建完备的法制框架，提供法制保障。

四是加强社区组织的资质审核和双重监管。首先，社区组织的资质存在差异，事前审核很必要。美国曾推行廉住房计划，但由于当地政府没有对社区组织的能力资质进行审核，使得一些社区组织在与政府签订完服务转包合同后，并不能提供预期的住房服务，甚至无法承担起管理廉住房建设工程的责任。为此，政府的公信力备受质疑。①相比而言，英国的事前审核体系非常成熟。英国建立了一套完整规范的工作管理和评价体系，内容贯穿项目申报、执行、监督、报告和评估整个流程，涉及工作人员、志愿者及社会其他成员的考核，可谓面面俱到。另外，社区组织作为政府购买服务的供方，容易引发套利行为，管理或操作购买服务事项的工作人员中也存在权力寻租、管制俘获等现象。因此，政府购买服务中需要加强双重监管：一是对管理或操作购买服务事项的政府职能部门和工作人员实施监管，旨在保证政府购买服务的合法性、合理性和廉洁性；二是对承接政府购买服务的供应商、社会组织实施监管，旨在保证履行购买合同的各项约定。

五是规范政府购买服务流程和绩效评估制度。首先，应制定政府购买服务的指导性目录，将社区服务纳入政府购买服务的指导性目录中。购买目录应列明购买的性质、质量标准、种类和范围、验收与支付方式等。遵循的原则是：轻重缓急、主次先后要排队。进一步规范政府购买服务的流程，购买方式要具有适配性。强调操作流程的规范化、透明化和制度化；针对招投标、询价、委托等不同环节，建立健全财政转移支付的程序、绩效评估和问责机制，提高政府购买服务的公信力。其次，绩效评估是监管的工作抓手和核心机制。尽管评估与监管是两种不同性质的工作，二者密不可分，但是，各有其运行规律。评估为监管提供依据，监管以评估为基础。最后，建立两个绩效评估体系：一个是财政资金使用效率的评估体系，另一个是用户使用效果的评估体系。财政资金使用效率的评估属于经济性评估，即购买服务的成本与效益；用户使用效果的评估属于社会性评估，即所购买服务的品质、价格公平性与充足性等。

---

① 彭兵：《合法性、策略和组织局限：国外社区组织的生发逻辑》，《浙江社会科学》2015 年第 4 期。

社区养老服务的多种模式

积极老龄化运动遵循"健康、参与、保障"三大基本原则,这是国际社会有关老龄化治理的基本政策框架。本章着重对英国的社区照护模式、美国的养老社区模式、丹麦的原宅养老模式、日本的健康介护模式、新加坡的公积金养老模式进行阐述。

一 积极老龄化

人口老龄化是当今世界面临的突出问题。目前,全球已有 60 多个国家和地区进入"老龄化社会",其发展速度和水平呈逐年递增的态势。据联合国预测,从 2017 年到 2050 年,全球 60 岁及以上人口将由 9.62 亿激增至 20.92 亿[①],届时,老年人口将首次超过儿童人口,占到全球人口总数的四分之一,这将对世界范围内养老金体系形成巨大冲击,导致生活水平的下降。

为应对快速老龄化的挑战,世界各国在养老服务政策、福利保障、体系建设等方面做出了大量努力。尽管由于国情不同,各国在具体举措上有所区别,但大体趋势相近。具体表现在:管理体制上强调立法与放权、供给主体上借力市场与社会,递送模式上倾向社区居家服务,服务内容上推动专业化、标准化、精细化,质量控制上注重服

---

① 联合国:《老龄问题国际行动计划》,http://www.un.org/chinese/events/ageing/ecn5-01pcl9.pdf.2002。

务结果评价，保障水平上坚持适度可持续。① 在各国老龄化治理的政策框架中，"健康老龄化""积极老龄化"等理念贯彻始终。

"健康老龄化"（Healthy Aging）于 1987 年由联合国世界卫生大会首次提出。衡量"健康"的标准，不仅包含身心健康，即老年人的生理、心理、社会功能的健康状态；同时指向生存质量，即强调老年人与社会的平衡协调或良性互动，倡导社会政策要适应老年人的健康水平，并在此基础上提供适应的物质生活条件（如医疗服务、安老设施）以及社会支持。"健康老龄化"的意义在于，鼓励人们关注老年人的主观生活状态和精神状态，而不再像以往那样，仅仅视之为医疗服务的对象。②

"积极老龄化"（Active Ageing）是 2002 年世界卫生组织（World Health Organization，WHO）在第二次世界老龄问题大会上正式提出的一个概念。"积极"意味着老年人不仅要保持身心健康和活动能力，也能够按照自己的需要、意愿和能力，积极地参与公共事务。与健康老龄化不同的是，积极老龄化不仅强调老年人的主动参与，而且还特别指出，老龄化进程受到社会（如性别平等、社会支持等）、经济（如工资收入、个人储蓄等）、政治（如政策倾斜、福利服务等）、文化价值等多种因素的影响。如，妇女的社会地位直接影响一个社会中女性的晚年生活质量。

积极老龄化为世界老龄化治理提供了政策框架。世卫组织在《积极老龄化：一个政策框架》报告中指出，所谓"积极老龄化"就是通过促进个人健康、公共参与和社会保障来提高老年人的生活质量。"健康、参与、保障"三大基本原则应该成为应对老龄化挑战的政策支柱和行动方向。具体措施包括：尽可能地保持老年人的健康与活力，缓解劳动力短缺和经济压力；尽可能地降低医疗和长期照护费用；尽可能地降低个体因慢性病致残及失能的可能性；尽可能地提高

---

① 王杰秀等：《发达国家养老服务发展状况及借鉴》，《社会保障制度》2018 年第 9 期。
② 张旭升、林卡：《"成功老龄化"理念及其政策含义》，《社会科学战线》2015 年第 2 期。

社会保护的普济性和公平性；等等。

积极老龄化理念对我国的养老政策改革具有重要意义。相较于西方发达国家，我国的老龄化不仅来势迅猛，而且呈现出"未富先老"的特点。此外，传统家庭养老功能弱化，现有社区和机构服务供给不足，城乡发展不平衡，相关政策法规不健全等，都使得我国的养老服务与实际需求之间差异巨大。据国家老龄办统计，截至 2017 年年底，我国 60 岁及以上人口达 2.41 亿，占全国总人口的 17.3%，预计到 2050 年将达到峰值 4.87 亿[1]，成为世界上老龄人口最多的国家。如何在有限的资源下，以最低成本应对挑战，只有实现积极老龄化。

二　社区养老服务的典型模式

（一）英国：社区照护模式

英国是较早面临老龄化挑战的西方国家。截至 2014 年年底，英国 65 岁及以上人口约 1150 万，85 岁及以上高龄人口约 150 万，已呈现出深度老龄化特征。据预测，至 2035 年，英国 85 岁及以上人口将逼近 350 万。[2]

英国的养老服务多以国家福利形式提供，资金筹集上大部分由国家财政承担。服务供给上呈现混合型特征，民营机构、慈善团体等是主要的服务提供者，地方政府则负责政策制定、立法保障、财政支持、服务购买和监管评估。政府与服务机构之间形成契约关系，违反契约则需承担相应的法律和民事责任。[3]

社区照护（Community Care）是英国养老服务体系的核心。据《英国健康及社会保障部》定义，社区照护即动员并连接社区内正式

① 致公党中央：《将"积极老龄化"上升为国家战略》，《二十一世纪经济报道》2018 年 2 月 27 日。

② 王玲、张红、苗润莲：《英国的老龄化问题及应对措施》，《管理观察》2015 年第 24 期。

③ 韩雅煌等：《英国、日本社区养老服务经验对我国的启示》，《中国初级卫生保健》2016 年第 4 期。

和非正式资源，协助有需要的老人在家庭或社区接受全面适当的照护，以最大限度维持其正常生活。其内涵有二：一是在社区照护（Care in the community），即照护对象在自己居住社区的小型服务机构（如托老所、老年公寓等）接受暂托或日间照护。二是由社区照护（Care by the community），即动员社区内的人力资源网络（如亲友、邻居、志愿者等），为居住在家中但生活无法自理的老人提供上门服务。其最终目的是让老人在熟悉的生活环境中安享晚年。

起初，社区照护只针对贫困和失智老年群体，至20世纪70年代，为应对老龄化加剧才开始向所有老年人普及。但是，想要得到政府提供的照护服务，需要经过需求评估和资产审查，满足要求者方能部分或全部享受。从这一点看，社区照护的本质仍是具有兜底功能的社会救助。①

总体而言，英国社区照护具有以下六大特点：

第一，服务体系完备，分工明确。在政府层面，国家卫生服务系统（National Health Service，NHS）与地方政府社会服务系统（Society Service Department，SSD）共同承担服务供给的责任：NHS由国家卫生和社会保障部管理并实行分级制，其中初级保健由家庭诊所和社区诊所构成，负责社区保健和转诊服务；SSD主要负责地方养老需求评估、服务购买、资源配置、信息发布等具体工作。在社区层面，照护服务体系由管理人员、专业人员和照护人员共同构成。管理人员是社区照护的总负责人，负责人员聘用、工作监督、资金分配等；专业人员负责了解老年需求，帮助解决生活困难等；照护人员包括志愿者、老人的亲友及邻居等，负责直接提供照护服务。

第二，服务内容全面，逐层递进。社区服务项目包括生活照料、物质支持、健康支持、整体关怀，以满足不同层次的养老需求。生活照料主要包括为在家照护的老人提供送餐、清洁、看护等上门服务，为独居老人提供短期托老服务或老年公寓。物质支持主要包括政府对

① 石玲：《英国养老服务政策对中国的启示》，《福利中国》2018年第6期。

65 岁以上的纳税人予以纳税补贴；在交通费、电视电话费、冬季取暖费等方面提供优惠；帮助老人对住宅进行适老化改造，安装无障碍设施（如无台阶的通道）、便利设施（如扶手、供暖设备）等。健康支持主要包括社区医生应招上门看病，并教授疾病预防、营养和保健等常识；社区健康访问员定期探访，提供换药、护理、协助洗浴等服务，并提供有关治疗和康复的专业建议；此外，还针对老年心理提供咨询、情感慰藉等。整体关怀主要包括政府建设社区活动中心，为老人提供社交娱乐场所；举办各种文体活动、联谊会、交流会等，为老人生活增添色彩，驱散孤独；建立老人工作室，提供低强度工作，帮助老人维持心智健康，增加收入。[①]

第三，服务给付个性化，自主选择。养老服务具有多样化特征，若由单一机构供给和递送，难以满足个性化需求。2014 年，英国出台照护法案，要求地方政府基于被照护者的需求和偏好制定照护方案，并以此提供照护预算。照护预算由地方政府、个人或共同筹资。具体做法为：若个人资产超过资产审查阈值，则照护预算由个人全部承担；若低于阈值，则由地方政府根据个人资产水平对照护预算进行补差。根据需求评估，政府可以为被照护者安排相应的服务机构，也可以现金形式支付给个人或其家人，由其自行安排。灵活的服务给付不仅更好地贴合了不同老人的养老需求，同时也极大调动了民营机构和社会组织的积极性。

第四，服务标准严格，监管立法。照护服务的终极目标是确保个人在照护上获得最大满足，维持最好的生活品质，包括自主、参与、个人满足和尊严。为规范照护服务的品质，英国制定了国家层级的照护标准法，并针对照护机构的服务及设施订立"国家最低标准"七大指标：①机构选择（提供信息、签订契约、需求评估、开放参观、中级护理）；②健康和个人护理（医疗保健、药物治疗、服务计划、临

---

① 邓大松、王凯：《日韩英美社区居家养老模式深度分析》，《中国房地产》2017 年第17 期。

终关怀、隐私和尊严）；③日常生活和社交活动（饮食、洗浴、社交活动、社区联系、自主选择）；④投诉与保护（投诉、权利、保护）；⑤环境（整体建筑、公共场所、适老设施、住宿、卫生间、洗衣房、卫生清洁、供暖和照明）；⑥工作人员（资格、招聘、培训、人数）；⑦行政管理（日常运作、机构特点、财务状况、人员管理、保存纪录、安全作业程序）。"国家最低标准"是强制性的；在不违背最低标准的前提下，各地方政府也可以订立自己的标准。

照护质量委员会是专门负责监管和评估民间照护机构的政府部门，其工作方式包括实地检查、调查问卷、听取投诉等。实地检查通常是突击性质的定期检查或不定期抽查，由照护专家及有经验的照护人员等组成检查团，直接观察照护过程，面对面与照护对象交谈以了解真实的服务情况。根据评估结果，合格的机构能够进入政府购买清单或继续拿到政府购买经费；对于不合格者，则会给予建议、警告甚至暂停或关闭的处理。

第五，家庭照护者支持是英国社区照护模式的一大亮点。传统家庭养老弱化的一个重要原因在于，家庭照护者（如子女、亲友等）背负的经济及心理负担较重。据调查，2017 年，英格兰 40% 的家庭照护者至少有一年不曾休息，25% 在过去五年间不曾有一天休息。[①] 2008 年，英国发布《照护者战略》明确指出，照护者是强大家庭和稳定社区的根基。家庭照护者支持政策包括：照护者津贴，即针对每周照护 20 小时以上的照护者，提供收入补偿；喘息服务，即通过日托机构为老人提供临时照护；就业支持，即提供劳动技能培训，或在家工作的机会及信息；此外还包括家庭支持、信息服务、帮助热线等。对家庭照护者的支持是实现社区照护养老服务可持续发展的必然选择。

第六，综合照护、医养结合是趋势。综合照护是近年来欧美盛行

---

① 陈春华：《英国的长期照护体系》，载《中国发展简报》2018 年 11 月 22 日，http://www.chinadevelopmentbrief.org.cn/news-22241.html.。

的养老服务供给模式，也是英国社区照护服务最新的发展趋势。综合照护，即将养老服务中的健康照护和社会照护进行资源整合，消除传统卫生部门和社会服务部门的分割状态，提高资源利用率和服务质量。[①] 英国综合照护的具体做法为：一方面，整合医疗体制和养老体制的机构与资源，加强服务路径优化衔接。如，将医疗服务与社会服务的预算合并，包括"更好的养老服务基金"和"个人预算"计划；整合管理人员或机构，包括"可持续性和可转移计划"等。另一方面，重视医养环境与设施建设（如日托中心、老年护理公寓、养老院、失智护理机构、医养社区等），为老人提供从生活照料到医疗保健，直至临终离世的持续照护。

英国养老模式重在发挥社区在养老服务中的重要作用，大大缓解了政府的财政压力，但由于它的福利性特点，其依仗的国家财政支持、职业化照护体系、专业照护人才队伍等，正是我国养老服务供给侧面临的挑战。

（二）美国：养老社区模式

相比其他西方国家，美国的老龄化发展较为缓慢，这得益于其较高的婴儿出生率和大量青壮移民。高度繁荣的市场经济加之尚不紧迫的老龄趋势，使得美国在养老问题上更讲求个人与社会责任，政府只起辅助作用。美国养老保险制度实行最低保障和商业化发展模式，无论服务供给，或资金筹措，都以市场化为原则。政府通过家计调查式的公共医疗补助计划（Medicaid）、全包式养老服务计划（Program of All-inclusive Care for the Elderly，PACE）等为贫困及残疾老人提供兜底。

以市场为导向的养老服务发展，带来更丰富的养老产业设施和养老选择。据调查，2006 年，75 岁以上美国人只有 7.4% 住在护理院。

---

① 陈旸等：《英国养老设施医养结合模式分析及经验借鉴》，《建筑学报》2016 年第 16 期。

更多美国老人选择入住非医疗性机构，如养老社区。

养老社区（Retirement Community）即老年人养老生活所居住的社区。最早产生于美国 18 世纪，初期多是一些非营利性的慈善护理社区。随着养老服务社会化转向，民间资本大量涌入，老年住房项目得以迅猛发展。如今，数以万计的养老社区遍布全美，既有老年公寓，也有大型商业地产，乃至独立的养老村落和养老城镇，形成了一条独具特色的美国社区式养老道路。

目前，美国的养老社区大体可分为两类："特别建设的养老社区"和"自然形成的养老社区"。"特别建设的养老社区"通常由房地产公司开发，或由政府通过市场手段规划建设。针对不同的老龄人口结构、生理特点和需求差异，既有小型的失智患者便利设施，也有大型商业地产；既有独栋老年公寓，也有群村和养老新镇。这些养老社区规模不一，各具特色。在这里，老人不仅能够得到完善的养老、护理和医疗服务，还可以享受到积极独立的生活方式，安度晚年；"自然形成的养老社区"指老年人口聚集的社区，或是由于年轻人不断迁出、老年人口比例上升所形成的社区。后者与我国的"空巢社区"颇为相似，这类社区由于不是为养老专门建设的，大多缺乏医疗服务、社会服务和相关的老年生活辅助设施，因此多由政府拨款资助。

1. 特别建设的养老社区

根据服务内容，又可分为"活跃养老社区"（Active Adult Retirement Community，AARC）和"持续照料养老社区"（Continue Care Retirement Community，CCRC）。前者着重提供活动设施，后者着重提供医疗护理。

"活跃养老社区"又被称为"休闲养老社区"，指以满足健康老人的养老需求为目标而建设的商业住宅项目。[①]

（1）在运营管理上，由开发商建设销售，业主委员会接管经营。

---

① 殷洁、彭仲仁：《积极老龄化：美国活跃退休社区对中国养老社区建设的启示》，《国际城市规划》2017 年第 6 期。

如，佛罗里达州"群村"自行成立"社区发展区"（Community Development District，CCD）地方政府，负责本区域的公共事务和服务供给（如安全、交通、消防、环境卫生等），所需费用通过向社区居民收取房地产税和市政公共设施费来支付。

（2）在物质环境上，首先，文娱设施丰富。图书馆、美容院、酒吧、影院、健身房、高尔夫球场等都是标准配置，居民每月缴纳会费后可无限制使用。其次，生活设施齐备。配有超市、银行、邮局、教堂等。一些社区还设有小型医疗机构或提供有偿的上门护理服务。再次，住宅以适老化原则设计，通过混合型土地规划和畅达的交通网络方便老人出行。最后，为增强安全性和排他性，普遍设有门禁，严格限制非小区居民随便出入，同时禁止年轻亲属长期陪护。如亚利桑那州"太阳城"规定：老人的亲属无居住权；一年内，年轻亲属的陪伴时间不能超过 30 天。

（3）在社会环境上，首先，居民社会特征一致。除年龄限制外（一般为 55 岁以上），人以群分是此类社区的重要原则。如，根据特殊兴趣组成的高尔夫球爱好者社区、网球爱好者社区、园艺爱好者社区等；根据特定职业组成的退休教师社区、退休邮递员社区等；根据种族和社会阶层而形成的中产阶级白人社区、黑人社区、亚裔社区等。其次，高度参与和自组织性。在这里，老人不只是被动享受社区服务，而且作为社区的主人参与社区发展。亚利桑那州群村的居民不仅与开发公司共同创办并运营自媒体（包括广播电台、闭路电视、网站、报纸等），而且创办各种主题俱乐部，组织聚会、文娱活动。居民对社区事务的高度参与，有助于加强共同体的归属感，形成独特的社区文化。最后，养老社区还积极与周边地区或地方政府、医疗机构等密切合作，向第三方购买服务，并接受慈善捐赠等，致力于营造和谐的养老环境。①

"持续照料养老社区"脱胎于养老院等老年护理机构，以在社区中就近提供专业医疗照护为主要特点。该类型社区主要服务 75 岁以

① 张卫国：《美国养老社区研究》，《世界经济与政治论坛》2012 年第 5 期。

上的高龄人群，依据生活自理程度和护理需求又分为生活协助型、特殊护理型和混合型。持续照料养老社区的开发和运营需要得到州政府授权，并与医疗保健或其他专业护理机构紧密合作，以保证高水平的医疗服务供给。在物质环境上，医疗设施完备，娱乐设施较为简单，一般配备活动室、图书馆、理疗室、锻炼和康复中心等；在服务供给上，除订餐送饭、家庭护理等日常照料外，最大的特色是由专业医护人员提供的药品管理、体能复健、紧急呼救、24 小时急诊看护。数据显示，生活在持续照护养老社区的老人，平均寿命比美国其他社区高8 岁，平均医疗花费少近 30%。[1]

2. 自然形成的养老社区

据统计，美国约有 5%—7% 的 55 岁以上老人居住在专门规划建设的养老社区，而 27% 的同龄老人生活在"自然形成的养老社区"中。[2] 并且，随着居家养老意愿的加强，这一数字还在不断增加。

根据人口构成，自然形成的养老社区又可分为"老人留守的社区"和"居住到老的社区"。"老人留守的社区"一般指因经济环境较差，年轻人远赴他地工作，老人由于眷念故土或经济原因留在原地，最后社区只留下老人。这样的社区通常房屋破旧，公共设施和社会服务短缺。"居住到老的社区"一般环境较好，老人愿意留在自己家中养老，但需要照护服务。

为解决自然形成养老社区的居家养老问题，地方政府通过统筹规划、拨款资助等方式支持社区养老设施建设，并引入社会和市场力量，为社区提供社工、照护、医疗健康、教育娱乐等服务项目。每个社区的核心服务，依据不同的地理特点和资源而有所不同。比如，偏远社区为老人提供交通服务，医院周边社区为老人提供紧急救援服务，学校周边社区组织学生开展志愿帮扶活动等。[3]

---

① 朱静：《养老地产的"美国梦"》，《新理财（政府理财）》2011 年第 8 期。

② 谢芳：《美国的退休社区与"居家援助式"养老模式》，《社会》2004 年第 12 期。

③ 张强、张玮琪：《多中心治理框架下的社区养老服务：美国经验及启示》，《国家行政学院学报》2014 年第 4 期。

此外，商业地产还在自然形成养老社区中推出"家庭辅助式"老年公寓，为年龄超过 75 岁但生活能够自理的老人提供日常护理，如上门送餐、穿衣洗浴、保洁卫生等。

自然形成养老社区发展很快。至 21 世纪初，美国已遍布此类社区，并大多得到政府的养老服务支持。仅纽约州，就有 41 个社区依靠州财政或城市财政资金向居民提供各种老年服务。①

（三）丹麦：原宅养老模式

丹麦是典型的高税收、高福利国家，国民收入一半以上用于交税，而养老的所有花费由政府承担。据统计，丹麦每年用于养老的费用达到 GDP 的 17%。丹麦没有子女赡养的传统；社会对养老负有法定责任。因此，政府采取各种政策措施，大力支持社区居家养老，并鼓励和帮助老年人在独立公寓居住。

原宅养老源于"在地安养"理念，是一种国家出钱、社区出力的服务模式，即政府为老年房屋的改造或新建予以补贴，社区、社会组织、私人企业、专业护理人员、社会志愿者等组成团队，共同提供服务。原宅养老的重点在原屋改造和老年公寓新建。原屋改造主要针对愿意继续居住在自己家中养老的老人，政府为其提供房屋的适老化改造和设施升级；老年公寓则由国家补助，地方政府、非营利组织或住宅协会负责修建，包括养护所、庇护住所、公寓式共同住宅等。

具体而言，丹麦的原宅养老模式有以下三大特点：

第一，提前家访，需求评估。丹麦政府在养老政策和服务中提倡"老年福利三原则"，即持续居住、独立决策、自力更生。对于年满 65 岁的老人，政府会定期安排预防性家访，以了解养老需求；在老人 75 岁时会进行安全性家访，检查房屋及设施是否存在安全隐患。需要居家养老服务的老人，可以随时向其所在城市提出申请。如果老人愿

---

① Bookman A., "Innovative Models of Aging in Place: Transforming Our Communities for an Aging Population", *Community*, *Work & Family*, 2008, Vol. 11, No. 4, p. 424.

意继续居住在自己家中，地方政府会为其提供原屋改造的免费服务，如安装扶手，去掉门槛，安装老年专用坐便器和洗浴装置等；也可以自己改造，政府全额报销。自有房屋和租赁房屋都支持改造。

第二，改造或新建均有严格规范，讲究可住性、私密性和个性化。《老年人和残疾人住房法案》对老年人住宅的面积标准、配套设施和应急设备等有严格的规定。如，老年公寓每户的建筑面积需在67平方米以下，每户必须设有一个独立的厨房、卫生间和浴室，家具设施以无障碍原则设计，并配有24小时紧急报警装置。又如，为需要生活起居照护的老人（特别是失智老人）建造的专门照护型公寓，要求每户建筑面积在40平方米左右，规模控制在10户以下。① 在设计中倡导"抛弃孤独感"原则，通过公共空间的营造（如公共泳池、健身房、会议室、洗衣房等），为老人增加社会交往和活动。此外，保障老人享有充分的自主选择权，如，选择自己想要的服务，按照喜好布置房间，等等。

第三，全能社区提供全方位照护。丹麦的社区政府被称为"全能政府"，提供涵盖老人生活方方面面的软硬件服务。其中，软件服务包括：为有需要的老人提供24小时紧急求助、医疗和家庭服务；为术后老人或老年患者、生活半自理或无法自理的老人提供上门照护、功能训练和治疗；为不能自己做饭的老人提供日常餐饮配送、零食代买服务；为需要往返医院及其他康复机构的老人和残疾人提供接送服务；等等。硬件服务包括：为健康老人休闲娱乐之用的"老人活动中心"，为无法自理老人建设的专业护理机构等。此外，如助听器、轮椅、小型升降机等辅助设备也可供所有老年人免费租用。为避免过度服务和资源浪费，政府会对准备上马的服务项目进行事前评估，对已经开展的服务项目进行定期观察，以决定是否继续提供。社区内大大小小的养老服务公司众多，既有政府设立的公办机构，也有私人企

---

① 万江、余涵、吴茵：《国外养老模式比较研究——以美国、丹麦、日本为例》，《南方建筑》2013 年第 2 期。

业、社会组织，均由老人自己选择。公平竞争也促进了社区服务的质量。

原宅养老是建立在高福利基础上的养老模式。国家对养老全面负责，老人免费获得服务，既解除了老人的晚年之忧，又很好地解决了养老负担的代际转移问题；但从现实的角度来看，随着人口老龄化加剧，政府财政负担日益沉重、独木难支。因此，丹麦政府自 20 世纪 90 年代开始实施了一系列改革。如，改革养老金制度，融合多支柱养老模式；推迟退休年龄；改革社会救助法案，规定没有工作无权享受公共津贴；等等。

（四）日本：健康介护模式

日本是亚洲首个进入老龄化社会的国家，也是目前世界上老龄化速度最快、程度最严重的国家。据日本总务省统计，截至 2016 年 9 月，日本 65 岁及以上人口达 3454 万人，占总人口的 27.2%，老龄化比例世界最高。随着少子化、人均寿命延长，日本老年护理问题尤为突出。因此，基于社区居家养老的健康介护服务模式得以兴起。

"介护"在日语中有身体照护和家庭服务的双重含义。老年健康介护指在维护老人尊严的基础上，为其进行生活照料、医学护理和康复保健。[①] 其特点是通过医、养、护融合，为患病老人提供及时的医疗和护理服务，为生活或行动不便的老人提供专业的照护服务，为健康老人提供保健咨询、指导及其他服务，最大限度地维持老人正常生活，提高老人生命品质。

健康介护服务模式源自日本的《介护保险法》。介护保险是以日本地方政府（市、町、村）为运作主体、全社会共同承担的保险制度。根据该法，40 岁以上国民强制参保，并按照人群划定不同的缴费

---

① 曹永红、丁建定：《日本社会养老服务体系发展及介护服务人才培养镜像》，《中国社会工作》2018 年第 16 期。

方式和支付比例。以 65 岁为界，65 岁及以上为一类被保险人，保费根据其收入水平计算，从养老金中扣除；40—64 岁为二类保险人，保费由雇主和个人各承担 50%。被保险人享受护理服务时，个人支付10%—20% 的费用，介护保险支付剩余部分的 50%，另外 50% 由财政负担。为进一步控制公共服务支出，近几年，日本不断提高个人自付费比例（特别针对中高收入），同时缩小保险给付的范围。2005年，政府将当时免费的住宿费和餐饮费改为由机构内护理服务用户自行承担。① "政府＋社会＋个人"的费用共担机制，不仅在一定程度上缓解了因老人"社会性住院"导致的政府财政负担，而且有效避免了公共福利依赖和滥用。

健康介护服务模式建立在社会福利供给分权化的基础之上，鼓励民营资本参与。资料显示，2009 年，日本 95% 以上的养老服务机构是民营机构。政府组织、民间组织（如社会福利商业协会、社会福利协会等）、志愿者组织（家庭主妇、大学生等）、企业式老年护理等，与民营机构共同构建起"公助＋互助＋自助"的多层次养老服务体系。为进一步鼓励和引导民间资本进入，规范养老市场有序竞争，政府一方面建立市场准入制度、质量评价标准和服务信息公开制度，对民营资本加强监管；另一方面，出台激励政策，为私人企业提供指导、咨询和资金支持。

健康介护服务模式以社区—家庭为主要载体。为应对"社会性住院"、实现让老人"回归社区、回归家庭"的目标，介护保险制度通过价格机制等政策诱导（如削减机构护理支付范围等），引导支持居家护理发展。居家护理服务包括家访护理、洗浴护理、家访康复训练、家庭护理指导、辅助设备租赁、住宅无障碍改造等。同时，以介护保险为支柱的"社区居家养老支援中心"遍布日本，提供"地域紧密型服务"，具体包括：针对独居和失智老人的夜间定时巡查、随

---

① 中国发展研究基金会"日本养老与医疗"调研组：《日本长期护理保险制度及经验借鉴》2018 年 9 月 18 日。

时应对型服务、小规模多功能型家庭护理等。老人可以根据需求自主选择服务项目，在自己家中接受服务。

健康介护服务重视预防与康复。研究表明，老化和失能，在一定程度上是可以预防并通过康复训练得以恢复的。一方面，为预防老化，政府在全国范围内开展和推广老龄化预防和康复锻炼，包括开设老人活动中心、发放健康手册、设立健康热线、普及疾病预防及自我护理知识等；另一方面，创设护理预防体系和护理等级分类。根据介护预防政策，老人根据自理能力分为 8 个等级，即自立、要支援一到二级、要介护一到五级。其中，自立指生活完全自理，不需要任何帮助；要支援指生活基本自理，但需要家务支援；要介护指需要护理，按程度分为部分护理、轻度护理、中度护理、重度护理、特重护理。根据护理等级的不同，分别提供家务帮助、护理预防、衣食援助、就餐就厕帮助、认知帮助、行动认知帮助、生活护理服务。护理服务从被动给付向主动预防的转变，不但提高了老年服务的连续性，而且从长远看，由于提前介入对老化等级上升的减缓作用，由此能够有效控制保险支出快速增长。如，日本川崎市在进行老龄化预防和康复训练后，80% 老人的失能和半失能状态有所改善，其养老保险的年度成本人均减少 100 万日元。①

专业人才培养是健康介护服务发展的关键。日本建立了老年护理服务专业人才体系，及与之相适应的教育培训和资格认证体系。日本的中专、大专和大学均开设护理相关专业，为劳动力市场提供人才储备。建立介护产业国家资格认证体系和护理人员上岗资格考试制度，规定服务人员需接受专门的业务培训并取得职业资格后方能上岗。如最初级别的"介护士"，一般须完成 13 门必修课程并通过全国统考方能拿到资格证书，并在统一法律规范下持证上岗。② 另外，制定了一系列优惠政策和措施，通过提高工资待遇、改善劳动环境、开辟晋升

① 蔡林海：《老化预防、老年康复与居家养老》，上海科技教育出版社 2012 年版。
② 张俊浦：《日本养老经验对我国社会养老服务体系建设的启示》，《改革与战略》2014 年第 8 期。

通道等方式，提高介护服务人员的积极性，稳定服务队伍。如设立"介护员福利改善补助金"，由国家出资直接补贴，同时对致力于改善劳动环境的单位予以奖励。① 最后，加大资金和政策支持力度。如设立高额奖学金制度，由政府承担80%的学费开支，学生毕业后若从事介护工作达到5年就不需要偿还政府借款。又如，养老机构对考取介护福祉士的员工每月额外奖励2万日元，并提供各种职业培训课程和资格考试辅导等。②

日本健康介护服务模式通过有机衔接医疗服务、护理服务和养老服务，有效预防、延缓老化，并通过分级制度制定老人能力等级和相应的服务等级，防止过度服务或资源浪费。

日本相比于西方，前者更强调社会福利有偿提供而不是国家的大包大揽，由此决定了其健康介护理念对我国正在发展中的医养结合服务具有借鉴价值。

（五）新加坡：公积金养老模式

新加坡养老资金主要来源于中央公积金制度，辅以财政投入。

中央公积金制度（Central Provident Fund Board, CPF）是一项由新加坡国会立法、强制参保的综合性社会保障储蓄计划。③ 目前，中央公积金设有四个账户：普通账户（Ordinary Account, OA），主要用于购房、投资和教育等日常需要，计入比例按年龄递减；医疗账户（Medisave Account, MA），主要用于支付医疗费用及购买医疗保险，计入比例按年龄递增；特别账户（Special Account, SA），主要用于养老及购买相关金融产品；退休账户（Retirement Account, RA），在劳动者年满55岁后，由普通账户和特别账户的存款自动转入退休账户，

---

① 吴迪：《居家养老服务中的非营利组织：日本经验及其中国启示》，《湖北行政学院学报》2015年第1期。

② 曹永红、丁建定：《日本社会养老服务体系发展及介护服务人才培养镜像》，《中国社会工作》2018年第16期。

③ 朱凤梅：《新加坡养老保障体系：制度安排、政府角色及启示》，《社会政策研究》2018年第1期。

65 岁后按月领取。中央公积金原本只是单纯的养老储蓄基金，近年来逐步演化为向所有新加坡公民和永久居民提供养老、医疗、购房、资产增值、家属和家庭保障等综合服务的社会保障制度。

1. 强制储蓄提供资金来源。法律规定，中央公积金采取劳资双方共同缴纳的方式，即雇主和雇员分别按一定比例为雇员存储退休金。退休金原则上只有退休或残疾时方能使用，年龄达到 55 岁且退休账户达到最低存款金额（2015 年为 16.1 万新元）时，公积金可一次性提取；如果最低存款未达到规定，则须以用其他方式填补差额（如现金，或配偶、子女代补），或推迟退休以继续积累账户存款。最低存款额设置的初衷是为了避免过度提款、保障养老金制度的可持续，但在实际操作中由于过分严苛而引发了诸多争议。

2. 津贴计划资助家庭养老。新加坡深受儒家孝文化影响，特别重视家庭结构的完整。1995 年，新加坡颁布《赡养父母法》，首次将"子女赡养父母"上升为法定义务。与此同时，政府推出一系列以中央公积金为基础的津贴资助计划，如"公积金填补计划""三代同堂花红""长者残疾援助计划"等，为赡养老人的家庭提供经济援助，减轻居家养老的负担。

（1）"公积金填补计划"。即政府通过财政补贴的方式鼓励子女为父母填补公积金账户。按照规定，子女为父母填补 20—50 新元，就可获得政府 100—350 新元的补助金。此外，对自愿为父母填补账户的子女，政府还通过敬老保健金、税收优惠等进行奖励。

（2）"三代同堂花红"。即政府对与父母同住的子女予以补贴，鼓励三代同堂、多代同住。根据规定，与父母同住，子女可享受的税收减免额度可增至 5000 新元；为祖父母填补公积金账户也可以扣除税额。此外，政府在分配组屋时，给予三代同堂家庭价格优惠和优先安排。

（3）"长者残疾援助计划"。即根据家庭收入，政府为因病致残老人的家庭养老提供经济援助。根据规定，月收入低于 700 新元的家庭，每月可获得 180 新元的援助金；月收入在 700—1000 新元之间的家庭，每月可获得 100 新元援助金。① 此项援助可长达 5 年，且无须支付保费。

3. 集中管理，市场化运营。中央公积金的运作可以看作是政府帮助国民进行金融理财，即在管理上，以政府部门为核心，通过商业保险机构为公积金投资提供年金化保险产品，补充养老储蓄。中央公积金承保了一系列养老保险计划，如终生健保计划（MediShield Life）、乐龄健保计划（Elder Shield）、家属保障计划（Dependents' Protection Scheme，DPS）、家庭保障计划（Home Protection Scheme，HPS）以及公积金终身入息计划（CPF Life）。

新加坡公积金养老模式的机制设计具有两个要点：一方面通过"工作—积累—受益"的良性循环，提高养老的个人责任和能力；另一方面通过财政支持、税收优惠等措施，增强养老的家庭意识和支撑。但这种模式的互助共济性较差，据调查，目前新加坡国内近一半人无法达到最低存款要求，不能自由支取公积金。那么，对于这样一些低收入或弱势群体来说，公积金不足或没有公积金，就很难获得养老服务。②

三 国外养老模式对完善我国养老服务模式的启示与借鉴

我国已初步建立起以居家为基础、社区为依托、机构为支撑、医养相结合的养老服务体系。但是，存在着养老服务供给不足、结构不尽合理、民间参与不够充分、专业化程度有待提高等问题。

（一）充分发挥政府引领作用

政府在养老服务中承担不可替代的功能和责任。一是法治先行。

---

① 胡灿伟：《新加坡家庭养老模式及其启示》，《云南民族大学学报》（哲学社会科学版）2003 年第 3 期。

② 陈鸣声、周俊：《国际健康养老服务提供模式及对我国的启示》，《医学与社会》2018 年第 5 期。

法治是国际养老事业发展的基本经验，如日本先后颁发十多项法律法规，《国民年金法》《老人福利法》《老人保健法》《介护保险法》《黄金计划》等，为构建和完善居家养老服务体系奠定了基础。目前，我国已有了《老年人权益保障法》《关于加强和改善社区服务的意见》等，养老服务立法有待进一步加快进程。二是完善制度。针对失能、失智老人在老年人口中所占比重的不断增大，国际方面普遍把预防和康复作为老年护理的重点，服务关口的前移对于延缓老人病情、减少大额医疗支出具有积极意义。三是加强监管。一方面，探索长期护理分级制度，通过需求评估确定服务级别和服务内容，避免过度服务、资源浪费；另一方面，建立第三方评估机制和淘汰机制，对养老服务机构进行评估和监督，保障服务质量。四是托底民生。对于农村和偏远地区，以及贫困、残疾、失能、失智等特困老年群体，政府确保其福利性养老服务。

（二）确立居家养老主体地位

居家养老是国际通行的主要的养老方式。据统计，全世界90%以上的老人选择居家养老。居家养老不仅符合我国的文化传统，为最多的老年人接受和期望，也是我国在目前"未富先老"、社会保障水平总体偏低状态下的选择。居家养老不同于传统的家庭养老，是立足家庭、依托社区的新型模式。一是立足家庭。从政策层面对家庭照护者予以支持，如提供喘息服务、为赡养老人的低收入家庭提供津贴等，减轻家庭照护者的经济负担和精神压力。二是依托社区。一方面，社区应发挥平台作用，积极调动专业机构、社会组织和志愿者等多元力量，共同递送养老服务；另一方面，加强社区嵌入式、小型化养老设施建设，重视老年设施的适老化改造，就近提供养老、医疗、护理一体化服务。

（三）发挥社会力量统筹作用

国际普遍认同，养老事业是社会事业。因此应该由全社会共同承担责任。一是市场作用。养老服务是大众需求而非小众需求，必须走市场化、产业化的道路。因为财政转移支付兜不住大众需求的"底"。发达国家在养老服务的供给上一般都采用官督民办的方式，引入市场竞争，通过签订契约保证服务的效率和质量。二是慈善团体、志愿服务。慈善组织和志愿服务是对公共服务的重要补充，一方面，通过政策激励，大力提倡、鼓励相关单位参与志愿服务；探索"时间银行"模式，鼓励年轻人及低龄老人为高龄老人提供养老服务；积极发动并合理利用社区人力资源。另一方面，建立健全志愿服务相关制度；对慈善组织和志愿者团队进行专业知识培训和监督。

（四）大力培养专业人才队伍

养老服务不仅涉及日常生活照料，也需要医疗、护理、康复和心理抚慰等专业支撑。目前，我国的老年护理人员以下岗工人和外来务工人员为主，缺乏大量高素质护理人才是我国养老服务升级的瓶颈。因此，需要建立养老服务专业人才的培养和供给机制：一是教育培训。学习日本等国服务人员资格认证、持证上岗等规定；加强专职人员职业道德、专业知识和技能培训；依托学校设立养老服务专业，储备人才。二是拓宽职业前景。通过政策激励，逐步提高老年护理人员的工资福利待遇和社会地位，降低人员流动。

他山之石，可以攻玉。本章提出以下具体对策：

1. 优化养老服务设施的空间布局。一是实现养老服务资源布局的城乡均衡、区域均衡、性质（公办、民办）均衡、类型（照料型、护养型）均衡。二是建设社区日间照料机构、医养结合设施，尤其是床位在 50 张到 100 张左右的"嵌入式""互助式"小微型照料中心。三是形成一定规模的养老产业集聚区。

2. 优化养老服务资源配置。一是落实公共养老设施配套和社区 40% 办公服务用房用于社区居家养老的政策；二是福利彩票公益金的一定比例用于支持养老服务业发展，推动实现养老服务业的政府与市场良性互动；三是公私合作，重点做好老旧居住区公共设施（如楼梯、走道等）无障碍改造，对无电梯老旧住宅，创造条件加装电梯。

3. 提升养老机构的服务能力与品质。一是养老服务由起居照料型向康复护理型转变；二是具有医疗资质的护理院为养老机构、居家、日间照料中心及社区的老人提供医疗服务；三是养老机构、护理机构与社区合作建立养老护理流动站。

4. 发挥社会力量兴办养老机构的主体作用。一是支持引导社会资本兴办规模化、连锁化、专业化、品牌化养老服务机构；二是开展城乡社区闲置设施调查，鼓励社会组织对闲置的医院、学校、企业厂房、商业设施、农村集体房屋等整合改造，用于养老服务。

5. 建立健全老年人福利优待制度。一是出台老年人"三项补贴"福利政策，即高龄津贴、针对经济困难老人的养老服务补贴和针对失能老人的养老护理补贴。二是逐步提高老年人高龄津贴发放标准。

6. 延伸并丰富养老服务内容和项目。一是养老服务内容向老年人用餐、医疗卫生、家庭护理、紧急救援、日间照料、家政服务、精神慰藉、法律服务、文化娱乐和体育活动等方面拓展；二是利用社区信息服务平台，为居家老年人提供各种社会融入、资源链接，各种定制化服务等。

7. 开展家庭养老床位试点。一是推进养老机构、社区和居家养老相互衔接，为居家的失能失智、半失能等老年人提供"机构化"养老服务；二是加快居家养老服务设施建设，新建并对现有社区老年人家庭进行适老化改造或建设。

8. 制定家庭养老支持政策。一是出台带薪休假、喘息照顾、居家养老子女护理补贴等；二是通过有关部门督促子女及其他依法负有赡养、扶助、扶养义务的人，履行对老年人的经济供养、生活照料和精神慰藉的义务。

9. 建立健全农村养老服务网络。一是村集体出资利用闲置的学校、卫生室、村党建活动室等资产，兴建具有日托或全托功能的托老所、老年活动站；二是督促家庭成员对老年人履行经济供养、生活照料和精神慰藉等义务。

10. 加大农村养老服务的政策支持力度。一是集体所有的未承包的土地、山林、水面、滩涂等可作为养老基地，收益供老年人养老；二是加大财政投入力度，用于养老服务的财政性资金重点向农村倾斜，完善农村老年人"三项补贴"福利政策；三是建立城市公办养老机构与农村福利院的对口支援和合作机制。

11. 医养结合发展。医养结合的"医"区别于以治疗为目的"医"，作为养老服务的基础性服务模式，其内核是健康管理和照料，重点是"治未病"，对老年人的多种慢性疾病实施综合诊治。一是健康评估，完善健康养老监测评估体系；二是家庭医生签约服务，分层分类设计不同形式和内容的签约服务包；三是依托社区平台，与周边医疗机构"嵌入式"发展或签订合作协议。

12. 养老服务信息化建设。一是建立社区居家养老服务信息平台、居家呼叫和应急救援服务系统，接入"互联网＋养老"云平台，提供线上线下咨询服务；二是与公安、卫生、人社、残联等各类养老服务信息资源互联互通；三是支持机构及社会组织借助云计算、物联网等技术，开展老年人远程健康监护、紧急援助、居家安防等应用。

13. 养老服务标准体系建设。一是涵盖养老服务基础通用标准、服务技能标准、服务机构管理标准、居家养老服务标准、社区养老服务标准、老年产品用品标准，康复辅助配置标准，以及各类各级支架性标准；二是落实企业（机构）标准化主体责任，鼓励养老服务机构制定高于国家标准、行业标准、地方标准的企业标准；三是制定养老服务机构开展星级机构评定的标准。

14. 全面放开养老服务市场。一是放宽申办养老服务机构的准入条件，取消不合理前置审批事项，引导各类社会资本（含外资）进入养老服务领域；二是设立营利性养老机构，可实行"先照后证"，由工商行政管理部门办理登记后，再到辖区民政部门申请设立许可；三是非营利性养老机构在其登记管理机关管辖范围内，可设立多个服务网点；四是外地投资者举办养老服务项目或参与公办（建）民营项目建设运营，享受同等政策待遇。

15. 推进养老服务业综合改革。一是统筹养老事业和养老产业发展，整合社会各类存量养老资源；二是通过政府购买服务、股权合作等方式，支持养老服务和产品供给的多元主体参与；三是推进公办养老机构转制成为企业或开展公建民营。

16. 养老机构规范化管理。一是建立分级分类的消防安全管理体系，消防安全的技防、物防措施落实在养老服务设施建设、运行、管理的各个环节，加强应急演练和消防安全的宣传和培训；二是建立养老机构监管信息披露制度和重大事项报告制度，通过联网、公示、收入系统核对等方式，实施对养老机构补贴资金的监管；三是建立完善养老服务业信息统计、动态监测和综合评估等制度。

社区教育的多维功能

现代意义的社区教育最早从欧美国家兴起，目前在美国、北欧、英国、日本等国发展得较为成熟。社区教育是一种教育与社会相结合的社会文化活动和社会实践活动。① 中国古代也有类似于社区教育的"乡校""乡学"存在。社区教育具有多维功能，其核心在于提高社区居民的个人素质和技能，促进社区的和谐稳定。

一　社区教育的发展及其定位

社区教育是一种教育与社会相结合的社会文化活动和社会实践活动。② 1915 年，美国哲学家约翰·德威出版《学校与社会》一书，提出"学校是社会的基础"，被认为是社区教育的思想萌芽。

社区教育的最初目的是通过建立学校与社区的联系，教育儿童和青少年"助人自助"，而后逐渐发展为以社区学习为主要内容的社会服务、实践、咨询活动。现代社区教育广泛链接各种文化教育资源（如学校、公共图书馆、博物馆、健康中心等），成为构建终身教育体系和学习型社会的重要推手。

社区教育项目复杂多样。根据社区需求大致可分为两类。一是显性需求项目，即基于需求调查的项目和可以通过学费支持自身发展的

① 厉以贤：《社区教育的理念》，《教育研究》1999 年第 3 期。
② 同上。

项目①，如就业技能培训、家政课程、免费英文学习等；二是隐性需求项目，也被称为成长项目、拓展项目，如为老人提供学习机会。各国经济社会发展阶段不同，对"社区教育"的理解和应用也不尽相同。

美国的社区教育萌芽于南北战争时期。在南北战争结束后，美国工农业迅速发展，社会对技术应用型人才的需求量迅速增加。为此，美国社区成立两年制初级学院，作为转学教育的平台。第二次世界大战后，随着国内经济持续增长，越来越多的人希望接受高等教育，尤其是退伍军人。1945 年，美国国会通过《退伍军人就业法》，该法案规定，政府提供贷款帮助退伍军人习得职业技能，稳定过渡到平民生活。自此，高等教育更为普及，美国的社区教育也从转学教育转化为职业技术教育。社区教育的职能不断完善，培养类别扩充，服务对象扩展。时至今日，美国的社区学院有 1200 所，每年有 1000 多万学生就读，社区学院的学生占美国大学生总数的 44%，新生占美国大学生总数的 50%。②

美国的社区教育模式，立足社区、服务社区、注重职业教育，以实用性为导向。相比之下，北欧国家的社区教育更偏向于人文主义，以丹麦最具有代表性。19 世纪中叶，柯隆威作为现代社区教育的创始人，提出要通过教育来唤醒民族自强，主张用人文主义的精神生活来弥补民众受教育太少的缺陷。③ 因此，丹麦施行的社区教育在一定程度上属于民众教育，这种民众教育由政府立法并向各地区拨款，实行区域民主自治的管理模式。在这种"自治"和"自愿"的学习氛围中，丹麦的社区居民能够更加积极有效地学习并主动参与社区教育的

---

① Miller，M.，Grover，K. S. & Kacirek，K.，"The Organization and Structure of Community Education Offerings in Community Colleges"，*Community College Journal of Research and Practice*，2014，Vol. 38，No. 2，pp. 242 - 249.

② 左彦鹏：《美国社区学院的发展历程及办学经验》，《中国职业技术教育》2003 年第 11 期。

③ 武洁水、叶飞霞：《国外社区教育的特色及其对我国的启示》，《中国远程教育》2013 年第 5 期。

管理工作。日本的社区教育偏向民族主义，日本的社区教育除民众教育外，多了一层政治教育的色彩。第二次世界大战以后，日本开始逐步完善社区教育体系，将教育目标主要放在民族团结、提高国民素质，为国家培养合格公民等方面。新加坡作为移民国家，强调教育的多元化。例如，为建立社区归属感，促进多民族沟通和融合，新加坡政府将社区教育作为多民族背景地区和谐发展的润滑剂。

二　社区教育发展

各国的社区教育发展和定位有所不同。其中，以美国、日本、丹麦、新加坡为代表的国家，长期积极投入发展社区教育，鼓励民众参与，充分利用社会资源和完善立法，在解决部分社会问题的同时也使国民素质得以提高。

（一）美国的社区教育

美国的社区教育主要通过社区学院来施行，完善的社区教育设施也为社区教育的持续发展提供了条件。

1. 社区学院

美国的社区学院提供两年制初级高等教育，面向多元群体。如刚刚高中毕业的学生、已经有过工作经验的成年人、退伍军人、退休后的老人，都是其招生对象。社区学院的入学门槛低，仅对数学和英语能力有一定要求，一般高中毕业就能进入社区学院。

社区大学具有很强的包容性和开放性，体现在课程设置和培训费用两个方面。社区大学的课程设置分为转学课程和职业课程，在社区学院修的转学课程相当于四年制大学课程的前两年内容，所修得的学分也完全能被认同，转入四年制大学顺利毕业后的文凭也和普通毕业生一样。在社区学院里获得较高 GPA（Grade Point Average，即平均学分绩点）的学生还可以不参加考试，直接被大学录取，这对于有志争取更高教育的人来说，无疑是提供了一个更加公平、开放的学习平台。此外，社区学院的收费相比四年制本科大学要低很多，一年的学费仅为本科大学学费的一半。对于经济条件不够充裕的学生来说，先修读两年的社区学院课程能够节省一大笔费用。

2. 社区课程

社区学院为不同类型的居民提供相关课程，学生一方面可以在学习社区课程中修得学分，获得学位；另一方面，还可以提高自身综合素养、职业技能和知识水平。此外，社区学院定期为社区居民举办知识类讲座和一些兴趣课程。例如，专门为中小学生开办的假期课程，课程形式丰富多样，以开放性的球类和语言类课程为主。具体包括艺术、体育、科技、管理、烹饪等。再如，针对居民的家养宠物和树枝修剪等开设实用培训。选修社区学院相关课程的程序简单，社区居民可以在社区官网上注册报名，并下载课表，在网页上还能看到参加过往期课程的居民评价。通过社区居民的评价回应社区课程设置的初衷。社区课程的设置，旨在使社区居民提高生活技能，同时增进邻里关系，促进社区生活和谐。

3. 社区教育设施

美国的社区一般都设置有图书室。图书室针对不同年龄段的社区居民提供不同服务。如，针对儿童组织的暑期阅读计划，这是一个全国范围的大规模集体活动，每年春季3月2日左右开始，用于以培养儿童的阅读兴趣；针对青少年提供的课外媒体室、手工烘焙室；针对成年人提供的手工室、学习实验室、电影放映室等。

有的社区还建有特色博物馆。如，美国加州阿卡迪亚社区有阿卡迪亚遗产博物馆以及当地退伍军人历史室。社区居民可以在开馆时间免费参观，了解阿卡迪亚的历史故事、特色历史图片和历史绘画集，以及阅读阿卡迪亚社区作家撰写的书籍。① 通过建设和宣传本地区特色文化和历史，既为社区居民普及了文化知识，也增添了社区的文化氛围。

4. 退伍军人的教育

美国政府重视军人的保障福利和职业教育。全美负责退伍军人安

---

① 参见美国社区官网：www. arcadiaca. gov. 。

置、管理、培训和服务的有三个部门，分别是美国国防部、美国退伍军人事务部及退伍军人管理局。[①] 从第二次世界大战至今，美国出台了《老兵权力法案》《退伍军人教育援助计划》《退伍军人权力法案》等一系列法律条文来保障退伍军人在培训和就业方面的优先权利。

针对军人提供的教育是多渠道和多阶段的。一般来说，军人退伍前就能选择与军队签约的地方大学的课程，学习并修得学分。退伍后，退伍军人可以根据自身实际情况选择培训模式和培养方向。政府面向退伍军人提供了文凭教育、基础教育、专业教育和社会教育四种教育模式，军人退伍后可根据自身情况选择不同的教育形式进行学习。

一般来说，退伍军人会先上社区学校学习技能常识，一部分人会选择就业，成绩优秀者经过入学考试可以到正规大学继续深造。至2009年，美国退伍军人共2190万，到地方后取得大学、大专学历的比例达26%。仅2007—2008年，就有66万退伍军人和21万名现役军人就读大学，占现有大学生的4%。[②] 可见，社区教育作为美国退伍军人能够接受的初级高等教育，对于退伍后发展个人技能、重新融入普通社会生活提供了重要的保障。

（二）日本的社区教育

日本社区教育主要依靠立法推动，且与完善的社区教育设施相结合，逐渐走向成熟。

1. 立法推动社区教育

立法先行是日本社区教育的显著特征。日本已经颁布的相关法律有《教育基本法》《社会教育法》《图书馆法》和《博物馆法》等。例如，《社会教育法》规定，国家及地方政府须采用灵活多样的形式，

---

① 韦钦云：《美国退伍军人就业培训概况及其启示》，《山东人力资源和社会保障》2012年第9期。
② 同上。

"努力创造环境，以便国民能够利用一切机会和一切场所，自主地根据实际生活需要，提高文化教养水平"①。该法令强调国家有责任和义务，为民众创造教育和学习的条件。

2. 社区教育设施

日本政府借助社会力量，将各类社会福利设施、青少年及妇女等教育设施、文化娱乐体育设施等资源作为载体，为国民开展社区教育工作。截至 2018 年 4 月 1 日，日本社区学校的数量为 5432 所。此外还有如图书馆、博物馆、体育活动室等作为社区教育的载体。

3. 社区课程

在东京，对于文化、体育及公民活动有专项分类，常年开设各项文体活动，社区居民可以根据兴趣选择适合自己的课程和培养计划。除了科普和宣传本地的历史遗迹、艺术作品以外，社区还提供国际交流的平台，来扩大社区居民的国际视野，提高其国际活动的参与度。

日本很重视环保教育。在社区提供的课程和发起的活动中，有关于无核学习的项目和原子弹照片海报展示。虽然战争已过去 70 年，"核污染"教育却没有停滞。日本社区还建立公益性的市民菜园，鼓励有闲暇的居民加入其中，提高自身动手能力，同时也提高资源利用率。②

日本重视儿童和青少年的教育，且与生育和儿童福利相对接。社区为孕期妇女和刚生完孩子的产妇及其亲属，开设有针对不同年龄段婴儿的食品课程和"妈妈烹饪"培训。针对学龄儿童，则开设儿童馆、儿童活动中心、紧急临时托儿所、课外课堂、小学生中心等场所，为成长和教育提供便利。

（三）丹麦的社区教育

丹麦是民众教育的发源地。19 世纪中叶，由于其地处纬度较高，

---

① 张暄：《日本特色的社区教育》，《科技传播》2009 年第 8 期。
② 日本社区官网：www. city. kodaira. tokyo. jp。

气候恶劣，国土面积狭小，丹麦的经济发展条件较为艰难。在这种环境下，政府提出通过教育来拯救国家。1844 年，教育学家柯隆威建立起第一所"民众中学"，面向年满 18 岁的农村年轻人提供历史、人文、科技等知识。该校没有入学门槛，不设考试，可随时入学。以此为契机，一时掀起丹麦全民学习的热潮。丹麦的民众教育的特点在于，通过与民众学校合作，充分发挥社区的力量和资源。其实质是一种社区教育。这种社区教育不同于丹麦正规的全日制教育体系，但是又与其相联系。

1. 社区教育的平等和广覆盖

北欧地区的社区教育覆盖面广泛。虽然地广人稀，但在北欧地区的各个角落都建立了各种形式的社区教育机构。在丹麦，随处可见各个居民区的社区图书馆，方便社区居民随时阅读学习。民众高校的入学门槛较低，生源种类多样，主要由失业人员和缺乏职业培训的青年人组成。通过这些"职业类"课程的培训，使得这一部分丹麦民众能够自食其力。

社区教育是丹麦福利体系的一部分，人们拥有享受各种教育的权利。政府通过财政补贴和出台相关的法律政策帮助社区教育工作，但是不直接参与具体事务。几乎所有北欧地区都在 1930—1940 年立法，要求政府对社会教育予以财政拨款，并提供法律援助。除此之外，政府还进一步完善了教育体系。例如，丹麦颁布《闲暇时间教育法》和《成人社会教育法》，详细介绍了丹麦社区教育的定位、宗旨、教育目标以及管理办法，并强调了社区教育工作的重要性，提出完善管理体系、加大财政扶持力度、规范师资队伍培训等。

2. 社区教育类型多样

丹麦的社区教育包括民众中学、民众大学、成人学习小组、非资格成人教育和资格成人教育等多种类型。

（1）民众中学。丹麦人口 570 万，拥有约 70 所民众中学。民众中学分为七种类型：基督教或精神学校、一般的柯隆威式学校、体操和体育学校、生活方式学校、老年学校、专业知识学校、民众青年高中。在学期设置上，分为长期课程和短期课程，长期课程一般持续2—10个月，但大多数为期4个或5个月，这种长期课程在过去比较受欢迎；而如今越来越多的人转向参加短期课程。短期课程可以是几天也可以是几个星期，一般安排在夏季。① 民众中学开设的课程十分多元，有语言、体育、艺术、传媒、社会科学、政治、音乐舞蹈以及偏向生活应用类的烹饪和营养课程。申请民众中学的入学年龄平均在17.5岁（青年民众高中除外），无论之前的受教育背景如何，都可以申请。民众中学的费用相对较低，学费包含了住宿和餐费。

（2）民众大学。民众大学是以成人高等教育为主、兼施成人普通教育的社区成人教育机构，由丹麦各个自治区的城镇地方委员会与民众大学共同负责，政府提供少量教育经费。主要招收民众中学毕业生或正规中学的毕业生，修业期限一般为3年。民众大学通过提供函授教育、训练班、大小不一的讲座来向普通公民推广有关科学方法及其成果的认识。丹麦的民众大学与正规大学教育制度不同，并不提供自动转向正轨大学的课程。

（3）成人学习小组。这是北欧国家较为常见的一种民众教育模式。这种模式在不同国家称呼不同，如"读书会""学习班""兴趣小组"等。学习小组的构建十分民主，组长由内部推选，负责小组成员的日常学习以及与教育协会的联系。学习内容和课程安排由组长和组员共同制定。学习形式丰富多样，学习内容涵盖面广，有艺术类课程、语言类课程和经济学、法学、历史和哲学等。小组一般利用晚上时间，每周都会不定期上2次课，一共10—20周课程。

专栏：丹麦人民的"补习班"

除了一些民众教育学校，丹麦还有一些作为补充性的教育平台，针对成人开放，堪称正式教育额外的"补习班"。主要形式分为非资格成人教育和资格成人教育。

---

① 参考丹麦官方网站：www.denmark.dk。

> 非资格成人教育指的是非正式机构的成人教育平台，例如成人教育协会、函授大学、青年俱乐部。在成人教育协会提供了广泛的课程和讲座，一般在下午或晚上进行。内容包罗万象，如外语、计算机、数学、历史、艺术、建筑、烹饪、电影、歌剧等，不一而足。非资格成人教育相比正式的成人教育，更像是一种闲暇学习，学习者可以利用自己的闲暇时间来查漏补缺，学习新知识和各种技能。
>
> 资格成人教育主要是一些青年学校、寄宿制青年学院、地方继续教育学院等正规成人教育的平台，是为了解决民众学校的规模和教学内容不足以满足社区发展的需要而建立。这类机构招生没有任何限制，也不进行入学教育考试。教学内容涉及小学高年级、初中、高中、高中后教育。通过把原有的知识改进，来适应不同文化层次的需要，课程结束会颁发资格证书。①

（四）新加坡社区教育

新加坡的社区为本社区居民提供丰富多样的社区文化课程。主办机构为新加坡社区人民协会。

1. 社区课程

社区课程分为不同的专题，例如有针对老年人的"积极老龄化"课程、针对女性的"导师计划"和"CITI-Tsao金融教育计划"、针对青少年的"人民协会青年运动计划""社区领导力计划"和"青年之声"，还有专为促进家庭关系和谐而设计的"家庭生活冠军计划"。②

新加坡的社区CC（Community Course）课程是常规的课程设置，包括社区大众的系列课程、高级学院课程、智能国家老年人课程和技能培养课程。

系列课程是社区人民协会为促进社区居民终身学习，在忙碌的

---

① 参见王晓娟《丹麦民众教育研究》，硕士学位论文，辽宁师范大学，2011年。
② 新加坡社区官网：www.pa.gov.sg。

生活之余能够培养兴趣、结交朋友而设立。课程类别主要有艺术手工、美容健康、烹饪饮食文化、音乐戏剧与舞蹈和其他个人职业技能等。

高级学院健康课程是通过提供优质且负担得起的课程来鼓励更多50岁及以上老年人，追求终身学习愿望并采取积极的生活方式。考虑到社区居民的多元性，课程运用英语和普通话两种语言，参与者将学习4个核心课程和6个选修课程。4个核心课程旨在帮助课堂学习，并向参与者介绍日常生活中常用和实用的基本生活技能，完成该计划的参与者会获得高级健康基本证书。

智能国家老年人课程是另一种针对社区老人的普及教育，该课程计划旨在帮助老年人掌握现代电子信息技术，从最简单和常用的手机媒体软件和系统开始教学，达到能够自主拍摄和发送照片以及网上购物的水准。社区老人通过学习智能电子信息课程有利于无缝地融入社区，提高生活品质。

2. 社区教育资源与设施

除了针对不同人群提供的专项课程活动以外，社区人民协会还为所有社区居民提供社区艺术和体育教育。围绕社区艺术，新加坡社区建有社区文化艺术俱乐部、Passion Arts 社区美术馆，并定期组织社区美术节，开展艺术活动。社区文化艺术俱乐部由热衷于推广社区文化的志愿者管理。俱乐部会定期邀请居民和社区艺术家在社区场所展示和分享他们的艺术作品，以便更多的居民可以在家门口欣赏艺术。同时，每个月在社区中心开办的艺术活动可供居民展示才能，社区会为居民开放美食广场、公园和居民游乐场，供表演者使用。

通过兴趣俱乐部形式的社区平台以及完善的设施，社区为居民提供更多接触、学习和交流艺术文化的机会，有力促进了地区文化发展和融合；同时，通过举办社区集体体育运动，培养了社区居民的合作意识和集体精神。

专栏：新加坡社区的"激情卡"（Passion Card）

　　Passion Card 是社区人民协会的会员卡。在 2009 年 11 月，新加坡社区推出了 Passion ez-link 卡。除了为会员提供课程、活动和计划的独家特权外，社区居民还可以通过 Passion Card 参加商家和社区合作而提供的促销活动。例如，社区会员在参与的 Capita-Land 购物中心购物时可以享受多达 50% 的折扣；社区老年人还可以享受公共交通上的优惠票价。该计划还使社区老年人能够继续保持活跃，积极参与社区互动并生活得很好。此外，该卡对于部分社区活动实行积分制，如，志愿帮助社区弱势群体通过积极参与可获得积分，积分可以积累至社区居民账户。①

三　国外社区教育经验对我国的借鉴

　　社区是实施民众教育的平台。建立和健全社区教育不仅可以为社区居民提供知识上和技能上的帮助，更能促进社区和谐发展。

（一）因地制宜发展社区教育

　　各个国家的教育宗旨有所不同，但都是出于各自需要并符合国情的教育策略。如美国注重实用性，丹麦则偏好人文。

　　我国 2006 年实施九年义务教育以来，大幅度提高了我国基础教育的质量和覆盖面。但还存在许多需要解决的教育问题，例如老一代民众的扫盲与教育普及、经济欠发达和落后地区的教育普及工作、下岗居民再就业培训和少数民族地区教育等。

　　针对我国各地区教育普及程度和经济发展水平不一致的国情，应该因地制宜地规划各地社区教育的发展方向，突出本土特色，强化学习者的实际运用能力。少数民族地区可发展具有民族特色的社区

---

　　①　新加坡社区官网：www. pa. gov. sg。

教育。

（二）建立健全社区教育法律体系

建立社区教育设施离不开法律的规范与监督。北欧国家通过制定配套法律对社区教育予以保障，不加以过多干预。实践证明，这种方式能让社区居民、社区、社区教育机构在规定的范式下，顺利地参与学习活动。我国应加快完善针对社区教育的立法体系。

（三）降低社区教育"门槛"

结合我国现阶段的国情，社区教育面向的大部分群体是平时没有能力接触到更多优质教育的人群，例如孤寡老人、家境贫困的低龄儿童、失业者、残疾人、农民工和退伍军人等。因此，社区教育应降低准入门槛，提高居民的参与率；根据居民学习需求开展实用性强的课程，使社区居民能够真真切切地从中获益。除了开设技能型和知识型的课程外，社区教育也要注重培养社区居民的人文素养和综合能力。思想道德素养的高低在很大程度上影响社区发展环境的和谐稳定。

（四）丰富社区教育形式

可利用城市已有的社会资源，丰富社区教育的形式，按照不同年龄阶段、知识水平建立相应的教育专题，成立社区"小课堂"、俱乐部，举办特色的读书日活动和分享会等，来提升课程的趣味性和可参与性。还可以与地方大学、高职类院校等合作开展专题讲座，或定期组织社区居民参观博物馆、艺术馆来扩展社区居民的知识面。

社区公共安全服务的多元化供给

公共安全服务是最基本的公共服务。城市公共安全服务的有效供给在于：一是政府服务理念优化，警务效能提升；二是社会广泛参与，服务社会化。这要求政府部门、警务部门、社区居民、慈善组织、私人企业等利益相关者之间互动与协作，形成一种复合型结构。

一 社区公共安全服务概述

公共安全服务是国家政府提供的最主要也是最早的公共服务，旨在保护社会公众的生命、健康和财产安全。

美国城市问题研究专家乔尔·科特金认为："只有充分认识到公共安全的重要性，并通过积极大胆的方法、策略来解决公共安全问题，现代城市才能在新世纪生存与繁荣。"[①] 在城市化及"风险社会"的时代大背景下，如何创新公共安全服务机制，构筑公共安全"防护网"，影响着经济社会的平稳运行，也是考验政府治理能力的重大命题。

现代治理环境下，公共安全服务的内容，不仅包含了国防、社会治安、交通安全、突发事故及自然灾害防范和救助等由政府相关部门提供的安全保障服务，也包含了由非政府组织、保安企业乃至公民个

---

① ［美］乔尔·科特金：《全球城市史》，王旭等译，社会科学文献出版社 2010 年版。

人提供的安保服务。本章所研究之"公共安全服务"主要指社会治安维护，其参与主体包含了政府以警务部门为主的相关机构、私人企业、慈善公益组织及公民个人。

现代公共安全服务的重点是预防与合作，其有效供给基于政府、社会、市场三方的良性互动。前联合国秘书长安南曾说："如何使城市安全、远离犯罪和暴力……针对城市犯罪根源而采取的犯罪预防战略前景广阔。该策略需要政府、市政当局、国内社会组织和居民的参与合作。"纵观国内外公共安全服务，以社区警务、平安城市等为代表的"大治安"理念正是这一观点的体现。"大治安"并不仅仅局限于犯罪，而是着眼于城市或社区的全局稳定和安全，强调全员、全警、全部门协同作战。[1]

在我国，大治安思维的核心为"警民共治"，其体系建设具体表述为"以情报信息为先导、以治安防控为框架、以社区警务为平台、以卡点值守为依托、以群防组织为辅助、以科技创安为手段"的八大防控网络，具体包括情报信息网、社区安全网、街道巡防网、内部防控网、特业阵控网、城乡协控网、城区监控网和在线管控网[2]。可以说，该网络涵盖社会各个阶层和不同领域。

二 国外社区公共安全服务的典型做法

（一）英国：广泛社会参与的社区公共安全服务

英国的公共安全服务非常重视整合社会资源，开展全方位、多层次的社会动员。在英国，公共安全服务的供给主体不仅包括中央政府部门、地方政府等行政力量，也包括私人机构、志愿者组织、宗教团体等社会力量。

---

① 邵祖峰等：《对"大治安，一警多能"现象的反思》，《净月学刊》2015年第1期。

② 李安君：《建立健全打防管控一体化的社会治安防控体系研究》，《辽宁公安司法管理干部学院学报》2010年第4期。

1. 睦邻警察服务

睦邻警察服务是典型的社区警务模式，人员组成包括正式警员、特别警员、社区支援员和睦邻监察员。这些人组成联合小组工作，共同构筑社区安全网，有效地维护了治安，构建了和谐的警民关系。

（1）特别警员

特别警员（Special Constables）也被称为"志愿警察"，是一支由受过专业训练的社区志愿者组成的警察队伍。特别警员来自社会各行各业，如公务员、教师、秘书、司机等，其中大多数人在之前并没有接触过警务工作。这支队伍是国家警察系统与社区之间的重要纽带。

在警务工作中，特别警员与正式警员身着相同的制服（佩戴的徽章有所不同），并拥有相同的执法权。其工作任务包括：辖区内巡逻（特别警员不允许独自巡逻，至少由两名警察共同执行）；入户走访，搜集、查询信息；协助检查车辆及交通安全；协助处理突发安全事故，如火灾、地震等；处理未成年人酗酒、寻衅滋事或骚乱行为；参与大型活动如重大体育赛事、演唱会等的安全保卫；开展校园安全教育和预防犯罪宣传等。[①]

特别警员的工作以自愿、兼职为基础，但每年必须保证至少200小时的服务，每月至少工作16小时。特别警员的工作没有薪金回报，但可以领取一定数额的津贴，公务中发生的合理费用可以报销。

要想成为一名特别警员，需要经过严格的选拔程序。首先，提出申请并接受审查。审查标准根据各地方具体情况而定，如伦敦警察厅要求，特别警员必须是年满18岁的英国居民，不能有犯罪记录、不能吸毒、不能是极端组织成员、不能有冒犯宗教信仰或种族歧视性质的文身等。此外，"脸部、手、衣领上方暴露部分也不能有任何文身图案"。其次，要通过笔试、面试和体能测试。最后，还需经过专门的业务培训，合格后方可正式上岗。

---

① 李肖明：《英国警务中的志愿者活动》，《现代世界警察》2017年第5期。

（2）社区支援员

社区支援员（Police Community Support officers）也被称为"社区助理警官"，是专职的社区警察。社区支援员的主要工作是在辖区内巡逻，提高"见警率"，被英国人形象地比喻为地方警察的"眼睛"和"耳朵"。

社区支援员属于着装警察，享有部分执法权限，工作范围包括处理轻微违法事件，消除公共安全隐患，提前介入并阻止犯罪活动，遇到重大案件及时上报等。

（3）睦邻监察员

睦邻监察员一般受聘于地方警务部门、物业公司及业主委员会等社区组织，工作职责是日常巡视，以便及时发现安全隐患，并着手改进和解决。此外，社区中的保安、保洁、管理员等，也可以是"睦邻警察服务"的有效人力资源。

2. 邻里守望项目

"邻里守望项目"（Neighborhood Watch）亦称"邻里复兴战略"。它是指一定区域的居民联合起来，预防犯罪，改进当地安全状态的一种活动方式。

邻里守望项目由地方政府或警察机构发起，以社区居民志愿者为活动主体。主要通过居民的自我防卫和邻里互防，预防入室盗窃，加强社区安全。活动内容以预防犯罪为主，如张贴邻里守望警示牌、出版邻里守望"新闻信"、定期召开安全讲座、组织预防犯罪的文娱活动等。此外，一些地区还增加了制止故意损坏公共财物、街道涂鸦以及寻人等服务内容。

邻里守望是情境犯罪预防策略（Situational Crime Prevention）的一项具体措施。① 它的实质是通过环境设计、财产标刻等提高陌生人在公共空间的可见性，减少犯罪机会。以英国德文郡为例，邻里守望社

---

① 李鑫：《中外社区治安管理对策的比较——以西方社区邻里守望和中国群防群治为例》，《四川警察学院学报》2010 年第 8 期。

区每家每户都会在显眼处贴有警示标识，上书："你已进入邻里守望地区"或"社区安全，守望相助。财产刻有安全标记"。① 这些标牌就好像千万双眼睛，使犯罪分子的一举一动都处以监视之下，从而起到威慑犯罪的作用。

特别值得注意的是，邻里守望项目对社区居民的要求仅为"守望"。发现不法行为，守望志愿者只要及时拨打报警电话即可，并不鼓励直接挑战犯罪嫌疑人，将自己置于危险之中。

目前英国的邻里守望社区已发展到 8 万多个，平均不到 6 户就有一户是邻里守望项目的成员。邻里守望最有价值的效果是，通过守望相助，减轻了居民对犯罪活动的恐惧，提高了社区安全感。

3. 平安公益组织

英国大力提倡私人慈善机构、社会志愿者等在政府指导下开展公共安全服务和宣传工作，形成"维护治安，人人有责"的社会氛围。

（1）制止犯罪协会

制止犯罪协会（Crime Stoppers）是一家独立慈善机构，主要负责协助受害人找到罪犯，迅速破案。该协会向社会提供全天候匿名举报电话，人们可以拨打电话或登录网站匿名发送有关违法活动的信息。举报人不需要登记任何个人信息，也不用担心会收到回访电话或者被追寻网络 IP 地址。CS 最大的特点就是提供匿名服务，它的成立使举报行为不再受到恐吓和报复的威胁。

（2）受害者援助机构

受害者援助机构（Victim Support）是一个全国性的慈善公益组织，它为违法犯罪的被害人、罪案目击证人以及其他受到犯罪影响的人们提供免费以及保密的援助服务。服务包括情感援助和实际援助。

①情感援助。主要针对犯罪行为对精神、情感等造成的破坏性影响进行安抚和调整，如创伤后应激障碍。通过倾听、交谈、整理、建议等方式帮助被害人正确处理情绪，重归正常生活。

---

① 王大伟：《英国警察在社区警务中有板有眼》，《社区》2001 年第 10 期。

②实际援助。主要针对被害人面临的一些实际问题，如财产损失、医疗康复、保险索赔等提供帮助。也会根据被害人需要，与其他慈善组织合作，联系专家提供专业服务等。

（3）虐待儿童之母与儿童安慰热线

虐待儿童之母与儿童安慰热线（Mothers of Abused Children）在英国大多数地方都有设立，名称上可能略有不同，但宗旨相同，基本上都是针对离家出走、无家可归或被虐待儿童，为其提供电话安慰和心理咨询；有的地方还针对身处危险的儿童提供紧急庇护和救治，为走失儿童提供寻亲服务等。

（4）街头天使

街头天使（Street Angels）是一个为他人提供无偿帮助的志愿者组织，其宗旨是基于基督教的夜生活安全倡议。

每周五、周六晚上，街头天使志愿者便会出现在城市中心街区，为那些无家可归、醉酒或夜晚外出遇到困难的人提供帮助。帮助的内容主要包括：一是救治。志愿者一般接受过基本的救护技能培训，可以对一些小事故给予第一时间的救治，比如摔伤或醉倒。二是援助。比如迷路、寻找出租车、需要搀扶等，甚至孤独寂寞，只是需要聊天，他们也会微笑倾听。三是提供简单设备。如为行人提供手机充电器，为穿高跟鞋的女士提供拖鞋等。

（5）志愿者警察学员

志愿者警察学员（Volunteer Police Cadets）是一个青少年志愿者组织，旨在增进青少年对警察及警务工作的感知和了解。[①]

志愿者警察学员向英国的男女青少年开放报名，年龄界限比较宽泛，如伦敦市规定，10—21 岁的青少年都可以参加。一般要求学员结构要代表当地的多样性，涵盖各个阶层和种族。

志愿者警察学员没有执法权，但可以参加一些非对抗性的警务工作。学员要求每周至少参加一次集体活动，每次 2—3 小时，学习警

---

① 李肖明：《英国警务中的志愿者活动》，《现代世界警察》2017 年第 5 期。

务知识和技能；发放预防犯罪宣传资料；为邻里守望志愿者提供帮助；学习急救等基本技能；帮助残疾人和弱势群体；在大型社会活动如体育赛事、纪念日庆典中协助安保工作。还有的地区允许年满 16 岁的学员在正式警察带领下参加巡逻。

（二）美国：数据驱动的警务革新

美国的公共安全服务以预防犯罪为目标，借助新技术，主动发现问题、科学预测犯罪。实施过程中，以社区为导向，实现警务前移；以问题为导向，从被动反应式的、事件驱动式的工作姿态转换到积极探求那些不断消耗公共资源的问题态度上来。①

1. 多层级警务

美国警务建制为联邦、州、市三级，市级以下设警察分局，分局再根据辖区划分警区，根据警区规模、实际需求等配置警力。如洛杉矶的每个警区配置有 9 名警察和一辆警车，分三班 24 小时不间断巡逻。纽约市的每个警区除设立任务区域固定的社区步行巡警，还成立有社区互助巡逻队，组织市民志愿者守望相助。

美国警务工作以社区为导向。一方面，地方警方通过与社区建立伙伴关系开展犯罪预防，实现警务前移。如，社区内设警民交流处、社区安全顾问委员会、社区公共安全维护基金会等，加强警民沟通，发动市民参与；设立专门负责宣传教育的职能部门，除了在网站、报纸、杂志等刊登警务部门联系方式及相关信息，还会向公众发送安全小册子，提高市民安全意识。

另一方面，联邦、州、市级警力也能针对社区诉求直接回应、快速反应。美国联邦政府成立"社区导向警务服务处"和"社区关系服务处"，不仅为地方警务提供信息和资助，而且与地方联合执法，处理宗教、种族冲突。州政府推出"社区外展项目"，凡涉及重大灾

---

① 钱洁：《西方国家警务协同治理对中国的启示》，《中国人民公安大学学报》（社会科学版）2015 年第 2 期。

害事故、互联网犯罪、儿童性侵害等不法行为，公众可直接向州政府举报。此外，紧急情况下，居民还可以直接联系市政府内设的公共安全管理部门，该部门会自上而下调配警力，第一时间解决问题。[①]

2. 循数管理

美国坚持以数据治国的理念，数据的收集、分析和使用渗透在公共管理的各个领域。警务工作中，各种数据、图表、调查问卷十分常见。循数管理建立在警察部门拥有的海量数据资源的基础之上。借助信息系统和大数据分析技术，这些数据得以汇聚、清洗、比对、整合、报告，为警方有效识别社区公共安全风险隐患、发现线索、预测犯罪、分配警务资源、制订处置方案等提供帮助。在循数管理理念引领下，警务人员由被动的控制与维护转向主动的预测和出击，大大提升了公共安全服务的效能。

（1）Coplink 系统

Coplink 是一套整合数个执法单位的系统，结合了报案系统、罪犯相片数据库、刑案信息系统等，运用数据分析、探勘、分群、分类、建立关联、特征识别等技术来分析罪犯的行为模式，并可将汇整的数据显示至地图或制作成表格。[②] 通过将数据传输到云端，该系统使警察无论在何时何地都可以获取想要的信息。

（2）实时打击犯罪中心（RTCC）

RTCC（The Real Time Crime Center）由纽约市警察局成立，其数据库拥有 3.3 亿条公开资料及 3100 万条全国罪犯记录。关键数据库可发挥实时分析功能且全年无休，帮助纽约市警察迅速识别犯罪，缩短追捕时间。RTCC 由三个部门组成：一是调查支援部。主要通过智能数据监测、GPS 追踪、车牌辨识、嫌疑人警示等功能，整合信息，提供线索，分析并给予决策方向。二是青少年犯罪支援部。对疑似青少年犯罪案件，该部提供 24 小时咨询服务，并给予处理指导和建议，

---

① 刘思思：《美国城市社区公共安全服务供给经验及启示》，《新西部》（理论版）2014 年第 18 期。

② 张威：《大数据时代犯罪防控困境及出路探讨》，《铁道警察学院学报》2018 年第 2 期。

帮助提高青少年犯罪案件的执法绩效。三是脸部辨识部。主要利用脸部特征的数据库对比（内部数据库包括前科犯影像数据库，外部数据库包括证件照及 Facebook、YouTube 等社交媒体）识别特定人员身份，为外勤警员提供侦查线索。

（3）区域警示系统（DAS）

DAS（Domain Awareness System）系统用于收集和分析纽约市公共监视镜头、车牌辨识系统、辐射传感器等的信息。该系统的最大特点是，将大数据信息技术与警察实务经验相融合，实时提供与嫌犯有关的人、事、时、地、物等分析。如警方可以通过影像传输实时接收信息，了解犯罪嫌疑人的前科资料；通过标注过去犯罪发生的地理空间及时间顺序，预测犯罪；甚至可以追踪与犯罪嫌疑人相关联的汽车在过去几天、几周或几个月的位置。①

3. 警学联合

警学联合是美国公共安全管理中一种常态化的合作模式。通过与各类研究机构、智库、大学和培训机构合作，警方能够更好地理解犯罪行为、心理以及社会问题，提高公共安全管理的能力和效率。

（1）资助专业机构。美国司法部"社区导向警务服务办公室"（COPS）不仅资助地方社区警务，也资助相关专家，特别是大学研究机构，如纽约州立大学阿尔巴分校的"问题导向警务研究中心"、乔治梅森大学的"循证犯罪政策研究中心"等。旨在共同开展警务研究，或针对警察实务中遭遇的技术问题总结经验、寻求解决方案。

（2）引入专业力量。美国司法部"诊断中心"是一个为地方执法机构提供解决暴力犯罪和其他严重犯罪问题的定制化援助资源中心。②该中心与专业研究机构合作，将社会科学的研究成果转化为警察实务和决策服务。具体工作包括：分析当地犯罪数据，识别当地最

---

① 章光明、黄文志：《大数据在犯罪侦查中的应用》，《上海公安高等专科学校学报》2016 年第 2 期。

② 陈晗婧：《数据驱动的美国社区警务及对我国治安防控工作的启示》，《福建警察学院学报》2018 年第 4 期。

重要的公共安全和犯罪问题；提供应对方法和策略；提供培训；评估；根据反馈寻求改进；等等。[①]

（3）注重成果转化。研究的实用性对警学联合十分重要。美国司法部成立专门网站，对警务研究项目及其实际效果进行评估。[②] 旨在提升研究成果的应用水平和转化能力，减少研究资源浪费。

（三）加拿大：平安城市建设的战略和战术

加拿大的多伦多是北美最安全的城市之一。多伦多的公共安全服务以打造平安城市为目标，强调多行业、多部门、多领域之间的协调与合作。实施政府、警察、消防、交通、教育、企业等各自发力，共同解决平安问题的战略。[③]

上述战略指引之下，具体的战术有以下四个方面：

1. 邻区协同。确定城内 13 个相邻社区为重点安全区域，制订邻区协助行动计划，加强邻区警务部门及其他行政部门、社区居民、社区志愿组织协作，整合邻区公共设施与配套服务资源，如图书馆、公共卫生、疾病防控、预防犯罪服务等，维护公共安全环境。

2. 危机应对。要求城市公共安全服务机构或组织（包括警察机关、社区邻里守望组织、平安志愿者等）在突发危机的处理过程中统一行动，彼此支援。此外，鼓励市民通过热线、书信、网站留言等方式对公共危机事件的处理过程进行意见反馈并提出建议，鼓励市民积极参与社区安全会议，共同商议、改善危机应对策略。

3. 交通防范。针对公共交通运输安全提供具体措施。如，"叫停方案"规定，晚上 9 点到凌晨 5 点间乘坐公交车的单身女士有权在非公交站台的地方下车；地铁乘客紧急援助，当遭遇骚扰、突发疾病、

---

① 美国司法部诊断中心，ABOUT US，https：//www.ojpdiagnosticcenter.org/。

② 美国国家司法研究所，ABOUT Crime Solution.gov，https：//www.crimesolutions.gov/about.aspx。

③ 周向红、齐超：《加拿大多伦多平安建设的经验及对我国的启示》，《青少年犯罪问题》2006 年第 6 期。

火灾或其他安全事故时可警报求助；并提供相关安全知识普及，如预防汽车失窃的知识、上下楼梯及电梯的安全知识、反扒防骗知识等。

4. 青少年行动计划。包括青少年司法援助计划和青少年就业计划。青少年司法援助计划指通过指导性干预、教育及司法援助，减少青少年犯罪的概率。青少年就业计划主要针对失足青少年，通过与政府部门、社区组织及私人企业的合作，提供就业、教育和培训机会，提升青少年社会生存与生活能力。

三 国外社区公共安全服务对我国的启示与借鉴

西方国家普遍构筑的"全民动员、全民参与"的公共安全维护体系，正是基于其在公共安全服务理念、服务主体、服务方式等方面的创新。

一是服务至上。政府由公共安全的管理者向服务者转变，这意味着：安全服务的主要内容由社会需求决定，安全服务的主要模式转为引导和帮助。具体表现在：一方面，警务平民化。"警察已经逐步从传统的主要扮演保卫国家政权的角色，转变为大量地、经常地服务于社会。"[1] 警察回归社区，做时刻出现在人们身边、容易接触、快速反应的"传统更夫"。安全服务不限于巡逻和打击犯罪，还包括发放警务资料、张贴警示标示、指导社区平安志愿者行动等"软技术预防"，有时还需要通过社会工作、心理咨询、倾听等解决社会问题。另一方面，平民中心化。警务工作的开展以公众的利益和需求为首要考虑，其服务质量和水平接受监督。如提升报警电话的回应质量和效率，制定警察服务标准等。[2]

二是合作治理。公共安全服务主体由警务部门向社会延伸，逐渐建立起以政府为核心，以伙伴关系、合作协议、自愿平等方式联合的

---

[1] 王大伟、孙中华：《从英国警务革命看我国公安改革热点》，《江苏警官学院学报》2003 年第 9 期。

[2] 夏军等：《英国社区"睦邻友好警务"及启示》，《上海公安高等专科学校学报》2017 年第 12 期。

公共安全服务供给网络。① 具体表现在：一方面，全民警务观念强化，群众力量和社会力量积极参与。如英美等国社区的守望相助制度、"社区老年人义务巡逻队"，澳大利亚城市社区的联防会议和社区反馈机制，香港的"少年警讯计划"等，不仅大大提升了基层警务效能，而且推动形成了"维护治安，人人有责"的社会氛围。另一方面，公共安全服务市场化。以英国警察"私有化"为代表，旨在打破警察服务垄断，通过引入市场竞争机制来提高警察的服务水平和质量。

三是主动防范。"无形警务"即"无形的社会控制"，公共安全服务的重点从快速反应转向预防犯罪，主张警察走出岗亭、了解公众、组织公众。② 具体表现在：一方面，注重安全宣传和教育。如美国的社区工作站制度、日本的联络协会和家访制度、新加坡的罪案实录节目制度等③，都对传播安全常识、培育法治思维、促进公众提高警惕，并有针对性地预防起到了推动作用。另一方面，建立情报主导战略。信息和情报主导是英美等国防范恐怖事件和控制有组织犯罪的主要策略，即依靠准确、全面的犯罪情报和科学的数据分析做出决策，对惯犯和重特大犯罪分子开展战略管理，有效打击，主动预防。④情报主导对数据的有效采集和利用要求颇高。

2017 年，党的十九大提出要"打造共建共治共享的社会治理格局，加快社会治安防控体系建设，推动社会治理重心向基层下移，发挥社会组织作用，实现政府治理和社会调节、居民自治良性互动"。这就要求公共安全服务结合国情，形成以政府为核心，优化服务理念、提升警务效能、动员社会参与的社会化运作机制。

---

① 李礼：《城市公共安全服务供给的合作网络》，《中国行政管理》2011 年第 7 期。

② 王大伟、孙中华：《从英国警务革命看我国公安改革热点》，《江苏警官学院学报》2003 年第 9 期。

③ 陈亚蕾：《新公共管理视域下我国社区警务改革研究——以西方经验为鉴》，《铁道警察学院学报》2014 年第 4 期。

④ ［英］杰瑞·莱特克里菲：《情报主导警务》，崔嵩译，中国人民公安大学出版社2010 年版。

社区"健康守门人"与管理化保健

建立以社区卫生服务为基础的综合性医疗保健体系是国际趋势。社区医疗不但能够有效降低医疗支出，促进医疗资源的合理配置和充分利用，而且通过引入市场力量，能够满足人们多样化的医疗服务需求，改善医患关系，促进社会和谐。国外医疗资源的配置特点是分级诊疗。无论是社区的"健康守门人"制度、全科医生制度，还是社区首诊制度或管理化保健，下沉到社区的基层医疗机构都承担了大部分医疗任务，大医院只需专注于重大疾病、疑难杂症以及由基层社区医疗中心转诊的病人。

一　社区的"健康守门人"功能

社区医疗卫生服务是社区建设不可或缺的一部分，它是指在政府统筹规划下，初级卫生机构为主体，全科医生为骨干，充分利用社区医疗资源与技术，在地解决社区的卫生健康问题、满足人们基本医疗服务需要的基层医疗卫生服务。①

社区医疗服务项目一般包括：普通疾病的初步诊疗、现场急救医疗、传染病与意外伤害预防、健康教育与咨询、家庭护理、术后康复、慢性病管理、孕产妇健康和老年干预，以及为卫生保健和儿童保育人员提供的疾病筛查和计划生育指导。这些服务贴近居民，便捷、

---

① 陈洁：《医院管理学》，人民卫生出版社 2005 年版。

经济、连续、有效，在疾病治疗和预防保健方面发挥了重要作用。同时，作为国家医疗卫生系统的基层机构，社区医疗不仅能够有效降低人们的医疗支出，促进医疗资源的合理配置和充分利用，而且通过引入市场力量，能够很好地满足人们多样化的医疗服务需求，改善医患关系，促进社会和谐。

随着社会经济快速发展，医疗卫生服务水平不断提高，人们对健康权、生命权以及高质量医疗服务的需求不断增长，建立以社区卫生服务为基础的综合性医疗保健体系已成为国际趋势。目前来说，较为成熟的国际社区医疗模式主要分为三种：一是以英国为代表的国家经营管理模式，即社区医疗卫生的经费主要来源于国家税收，公立医院提供综合性基本医疗服务；二是以美国为代表的私营主体经营模式，即社区卫生服务的运作遵循市场原则，私营医疗机构为供给主体，提供全程医疗服务及出院后的持续护理服务，公立医疗机构只提供急诊或特殊门诊，政府通过基本医疗保障为弱势群体兜底；三是以新加坡、德国、日本等国为代表的政府引导、多元参与模式。

在我国，社区作为"健康守门人"的地位日益受到重视，医疗卫生服务朝着分级诊疗、社区首诊的方向发展，但是依然存在着大医院看病难、看病贵，基层医院设施不健全等问题。[①]

二　社区医疗卫生服务的实践路径

（一）英国的政府主导型全科医生制度

英国是社区医疗卫生服务的发源地。1948 年，英国建立国家卫生服务系统（National Health Service，NHS），为英国居民提供免费的医疗服务（英国的制度是医药分离，其中医疗服务基本免费，药品由患者持处方到药店购买，部分需个人付费）。该体系主要由社区全科诊

[①] 曹震男：《基于新形势下提升医疗服务质量的思考》，《产业与科技论坛》2018 年第 24 期。

所（也称"全科医师诊所"）、社区初级医院、综合或专科医院三部分组成。依托这一体系，英国逐渐形成公立医院与私人诊所共建并重、专科医生与全科医生分工协作的分级诊疗模式。

1. 政府为主导的国家医疗服务体系

NHS 制度以政府为主导。主要体现在以下四个方面：

首先，医疗卫生服务的筹资以政府财政拨款的计划指令为基础，资金主要来源于国家税收。申请资金的社区医疗机构，需要向上级管理部门提交申请材料，内容包括该机构的人员结构、薪资水平、设备设施、培训项目、后勤服务及发展规划和资金预算；经卫生部门逐级上报后，由国家部长会议依据国库财务状况进行讨论；最后划拨并按计划分配经费，其中，75% 直接划拨给社区基层医疗管理系统，25% 划拨给医院，10% 留做机动资金。①

其次，严格规划各层级医疗机构及人员的数量、规模，以保持相对合理的医疗结构。社区医疗服务机构的设置和全科医生的分布，主要依据全科医生注册居民的数量而定。每个全科医生平均管理 1800—2000 个居民，不能超过 3800 个。全科医生和居民之间可以双向选择。

再次，政府对社区医疗服务的功能和服务范围予以明确规定。例如，要求全科医生充分了解和掌握每一位注册人员的健康状况，及时提供必要的咨询、诊断和治疗，并进行计划生育、免疫接种、生育保险、儿童保护、体检、预防保健和其他服务。

最后，评估非常严格。每年，议会都会邀请各行各业的专家组成独立评估小组。小组成员除医疗工作者外，还有社会学、心理学等专业人士。这些人不受卫生部门制约，由法律保护。评估过程为：第一步，审核申请材料；第二步，邀请该社区医疗机构的医护人员、患者及其家属、周边居民及组织等，开展调查和讨论；第三步，根据评估结果进行评级和处理。被评为绿色的社区医疗点会得到奖励，相关人

---

① 黄存瑞、叶文彬、李国鸿：《英国社区服务制度及其启示》，《国外医学》（卫生经济分册）2004 年第 4 期。

员可能会得以提升；被评为橙色的医疗点给予3—6个月的整改时间，整改后再度评估；被评为红色的医疗点必须关闭或与其他单位合并。评估一般为期4天，评估内容包括：医疗机构的设施是否完善、环境是否舒适、医疗服务是否专业、医护人员态度是否恶劣、医疗效果是否有效等。目前，英国已将年度随机抽样与国家审计相结合，以加强检查的力度。

NHS制度是一种基于高福利的医疗服务供给模式，虽然较好地实现了医疗服务的全民覆盖，但缺点在于：一则，由于它对资金投入的要求很高，容易对国家财政形成较大压力，二则，由于病人无须为此支付大额费用，容易引发过度需求，进而导致医疗资源的滥用和浪费。

2. 全科医生制度

全科医生制度是英国社区医疗卫生服务的基石。英国90%左右的基础医疗服务由全科医生提供，医院只接收转诊和急诊的病人。

按照规定，每个英国居民都要从居住地的全科诊所中指定一名全科医生作为自己的家庭医生；除急诊和性病诊疗外，患者必须先找全科医生诊治。不能由全科医生治疗的患者将被转诊到社区基层医院、综合医院或专科医院进行治疗，全科医生需要代表患者购买服务。全科医生的服务费由政府支付。政府从私人全科医生和全科诊所购买基本医疗和保健服务的做法反映了这样一种观点，即提供者与买家分开，资金跟随患者。

全科医生是英国医疗卫生服务体系的守门人。全科医生的一个重要作用就是将不需要去医院的人留在社区，通过"包治百病"的医疗技术和服务，节省了医疗服务开支，避免了医疗资源的滥用。例如，伦敦基利克的一家诊所每年接待病人5.3万人次，每次费用仅31英镑，是医院急诊的1/4，专科医生诊疗的1/7。

全科医生与注册居民建立了稳定良好的医患关系。这一方面由于，全科医生向注册居民提供从出生到死亡的全过程、全方位、连续性医疗服务，双方足够了解，多年培养的感情深厚；另一方面也因为全科医生与居民之间是双向选择的关系，二者既可以是长期关系，也可以重复交易。全科医生的收入很大程度上与注册居民数量有关。英国政府规定，居民可以在一定时期内（一般为一年）更换自己注册的全科医生，这种"用脚投票""钱跟人走"的机制就使得全科医生必须努力提高自己的服务质量，增加注册率。

全科医生可以自由执业但受政府监督。大约75%的英国全科医生在私人诊所就诊。他们或独立工作，或与诊所合作，负责自己的利润和损失，拥有收入分配的自主权和诊所业务管理的自主权。全科医生可以选择在任何社区服务，但必须每年提交一份工作报告进行评估。与此同时，全科医生需每年参加继续教育，如果在就业期间出现问题，政府将随时停止其工作。

全科医生的资格取得并不容易。要成为一名独立执业的签约全科医生，需要至少十年的正规医科教育及培训。首先是五年本科教育。在英国，医学是精英教育。学生入门除了有较高的成绩要求，还需要经过心理、人格、认知能力、亲和度等情商面试，方可录取。然后是两年基础培训，即不分专业和科室的临床实践。学生可根据自己的意愿选择，一般情况下，学生需在一个科室实习3—6个月，两年期间能接触到6个左右不同的医科。基础培训的第一年，学生可以参加全英统一的医师执业资格考试，通过后即可成为注册医师。另外是三年全科培训，只有基础培训合格的学生才可以申请此项。全科培训主要是基于医院和全科诊所的岗位实习，时间分配上各占一半。在这三年中，学生由实践经验丰富的全科导师带领，形成师承关系。培训期间的监督考核十分严苛，从基础理论、管理知识到临床技能、实际操作等无所不包，而导师和同事的意见以及临床反馈等也都是评估的参考标准。有4次考试机会，如果不能通过就只能重新开始。最后全部考核通过，才可以注册成为一名真正的全科医生，如此完备严格的教育培训制度是英国全科医生质量的保证。

（二）美国的社区首诊制度和管理化保健

与高度市场化的经济体系一致，美国的社区卫生服务也高度商品化。私营医疗机构和个人以及商业保险构成了社区卫生服务的基础。美国没有全民健康保险，医疗资源的分配主要基于市场监管；政府只补充特殊群体（如老人，儿童，退伍军人等）的社会救助。

1. 医疗保险制度

美国主要通过保险制度为医疗服务提供资金保障。以来自商业保险的私人融资为主，与来自国家预算及政府强制保险的公共融资，共同构成医疗服务的筹资渠道。

美国的医疗保险体系大体分为社会医疗保险和商业医疗保险。社会医疗保险，即联邦政府医疗保险，主要由政府买单，为 65 岁以上老人和残疾人提供"医疗照顾"保险（Medicare），为低收入家庭提供"医疗救济"保险（Medicaid），为退伍军人提供退伍军人医疗保险。加入社会医疗保险的人群每月只需缴纳支付很少的费用，即可享受一切医疗服务（包括医院专科医生和私人家庭医生的服务）。

商业医疗保险，即由居民个人自主购买的私人保险，由商业保险公司经营。一般而言，低收入人群选择保费较低的健保式保险（Health Maintenance Organization，HMO），在指定医院或私人诊所就诊，如需转诊必须事前与保险公司商议并得到许可。中产阶级以上经济条件较好的人群，一般选择保费较高的预付式保险（Preferred Provider Organization，PPO），可自由选择一名或多名家庭医生，在任何地方看病都可以"实报实销"。不参加任何医疗保险的人，如果生病，只能到公立医院排长龙，并填写一份冗长烦琐的申请表格，方可获得由政府资助的免费处方。

无论是政府提供的强制保险还是商业性质的私人保险，均以提高效率、减少浪费为目标。医疗保险对各种疾病的住院指征和时间周期，以及住院的房费、药费、化验费、医疗器械费等，均进行明确而严格的规定，以"疾病诊断治疗分类标准"（Diagnosis Related Groups，DRG）作为报销依据。如，发烧到多少度、外伤是否缝针都是确定急诊的标准；一般而言，住院诊疗或养护的病人每年被允许住院的天数限制在 60—100 天以内，超出部分由病人自行承担。①

两种保险互为补充，一方面满足多元化的医疗服务需求；另一方面减轻因服务供给市场化带来的不公平现象，保障穷人及老人、儿童等弱势群体的健康需求。但是这种以商业保险和医疗机构为主导的医疗模式，正在为美国带来高昂且日益上涨的医疗支出问题。

2. 社区首诊制度

与商业保险的自由选择权对应，美国并没有实施区域性的医疗卫生规划，分级诊疗格局尚不明晰。美国 90% 左右的医院设有门诊②，病人不需要预约或转诊也可以直接就诊，区别在于需自付费用。社区首诊主要依靠居民对家庭医生或诊所的信任。③

家庭医生是社区首诊的保证。家庭医生即"私人医生"，他们或独立执业，或合伙开办诊所，提供诊断治疗、健康咨询、预防保健、术后护理等长期服务；如有需要，也为病人转诊提供建议，与专科医生讨论治疗方案，主动追踪慢性病及康复期病人情况。大部分人都有固定的家庭医生。一般情况下，加入医疗保险后，每个家庭都可在保险公司提供的家庭医生名册上自由选择，缴纳的保费越高，选择的空间越大。家庭医生掌握着保险报销的决定权，没有得到家庭医生许可的转诊无法得到保险支付。而与此同时，自由择医的规定也约束着家庭医生的行为：即使是享有社会医疗保险的人群，虽指定了就诊医院，但仍有选择医生的权利。家庭医生的收入与签约病人人数挂钩，如果医疗质量不过关或服务态度不佳，导致病人流失，就会影响收益。私人诊所如经营不善需自动歇业。

护士在社区医疗团队中地位突出。社区医疗主要是为不需要去医院就诊的病患提供的初级医疗服务（如伤口处理），为术后或慢性病

---

① 张鲁康：《英美社区医疗服务模式比较及对我国的启示》，《当代经济》2017 年第18 期。

② ［美］雷克斯福特·E. 桑特雷、［美］史蒂芬·P. 纽恩：《卫生经济学——理论、案例和产业研究》，程晓明译，北京大学医学出版社 2006 年版。

③ 张颖、李永辉：《国外全科医生的特点及启迪》，《中华医院管理杂志》2005 年第 3 期。

人提供的健康状况跟进、病情监测、长期护理，以及为社区所有居民提供的公共卫生和健康宣教。在这些日常事务中，护士是绝对的主力。有人认为，护士在社区医疗服务中的作用，甚至比医生更为重要。此外，用于护士服务的成本支出远低于医生，这一点，对于医疗费用昂贵的美国尤其重要。

社区医疗机构在分工协作方面的定位清晰。美国的社区医疗体系由公共卫生中心、社区护理院、家庭医生诊所、社区医院四部分组成。其中，公共卫生中心是公立医疗机构，主要负责地方的公共卫生、疾病防控、疫苗接种、医疗评估等工作。社区护理院主要为出院后需继续治疗或生活需要援助的老人提供生活照料和初级护理。而是否需要入住护理院以及入住时长，则由家庭医生、医院的专科医生以及医疗保险公司共同协商决定。社区医院由地方政府、慈善机构、社区居民出资兴建，主要为意外伤害、突发疾病等提供短期住院治疗。

3. 管理化保健

管理化保健（Managed care）是美国商业医疗保险市场的特色之一。从广义来说，管理化保健就是将资金的筹集与医疗服务的提供结合起来，通过管理手段，以达到降低医疗卫生服务费用、提升优质服务的目的。[1]

传统的管理化保健以健康维持组织（Health Maintenance Organization，HMO）、预付费服务组织（Preferred Provider Organization，PPO）和定点服务计划（Point of Service，POS）等为代表，其本质是医疗保险与医疗服务的结合：保险公司将一定数量的参保者打包委托给医疗机构，参保者的医疗费用如果超过约定的额度，则由医院承担；没有超出的，医院可保留余额。这种机制旨在节约开支；其弊端是医院可能会为了省钱而抑制病人的合理需求。[2]

---

① 余红星、冯友梅等：《医疗机构分工协作的国际经验及启示——基于英国、德国、新加坡和美国的分析》，《中国卫生政策研究》2014 年第 6 期。

② 郝晓宁、李士雪、李湘江：《美国社区卫生服务运行机制和管理模式研究》，《医学与哲学》（人文社会医学版）2006 年第 8 期。

新兴的管理保健组织以医疗保健联合体为代表，通常由医生与医院共同举办经营，或由几个医院在人员、机构、设施或网络信息等方面进行合并，将预防保健、医院服务、社区康复、急诊与长期护理等有机结合起来，为病患提供连续性服务。这种模式的优势在于，加强社区医疗服务的系统性和组织性，形成规模效应。

总体而言，管理化保健的核心，在于激励与制约医疗服务的提供方，即通过人头预付制分担保险风险，通过选择性签约增进市场竞争，通过评估考核机制规范市场行为，最终达到扩大筹资、优化资源配置、提升服务质量的目的。

（三）新加坡的强制性储蓄和健康基金计划

新加坡的医疗服务采取政府与市场结合的混合型模式。在这种模式下，政府起主导作用，负责顶层设计，通过强制性储蓄和健康基金计划，为所有国民提供基本医疗保障。同时，以政策激励，规范和引导多元主体参与医疗服务供给，以形成多层次的医疗服务体系。[①] 其意义在于，引入市场机制提高效率的同时，保障了基层医疗的公益性。

新加坡政府把基本医疗作为公共产品向全民提供，旨在建立每个国民都能享受和负担的医疗服务体系。目前的医疗系统以中央公积金制度为基础，共有三项保障，即健康储蓄计划、健康保险计划和健康基金。健康储蓄计划是强制性公积金的一部分，用于支付个人和直系亲属的医疗费用，例如住院、体检和慢性病的医疗费用，但不能支付门诊费用或私人诊所的费用成本。[②] 健康保险计划是政府设立的低成本重大疾病保险，为个人及其直系家属支付重大疾病或长期疾病带来的高额住院费，以及透析或化疗等花费较高的门诊费用。健康基金是一项医疗补贴计划，主要为一些经济能力有限的公民提供资金援助，

---

① 张贤木、聂志平：《英美新三国社区医疗服务模式及借鉴——以农村空巢老人医疗服务为视角》，《老区建设》2017 年第 18 期。

② 刘冰新：《从新加坡的护理实践看我国延续性护理的开展》，《全科护理》2019 年第 10 期。

当健康储蓄金和健康保险金都不足以支付医疗费用时，即可申请此项基金。这三重保障构成了国民的基本医疗服务供给。

政府在每个社区建立社区发展理事会，统筹负责社区的社会福利、社会援助和社会保障工作，评估社区居民的健康需求，同时监督社区医疗中心，以确保医疗服务供给在大方向上不会偏离公益的轨道。①

在确保国民基本医疗服务的同时，政府积极引入市场机制，以促进服务质量，提高效率。新加坡的医疗服务由三方主体提供，即政府出资创办的公共医疗机构（如大型综合医院、联合诊疗所），私人或民间资金创办的私立医疗机构，以及公益慈善个人或福利组织资助的非营利性社区医院、养老院等。公共医疗机构与民间医疗机构分别提供全国80%和20%的中高级医疗及住院服务，20%和80%的初级医疗服务。对于公共医疗机构，政府按照集团化模式运作管理，要求自主经营，自负盈亏（但不能以盈利为目标），并通过医院重组和现代企业管理模式建立内部激励机制；对于民间机构，政府采取政策鼓励、财政补贴的手段予以支持。同时鼓励公私竞争。

新加坡实施区域医疗卫生统筹规划。首先，依据地理划分的标准，将全国分为几个大的区域，然后，将区域内的现有医疗资源整合，并组成一个完整的医疗体系。根据这种设计，人们可以通过高效的转诊服务，就近获得咨询、门诊、住院等不同级别的医疗服务，从而形成分级诊疗的有序格局。具体来说：

一方面，通过区域规划，将住院服务与门诊服务基本分离。住院服务主要由综合性大医院或专科医院（包括公立和私立）提供，初级医疗服务则主要由遍布全国的私人诊所及少量公立社区卫生服务中心提供。大医院通常不设普通门诊，急诊也只接收有转诊证明并预约的病人。部分专科医院（如眼科、妇幼保健）接收非急诊的预约病人。

另一方面，通过医药津贴、病房津贴等，鼓励居民有效利用基层医疗。如，对于到社区医院等基层医疗机构首诊的病人，给予医疗费

---

① 张莹：《新加坡社区卫生服务精细化管理的借鉴》，《现代经济信息》2016年第22期。

用 10%—20% 的优惠，而对于直接到大医院首诊的病人额外加价；对于住院患者，根据病房等级需自付 20%—80% 的费用①，所提供的住院服务质量没有差别，只是病房的大小、规格等有所不同②，病人完全可以根据自己的经济能力和偏好进行自由选择。

三　国外社区基础医疗保健体系建设
　　对我国的启示与借鉴

"大医院人满为患、基层医疗机构门可罗雀"与"看病难、看病贵"的重要原因之一，是医疗资源配置不合理，基层医疗机构功能设置不健全，难以满足多元化的就医需求。

首先，在当前医疗卫生资源总量不足的情况下，为保障大城市的就医需求以及满足医疗技术革新的科研需求，医疗卫生资源向城市倾斜成为常态，这使得城乡医疗卫生机构在人员、药品、设施等方面悬殊。农村人口患病后，只能越级到大城市进行异地就医，无形中增加了看病的负担。在大医院人满为患、科研成果节节攀升的背后，是乡村医疗卫生事业的举步维艰。

另外，由于工资福利、生活条件、工作环境等多重差异，高水平医务人员集中在一二线城市及省会城市，很多小城市卫生技术人员总量不足，业务素质总体不高，人才流失问题突出。因此，大力发展社区医疗，促进医疗资源整合与下沉，是我国医疗卫生体制改革亟待解决的问题。

（一）重视社区初级医疗保健

社区医疗作为居民健康的"守门人"，在国家医疗卫生体系中占据着举足轻重的地位。但在现实中，一方面，由于缺乏对社区卫生服务的应有重视，导致优质医疗卫生资源向大医院集中，社区医疗发展

---

① 梅诗晔：《台湾、新加坡的双向转诊制度及启示》，《医学与哲学》2013 年第 12A 期。
② 张红梅：《新加坡医疗保障体系的特点及启示》，《全科护理》2015 年第 21 期。

乏力；另一方面，由于目前出台的社区医疗相关政策大多属于纲领性文件，缺乏可操作性。因此，首先，应合理增加社区医疗投入，完善社区医疗服务设施，提高社区医疗能力。另外，社区医疗机构应进一步发挥基层医疗的功能，为居民提供感冒、发烧这类小病的家门口诊治，为行动不便的居民提供上门诊治，为每一位居民建立健康档案，为高血压、糖尿病等慢性病患者提供病情监测等。

（二）打破"大而全"的医疗服务供给模式

如今的看病难主要症结有两点，一是挂号难，二是诊治复杂。挂号难在于优质医疗资源缺乏；而诊治复杂则在于为减少医疗纠纷，诊治过程多依赖于技术检测，看病过程中的"高检查"不但耗时耗力，而且大大增加了患者的经济支出。因此，一是要打破"大而全"的医疗服务供给模式，建立社区多功能综合医疗机构和"小而精"的专业医疗服务机构，以满足不同医疗需求。二是要探索建立科学可行的评价指标体系，对医疗服务进行规范和管理，并逐步制度化。

（三）注重社区全科医生的培养

全科医生是社区医疗的重要人力资源基础。由于我国现有的社区医疗服务机构大多隶属于公立医院，其医务人员一般由医院下派或临时招聘，因此，既不可能是医院优秀的医疗骨干，也不能成为经过专业训练的全科医生。另外，全科医生培养体系尚在初级阶段，相关专业教育、培训以及管理、激励机制等都不完善，较低的入职门槛和相对较弱的专业能力，使得社区全科门诊医疗水平有限、服务能力不足，难以取得居民的信任，由于这种情况从根本上制约了社区医疗服务的普及和发展，因此，应将对全科医生的培养列入医学教育规划，提高社区医疗服务人员的准入门槛，加强培训教育，提高培训的质量。

结　　论

一　国外基层社会治理的典型模式

基层社会治理模式因国体政体、经济基础、文化传统、人口分布等条件不同而各有其特色。根据政府与社会、社区、居民的互动关系和契合程度，大体分为三类：以美国为代表的社区自治模式、以新加坡为代表的政府主导模式和以日本为代表的混合治理模式。

（一）社区自治模式

社区自治模式是以社区事务自理、社区组织自治、社区居民自主参与为特征的基层社会治理模式。具体而言，政府与社区相对分离，通过制定完善的法律制度，发挥社区自治组织、市场及公民志愿者作用，推动自下而上的民主参与式自治管理。在这种模式中，社区作为独立的自治组织，拥有颇多调动社区资源、决定社区未来的权力，因而特别考验其自身的管理和发展能力。欧美联邦制国家大多施行社区自治模式，这缘于其"分权制衡"的政治理念、丰富充足的社会资本以及较为成熟的公民社会环境。这种模式的主要特征是：

1. 政府宏观把控，政策引领。作为社区治理的合作者，政府并不直接干预社区事务，但也不是"甩手掌柜"。美国宪法规定，只要不影响国家或区域整体规划，每个社区都有权自主决定本社区的发展路径。同时，地方政府内部设社区服务局，职责包括：一是通过制定城市规划和相关法规政策，协调和规范社区内各参与主体的利益关系、资源配置，间接影响社区的发展方向。二是通过财政拨款、政府购买等方式，支持社区公共设施建设和社会服务项目实施。三是帮助建立自治性质的社区管理委员会，并提供工作指导以及财务、服务等方面的评估和监督。四是引导非营利组织和私营企业投入社区建设，并依法监管。基层社会治理职责"落实到人"，市长和市议会负有明确责任。

2. 多中心共同治理，权力多元。美国城市社区没有政府的基层组织或派出机构，社区的治理和权力由政府、非政府组织、企业和公民平等分享。社区治理组织呈现横向网络结构，导致社区权力的分散化和次级多中心特征，从而构成社区权力的多元化。其一，社区管理委员会（社区董事会）是社区治理的最高权力机构，它由社区居民直选产生，依循社区管理条例（居民共识）行使职权，任何决策也都必须经过民主程序方可实施，其强大的发言权建立在反映民意的基础之上。其二，非营利组织是社区服务的实际承担者，它通过对社区服务功能的开拓、组织、管理和推动，构建起无所不包的社会服务体系，同时通过联系、发动、组织公众提高社区的组织化程度。其三，社区企业是社区治理中的市场力量，既包含为社区小微企业提供融资咨询服务的社区发展公司、社区微型贷款中心等，也包含个性化服务企业，是社区治理的重要帮扶和补充。

3. 民主参与意识强烈，活动广泛。积极参与源于居民对社区的认同，而这种认同和积极参与又为社区治理注入了活力。其一，社区居民通过参加社区会议、社区听证会等直接管理社区事务。社区会议和社区听证会是地方政府制定政策的依据，也是社区管理委员会收集民意的重要渠道，凡涉及社区公共利益、居民普遍关心的热点问题皆可集中讨论。这些组织在一定程度上扩展了社区平等分配权力和公共资源的权利，增强了弱势群体的社会参与。其二，志愿服务也是居民参与社会治理的重要途径。据统计，美国每年大约有9000万人次的志愿服务者从事社区服务工作，50%的成年人一周至少参加一次志愿活动。庞大的志愿者队伍为美国的社会管理和公共服务提供了强有力的人力和智力保障，也极大地降低了社区管理的成本。

综上，社区自治模式可以看作是建立在"强社会"基础上的多元治理模式。

（二）政府主导模式

政府主导模式，即基层社会治理主要依靠政府行政手段推动，而社区在政府的强力扶持下获得发展。在这种模式中，政府作为社区事务的支配者和社区自治组织的培育者，具有极强的影响力和控制力。这种模式的主要特征是：

组织架构严密，行政领导充分。新加坡治理自上而下设置了决策、指导、执行三级架构。如，成立社区管理发展署，委派内阁成员直接领导社区事务，对社区进行规划和管理；成立国家住宅发展局，指导和管理社区建设和发展工作，规划和建设社区公共设施；成立人民协会和民众俱乐部，规划和组织社区活动。此外，新加坡对各级组织均采取规范化管理，政府干预非常直接和详细。如制定社区核心价值观，对社区居委会实施领导，对社区成员进行统一培训等。中央政府对社区事务的直接领导和深度参与，使新加坡的社区管理受到执政党和政府强有力的影响与控制。

财政资金保障，资源供给充足。其一，政府制定社区管理和服务的相关政策，根据人口数量规划建设便民生活服务设施。其二，社区建设全部纳入公共财政。据统计，新加坡政府承担社区公共设施管理费用的90%，及其日常运作费用的50%。此外，政府还负责发放专业社会工作者的薪资，并通过税收优惠、购买服务、资金补贴等形式支持民间团体发展。其三，政府向基层社区组织直接派驻政府工作人员，协助开展工作。

公共服务供给强调政府强力调控和垄断。政府在公共服务的生产、提供和监管中均处于强势支配地位，目的是以政府的计划性和权威性遏制公共服务市场化可能带来的分散性和盲目性，从而保证公共服务供给的健康、有序和高效发展。

公众主体意识淡漠，参与热情不高。一则缺乏民主参与的历史传统；二则缺乏民主参与的机制和渠道，由此导致社区居民较为依赖自上而下的行政管理，对于社区活动的发起和组织缺乏自主性和积极性。

政府主导模式可以说是一种"强政府、弱社会"的模式，虽然这种模式使社区自治成为有限自治，但社区建设也因此获得政府强有力的支持。此外，政府为赢得执政地位而采取的一系列政策举措，也能够在一定程度上促进公权的自我完善。

（三）混合治理模式

混合治理模式是介于政府行政主导与社区自治之间的一种基层社会治理模式。在这种模式中，政府兼有社区治理协调者和社区建设指导者的双重角色，社区组织也同时兼有居民自治和行政辅助的双重职能，社区资源投入则来源于政府和社区组织的双向驱动。这种模式的主要特征是：

1. 政府与社区双重主导，分工明确。政府在城市规划和公共事务上的政策性很强，基本决定着社区整体的发展方向；而社区在日常事务的处理中拥有决定权，政府一般不会干涉。以日本为例。日本基层治理以区域为中心，设置"区域中心"专门负责社区管理和服务。"区域中心"隶属市政府，其职能简单明确，主要包括：制定社区中长期规划；收集居民意见建议；为居民提供政务、福利等公共服务；为社区活动和民间团体活动提供支持经费。町内会（或住区协议会）是社区治理的实际操盘手，其职责包括：对内，维护公共设施，开展景观养护，举办文体活动及应急救灾演习，制定社区规范；对外，协助处理行政事务，收集居民意见建议，提供政策反馈。区域中心与基层自治组织（町内会）是平行关系，依法行政，各司其职。

2. 国家与社会良性互动，高度整合。其一，政府、自治组织和居民在角色功能上相辅相成。政府重在引领支持，而不是权威控制；自治组织重在协调、赋能，而不是决策；居民重在参与和治理，而不是消费。三方构成一个完整的治理体系。例如，日本基层社会治理以"町内会"为载体，很好地实现了"上意下达"和"下意上达"。其二，在权力上相互制约。一方面，社区在国家制度框架下行动，日常运行和资金使用受地方政府制约；另一方面，社区治理的权力并没有被政府或具有行政色彩的自治组织（如町内会）垄断，居民也可以通过其他民间组织直接参与社区事务管理，并通过民意反馈影响政府的规划与决策。其三，在资源投入上互为补充。社区建设和管理的资金主要由政府拨款，实行详细而严格的预算制度和执行程序；企业赞助或个人捐助以及社区公共服务或设施收费（如居民向町内会缴纳的会费）也是重要的资金来源。①

3. 社区自治基础深厚，民众自治水平较高。其一，群体归属意识极强。强大的集体主义可以说是日本社区高度自治的根基，以社区垃圾处理为例。垃圾分类和回收时间安排都极为严苛，如有违反会遭受道德谴责和经济惩罚的双重压力。其二，自治理念深入人心。"自助"是日本在阪神大地震后提出的减灾与防灾理念②，即"自己的生命自己保护""自己的社区自己保护"。"消防团"是日本最重要的防灾组织，大多由社区精干青壮年组成，是地区防灾和互助的骨干力量。其三，民间志愿服务成熟。社区志愿活动生活化、常规化，各种基于地缘而崛起的"草根"组织十分发达，体现了较强的人文关怀和弱势扶助。

综上，混合治理模式优势在于，国家向社会适时适度地让渡管理空间，能够很好地避免疏离与对抗，为良性互动打下基础。

二 国外基层社会治理特点

（一）治理平台：权力下放，赋权社区

社区治理平台体现在三个维度：一是社会政策的试验场。诸多社

---

① 李枭：《国外城市社区治理的经验启示》，《中国管理信息化》2014 年第 19 期。
② 伍国春：《日本互动型防灾减灾志愿者制度建设研究》，《国际地震动态》2010 年第 7 期。

会政策都是从社区开始，使国家的制度转型得以落实到具体的政策执行层面，或者直接与社区的发展或治理契合。如，20 世纪 80 年代，英国依托"大社会"治理，进行了政府职能转型、福利政策改革等大胆尝试。在美国，大多数社会试验和革新都始于小的邻里或社区组织中，如芝加哥自助兴建住宅计划、佛罗里达州潘尼拉斯县的社区青少年教育计划、加利福尼亚的医疗卫生发展计划等。① 各国在制定政策时，更多地从社区需要出发，并将焦点集中在与社区组织和民间团体的互动上。

二是基本公共服务的载体。基本公共服务是国家福利的重要体现。在英国，社区治理与政府的福利提供结合在一起，社区内各种组织活动都要与政府的福利政策对接，再由政府购买社区内各组织提供给居民的服务，构成"去机构化"的多元社区服务体系。借此，政府既将事务性工作转手给了社区，又就地就近地寓治理于服务之中，其自身也从公共事务治理、公益事业、社会福利的提供者，转型为社区各种公共服务的购买者、促进者和管理者。

三是国家治理体系的基石。社区曾被视为贫困、失业、犯罪等社会问题的"聚集地"。② 20 世纪 80 年代以来成为最基础的施政单位；基本的社会生活单元；政府与社会"际会"的物理空间；"条条"与"块块"交集的"节点"；多元主体协同共治和社会服务的基础平台；社会风险隐患化解在萌芽、解决在基层的直接且最有效力的治理层级；推进基层社会治理现代化"前线"。现代社区具有自我决策、自主经营、文化认同三重主体性，被视为国家治理奠定政治、经济、文化基础。③

（二）治理主体：多元参与，合作共治

多元共治缘于社会治理的现实需要，该契机源于 20 世纪末西方

---

① 孔娜娜、张大维：《美国的社区建设是如何展开的》，《社区》2007 年第 15 期。

② 黄晴、刘华兴：《治理术视域下的社区治理与政府角色重构：英国社区治理经验与启示》，《中国行政管理》2018 年第 2 期。

③ 沈红：《穷人主体建构与社区性制度创新》，《社会学研究》2002 年第 1 期。

国家的福利体制改革。彼时，针对传统国家干预的弊端及市场失灵，急于从经济危机中摆脱出来的西方政府选择引入第三方力量，将公共福利供给模式由以国家保障为主的"消极福利"向鼓励社会、个人共同分担责任的"积极福利"转型。一方面，政府制定了各种支持和优惠政策，帮助非营利组织在社区建设、服务领域发挥更大作用，如英国的伙伴关系协议（Compact，1998 年）、美国的"授权区和事业社区"（EZEC，1993 年）法案等；另一方面，改革公共福利政策，激励享有救济金的个人实现再就业，如扶持社区社会企业，创造新的就业形式等。通过倡导公共政策的集体途径，支持社区参与和志愿行动，西方国家逐步构筑起政府、市场、社会三方互动合作的治理格局。

现代治理的内核是形成"政府—市场—社会"三维合作的新型关系。政府的主要职能从管控向服务转变，通过项目外包、购买服务等方式，与社会组织及私有企业建立合作关系，在城市发展过程中扮演发起者、组织者、协调者和管理者的角色；各种非营利组织、居民互助团体、社会企业在政府与市场不擅长的领域发挥作用，并逐步成为公共服务的供给主体；自治的社区和居民作为重要的参与力量，通过基层组织及各种民主参与渠道，展开与"大政府""大企业"的对话——最终形成以社会共识为基础的，政府调控与社会协调互联、政府行政与社会自治互补、政府管理与社会力量互动的基层社会治理网络。

由此来看，真正"还权于民"的路径是：能由市场机制解决的，让市场解决；能由社区自治解决的，让社区解决。由此，政府方能从具体事务中解脱出来。

（三）治理机制：市场化和社会化

市场化和社会化是减轻政府负担、提高治理效率的应对之策。二者指向略有不同。市场化主要指在社会治理和服务中引入市场机制，强调市场竞争和企业运营；社会化主要指治理和服务的主体更为多元，以利于整合资源。

20 世纪 80 年代以来，以英美为首的西方国家积极推进"政府再造"运动，涉及行政体制内外及管理技术层面的全方位改革。其核心在于，引入商业管理技术、市场竞争机制和顾客导向，将公共行政的重点放在提高政府服务的质量和效率上。具体措施有四项：

一是公共部门民营化，即改变传统国有企业和事业单位的经营机制，通过鼓励私有、承包、独立核算等举措对其进行民营化改革，以破除公共事业垄断。

二是公共行政社会化，即地方分权、基层自治和社会参与。中央与地方建立起平等协作的关系，同时遏制中央干预，促进公民社会参与。

三是公共服务市场化，即政府通过政治决策确定公共服务的数量和质量标准，然后以市场竞争机制为杠杆，运用多种形式调动私营企业、非营利组织等参与公共服务供给。① 公共服务市场化主要通过政府购买、委托服务、公私合营等方式来实现，体现了决策和执行、生产和提供的分离，有利于凸显政府、市场、社会各自功能优势，从而使公共服务的供给更加高效和经济。目前，诸多社区公共服务以项目制的方式发包。政府与社区企业签订合同，财政补贴和税收减免依据合同的履行程度，经评估之后方可执行。

四是公共管理企业化，即公共部门的企业化改革和商业管理技术的引进。社区服务组织向"企业"转型是德国社区管理发展的显著趋势，即政府支持社区组织从管理机构转化为私人性的服务企业，并通过政策优惠或财政补贴支撑其发展。通过竞争产生的企业主管拥有日常运营、财政、人事、福利等方面的独立管理权，同时接受绩效考评。这种方式也被推广到政府行政机构内部，如建立全面质量管理制度、弹性薪酬制度、绩效评估机制等，意在打造高效的"企业型"政府。

---

① 曹现强、王佃利：《公共管理学概论》，中国人民大学出版社 2007 年版。

（四）治理过程：尚法守制，民主自治

法制化是现代社会治理体系的基石，旨在通过建立法定程序和社会规则，约束政府及公众行为，提升治理效能。各国政府在市场原则、公共利益和社会认同之上，制定了较完备的关于社区治理的法律规章，据此对社区实行制度化管理。这些制度中，既有全国性的制度或政策，如美国《国家和社区服务合作条例》，也有地方政府根据当地实际情况，针对性地制定的符合本地社区发展的制度或政策，如美国"皮毛法"（nuisance law）；既有以国家强制力为保障实施的正式制度和规制，如法律法规、合同规章，也有以公众同意为基础形成的非正式制度和规制，如社区公约、村规民约。国外基层社会治理讲究"底线思维"，即只要不违法，公民就可以享受充分的"自由"。这完全得益于其细致完备的法律体系和令人生畏的执法能力。

健全的法律规范为基层自治和民主提供了制度化保障和渠道。基层自治和民主主要体现在社区居民对公共事务的参与和公共权力的监督上。如美国的社区理事会、日本的町内会、法国的巴黎街区议会等，他们或通过广泛收集民意影响政府决策，或通过民主协商整合不同阶层的利益诉求，或参与公共服务与物品供给、主导社区建设。这种由社区居民经过对话、协商达成的妥协与共识（社区规约或业主公约）很多时候比公权力更有效用。基层自治和民主参与意味着社区居民在社区发展计划的制定、实施、管理和监督的过程中承担责任，也意味社区居民从政府服务的被动消费者变为社会治理的主动参与者。

由此可见，基层社会治理应该是政府与社区及其居民交流与磋商的过程，其间既渗透着国家意志，也融合了民主诉求。

（五）治理工具：智能化和专业化

智能化和专业化是社会治理技术现代化的必然要求，也是提高社会治理效能、衡量社会治理水平的重要手段。

智能化指以移动互联网、大数据、人工智能、云计算为代表的前

沿科技在社会治理领域的应用。美国是以数据治国的典范，数据的收集、分析和使用渗透在公共管理的各个领域。以治安防控为例。通过构建 Coplink、DAS（Domain Awareness System）等警务信息系统，警察无论在何时何地都能获取想要的信息，识别风险、预测犯罪。又如"万维信息触角计划"

涂子沛：《大数据：正在到来的数据革命，以及它如何改变政府、商业与我们的生活》，广西师范大学出版社 2015 年版。（TIA）。2002年，美国国防部试图建立一个覆盖全社会的超级数据库，通过整合、监控、挖掘所有国民的个人信息（包括医疗保险记录、出入境记录、信用卡交易记录、电子邮件、电话记录等），发现"信号"、预见"民心"，为政府提前决策提供依据。该计划后因涉及侵犯公众隐私而触礁流产。由此可见，智能化治理也必须在法律制度的框架下运作。

专业化指社会治理和服务的主体及其理念、知识和技术的专业化。其一，社会治理引入专家团队，为焦点问题提供技术咨询与建议、质量抽查与评估。以美国警学联合为例，纽约州立大学阿尔巴分校的"问题导向警务研究中心"、乔治梅森大学的"循证犯罪政策研究中心"等都是美国司法部资助的专业机构，通过与这些研究机构、智库、专家密切合作，警方能够更好地理解犯罪行为、犯罪心理以及社会问题，提高治安防控的能力和效率。其二，社会服务引入专业社会工作，在扶贫帮困、助老助学、禁毒、犯罪矫治、优抚安置、风俗改造、社区服务与管理等多个领域，为弱势群体提供科学陪伴和赋能型扶助。在欧美及东亚诸国，依托发达的社会福利保障制度和市场机制，社会工作发展相当成熟。不少国家通过建立从专科到博士的教育体系、严格的职业准入制度、全国性社会工作者协会，以及立法制定社会工作者职业道德和伦理守则等，使社会工作者成为像医生、律师一样拥有专业身份、社会认可的职业类别。社会工作的管理体制一般为"政府主管、法律保障、社会参与"，如英国将社会工作纳入国家福利体系，加拿大各省制定《社会工作者法案》，并据此授权成立社会工作者注册局。但政府只宏观把控，不干预具体运作。

三 国外基层社会治理难点及其应对

基层社会治理以社区治理为落点，后者更多地表现为具体社会事务的实施操作，其难点剖析和应对之策更具有共性和借鉴意义。

（一）社区联合治理

区域治理落地到基层，就是社区间的联合与合作。由于跨区域公共事务（如环境污染治理、大型公共交通建设、地方治安与犯罪防范等）日益增多，不同的社区之间产生利益矛盾和冲突是常见的事。同时，由于政府对社区的财政支持拨款通常是按照"人头"计算的。社区规模小，财政补贴少，自筹经费有限，社区建设难度就大。这需要建立跨社区的联合与协调机制。国外社区联合治理的方法主要表现在四个方面：

一是合并或兼并。涉及行政区划的地方行政体制改革，带有"强权"性质。一般发生在乡镇或城郊的相邻社区之间，旨在消除基层政府的重复设置，降低行政成本。在欧美一些市县合并的案例中，合并使中心城区较重的税赋负担分散至整个都市区，从而起到平衡发展的作用。

二是行政管理联合体。这是一种基于有限公共目的而生成的法定机构，适用于经济及财政资源不充足的相邻社区，旨在分摊区域管理上的固定行政支出。如法国一些相邻市镇或社区在保留原有行政建制的前提下，组成了多样化的联合体，除共同为区域提供特定类型的公共产品和服务（如消防安全、排水供水、公共交通和住房等）外，还可根据不同社区的实际需要开展合作。又如，美国一些地理条件、气候特征相似的郡县、社区联合在一起形成"空气域"，并以此为根据建立相应的空气质量管理区，很好地缓解了环境治理与行政区划之间的矛盾。

三是社区联合会或服务协议。适用于无法实现行政联合的相邻社区，旨在联合提供公共服务，实现基础设施共享。欧美国家社区之间付费购买或交换、共享服务的做法十分普遍，此举既实现了规模效益，又促进了资源共享。

四是城乡协调治理。德国等欧洲国家的"区域公园"是一种建设在城乡结合区域的绿色开放空间廊道。通过绿道这一纽带，将散落在城乡各个社区的自然资源、历史资源、农业资源、旅游资源链接起来，并赋予其经济价值；同时，中心城区的一些产业和职能向外围疏解，给予村镇、远郊更多的发展机会。区域公园的运作体现了"全域规划、区域统筹、属地管理、跨界协作"特点。从效果来看，乡村以有偿的方式维持了城区的生态环境，并通过开发新的经济业态解决了自身增长的问题。

总体而言，国家的法律规制、政策激励对区域均衡、以强带弱，十分重要。而税收共享、财政均等的经济制度或计划则是实现不同地区共享发展成果、缩小发展差异的路径。

（二）乡村过疏化治理

乡村过疏化，亦被称为"空心化"，是伴随经济高速增长，尤其是城市化进程而形成的地域发展不平衡现象。过疏化地区易陷入人口老龄化、产业经济不可持续、公共服务难以为继的恶性循环。

日本是东亚范围内最早出现乡村过疏化的国家。自 20 世纪 70 年代起，日本政府及各地方自治体就发起了以地域振兴为主旨的过疏对策运动，针对过疏地区的经济、人口、文化、组织等制定了一系列法规政策。

一是制定专门的"过疏法"。日本过疏法的政策目标和实施重点经历了从被动应对到主动活化、从减少人口外流到促进地域自立、从外部支援到内生开发的演进过程。现行新过疏法围绕产业振兴、交通通信、老年福利、教育文化、村居整治五个方面做出政策部署。

二是经济开发。其特点是"内生式开发"与外界扶助相结合。其一，因地制宜发展产业化经营，如"一村一品"活动，适用于无法从外部引入企业的情况，重点在于乡村内部资源的开发。其二，促进地域交流合作，如"故乡纳税"制度，这是日本政府为缩小地区间税收差距而推出的一项以捐款抵税的制度，对于开拓乡村税源、支援乡村经济发挥了重要作用。其三，扶持援助，如对市町村的公共事业投入、对贫困农户的直接补贴等。

三是人力资源开发。其一，培育新农人。日本农业部与教育部合作，形成了较为完整的农业教育培训体系，并为符合条件的农业经营者提供深造补贴。其二，吸引返乡回流。日本政府通过各种优惠政策和现金补贴为年轻人到农村创业、生活提供便利。其三，重视留守老人和妇女的作用，为他们提供补助、增进福利，并通过学习小组提高其农业生产技能。

四是文化振兴。重点是复兴传统文化、重塑村落共同体。其一，专项基金用于保护传统民俗；其二，通过文化创新增添乡村魅力，打造特色文化品牌；其三，恢复传统节日，加强地域联系，激发村民主人翁意识。

五是组织赋能。主要针对过疏地区自组织能力瓦解的问题采取措施。其一，村落"合并重组"。日本曾开展过三次大规模的町村合并。通过合并，一部分町村演化为市，另一部分则采取多个村落联合、成立委员会、建立"核心村"的方式提供公共服务。合并重组旨在加强村落之间的联系，形成功能互补；但实际效果并不尽如人意。原因在于搬迁费用过高、农田转移不易、故土眷念等。其二，农业生产联合。如农户之间协商成立"集落营农"组织，以地缘为基础，就农业生产经营过程的某个或全部环节开展共同服务、统一作业。[1] 这种区域性农业经营联合体不仅包含在农地及机械上的共同利用，还涉及农户生活中的互助共济和集体活动，是一种融合了现代农业经营和传统生产互助的组织形式，具有经济和社会双重功能。

---

① 王坤、朱俊峰：《村庄经营：会成为中国农业又一个新型经营主体吗？——日本的发展与中国案例》，《世界农业》2017 年第 4 期。

（三）社会矛盾治理

社区人际矛盾、邻里纠纷（如狗患、广场舞扰民、高空抛物、公共场所吸烟等），具有高频次、低复杂度、易激化、难调解的特征，由此引发的恶性事件不在少数。这些问题背后涉及基层社会治理问题，包括社区依法办事的能力和矛盾预防调解的机制建设。美国的"皮毛法"和强制性社区规约，专管这类小麻烦，颇具借鉴意义。

一是皮毛法。皮毛法源于美国侵权法案。在美国社区，无论是有意还是无意，每个业主都必须避免在自己的土地或房产上进行"不合理"地侵扰他人人身及财产安全的活动，否则政府有权接受举报、进行干预。①"皮毛法"管辖范围很广，从公共权利到私人利益，从家养宠物到公共场所噪音、泊车、禁烟，立法体系之健全，条文款项之细致，让人咋舌。"皮毛法"为邻里冲突和纠纷提供了法律参照，体现了人文关怀与法治精神的统一。

二是强制性社区规约。在美国，社区规约不是推荐性或建议性的，而是强制性的。违反者会被社区管理委员处以罚款甚至被起诉。这些对私人物业使用的强制性规定，看起来是"侵犯"了私人产权，但是当事人有卖出物业的选择权。美国人视社区为一种小共同体，居民对其所居住的社区有着归属感和集体荣誉感，当共同体内的不同利益发生冲突时，社区的整体发展和公共利益会被放在首位。例如，房子被飓风刮倒了，也只能申请原样建一个，不允许建一个简易房屋，否则会降低社区内其他房产的价值。

由此可见，公共领域的规则之治必须软硬兼施。从某种程度上来说，高额罚款、社区驱逐等经济和道德手段，比行政手段更能有效约束个人行为。

（四）社区发展与建设

20 世纪 90 年代，一种被称为"资产为本"的社区发展模式在美

---

① 谢芳：《美国社区》，中国社会出版社 2004 年版。

国兴起，并在各国得到广泛应用，这种模式重在提升内生发展能力，构建背后的资本体系。通过挖掘社区的物质资本、人力资本、金融资本、社会资本、环境（生态）资本、政治资本和文化资本，对其进行评估识别，并在此基础上进行资本组合投资，取得资本收益并回馈社区。

以资本推动的社区发展是一个社区系统自我强化、自我建设的过程。需明确三项实践原则，即以资本为导向、以挖掘潜在资本为重点、以社区居民的广泛参与为驱动力量。

不同形式的社区资本存量和分布决定着社区发展的持续能力和社区发展的成果，因而在社区发展中承担着不同的角色和功能，具有不同的建设重点与发展策略。以乡村为例，乡村开发的基点一般是自然环境或传统文化资源，具有单一性、脆弱性和季节性，过于倚重则风险较大。可持续的乡村开发应以旅游经济为契机，构建多元的经济结构，进而实现传统文化、生态空间和产业经济"三位一体"的协同发展。

（五）社区应急管理

在经济转轨、社会转型、自然环境不断恶化的背景下，各级各类突发公共事件频发，并呈现出范围广、影响大、危害强的趋势。如何应对突发性社会危机，已成为评价一国政府执政、施政能力的重要标准。

作为群众生活的基本单元，社区日益成为公共突发事件最直接的承受者和最初的响应者，应急职能和防灾减灾功能日益凸显。早在20世纪90年代，国际社会就提出"安全社区"的理念；2001年，联合国再次提出"发展以社区为中心的减灾战略"。①

从实践角度来看，一些国家和地区也已经形成较为完备的社区应

---

① 中国疾病预防控制中心：《亚洲减少灾害风险北京行动计划》，亚洲减灾大会，2005年9月。

急管理体系。美国在 2011 年发布《全社区应急管理途径：原则、主题和行动途径》，要求在突发事件中，整个社区居民、应急管理人员、社区组织以及社区领导，需在全面评估社区需求的前提下，协同私人部门、非营利组织以及联邦、州以及地方政府，共同行动，保障社区利益。英国 2013 年发布《社区恢复力国家战略框架》，鼓励社区、社区居民以及社区内的组织利用社区资源在突发事件中进行自救和互助，以减轻损失。日本提倡"自助、共助、公助"的社区自救理念，并以区域中心为依托形成了"互助型"应急管理模式。

由此可见，社区应急管理的能力取决于应急机构和设施的建设、应急治理法规体系的健全、社会安全意识的高低，而且与社区居民的自救能力和互助精神高度相关。

（六）非营利组织监管

非营利组织既是居民的代理者，又是政府的合作者，其活动多为公益，在政府和市场不能或不愿进入的领域发挥作用。非营利组织的扶持和监管分寸难以把握，其中的公益慈善组织，凭借多年积累的"社会信任"在民众中享有巨大的影响力和公信力；一些大型机构还拥有巨额资金和通畅的社会渠道：有形与无形的资本，赋予了这些组织非政治"权力"的影响力，成为它们与政府对话的后盾。

国外一般强调依法监管和社团自律。一是源头把控，不符合组织性质和目标的一律不予注册。如，英国"慈善法"规定，凡持政治目的、非法或有悖公共政策的目的、针对特定受益者的目的，都不能被注册为公益慈善组织。二是日常监管较少，监管重点定位于"运营合法性"，尤其是筹款和交易行为的合法性，如民间资产的流向。三是依靠税法分类监管。美日法等国通过税法来监管社团的资产及运作，同时依据是否注册以及注册属性或活动领域等标准，对社团采取不同的监管方式及力度。总的原则是享受政府优惠越多，受到的监管越大。四是多元监管。政府监管、行业监管、自我监管、社会公众和媒体监管相结合，过程控制、制度约束、社会规范和自律自治相结合。

五是立法健全，规则中立。欧美等国在社团进入与退出的资质、资产处置、内部决策等方面采取中立的规则和程序，旨在保护社团的资产与权利。

总的来说，国外非营利组织监管体现了一种契约精神。契约精神下的政府是中立角色，发挥宏观调控、引导、支持作用，在微观上不介入、不干预；非营利组织在内部决策、资金处置方面享有自由处置权利，但是不得逾越政府事先设置的规制。关键在于处理好"公共精神"与"私权利"之间的关系。

（七）社区社会服务

国外社区治理以服务见长，通过服务实现治理的理念颇为盛行。社区服务涉及公共服务的社区化、在地化，需要最大限度地激发和利用民间资源。

1. 养老服务。为应对快速老龄化的挑战，世界各国在养老服务政策、福利保障、体系建设等方面做出了大量努力。尽管由于国情不同，各国在具体举措上有所区别，但大体趋势相近。具体表现在：在管理体制上强调立法与放权，供给主体上借力市场与社会；在递送模式上倾向社区居家服务；在服务内容上推动专业化、标准化、精细化；在质量控制上注重服务结果评价；在保障水平上坚持适度可持续。[①]

2. 医疗卫生服务。国外医疗资源配置的特点是分级诊疗，无论是英国的全科医生制度，还是美国的社区首诊和管理化保健，下沉到社区的基层医疗机构都承担大部分医疗任务，大医院只需专注于重大疾病、疑难杂症以及由基层社区医疗中心转诊的病人。建立以社区卫生服务为基础的综合性医疗保健体系是国际趋势。

3. 社区教育。国外社区教育发展较为成熟，但根据国情和需要，定位有所不同。美国主要通过社区学院来施行社区教育，强调立足社

---

① 王杰秀等：《发达国家养老服务发展状况及借鉴》，《社会政策研究》2018年第9期。

区、服务社区，注重职业教育，以实用性为导向。北欧国家则更偏向于人文主义，如丹麦的民众教育，致力于营造"自治"和"自愿"的学习氛围。日本的社区教育更偏向民族主义，旨在促进民族团结、提高国民素质。而移民国家新加坡的社区教育则更为多元，其教育目标是促进多民族的沟通与融合。

（4）公共安全服务。城市公共安全服务也需要社会化和专业化。在英国，公共安全服务由政府部门、警务部门、社区居民、慈善组织、私人企业等利益相关者互动协作，形成一种复合型的制度安排，如睦邻警察、邻里守望等，"社会化"警务推动形成"人人有责"的社会氛围。美国以大数据、信息技术驱动的社区警务致力于实现"预测犯罪"和"无形控制"，大大提高了警务效能。

四　国外基层社会治理的启示与借鉴

国外基层社会治理理论和公共政策，皆发生于特定历史时期，侧重于解决特定社会问题，对中国基层社会治理来说，其做法不可照搬，但有关社区治理的内在机理和具体做法仍有颇多可资借鉴之处。

（一）建立健全多元共治机制

从国外经验来看，其基础社会治理总体上是一个政府宏观调控、多方治理主体互动博弈的过程。党的十九届四中全会提出现代社会治理的新型格局，其核心就是要树立大社会观、大治理观，将党总揽全局、协调各方的政治优势同政府的资源整合优势、企业的市场竞争优势、社会组织的群众动员优势有机结合起来，打造全民参与的开放治理体系。

一是党建引领夯实社区平台。建立健全党建引领组织架构，构筑以社区党组织为领导核心，社区居委会、业主委员会、物业服务企业、驻区单位、群众团体、社会组织共同参与的"1＋6"社区治理模式；深化街道党工委与驻区单位党建共建，以区域党建协调委员会、党建联席会为平台，明确共建任务清单。

二是建设以有为政府、有效市场、有序社会为支撑的治理格局。加快政府职能转型，寻求从主导型政府向主导型与培育型（包括对人力资本与社会资本的培育）兼有的角色重塑，以及从直接干预向直接干预与间接影响相结合的方式转变；培养相关主体责任意识。一方面要防止政府大包大揽对市场和社会力量的挤出；另一方面要防止市场和社会力量向政府进行成本转嫁和养成"福利依赖"。

三是开拓公众参与机制和渠道。进一步推进社区民主协商活动，创新党员议事会、物业联席会、网格协商、微信群线上协商等多种形式，为居民表达意见、反映需求、提出建议提供合法渠道。

（二）增强基层社区治理能力

社区是国家治理的基层空间，社区治理反映了基层运行的逻辑。[①]

我国的社区治理主要存在行政界限不清、职责分工不明、社会参与不足等诸多问题。

一是厘清社区治理体制机制。国外政府一般不直接领导和干预社区事务，而是借助于半官方性质的"基础组织"（如日本的町内会、新加坡的人民协会）构建与社区生活相关的组织和利益结构。这在一定程度上能够缓解国家政策"不接地气"的问题，促使国家与社会实现真正"嵌入"。

二是以社区为平台，提升公共服务递送的范围和质量。社区民生是一个"受益包"，存在权责分工与分担问题。针对社区居民最关注的养老、医疗、教育、安全等公共服务事项，政府应不断加大基础设施投入，丰富服务项目和选择；建立社区服务需求表达机制和供给决策机制，合理规划、科学评估政府购买服务项目；灵活运用 PPP 手段，通过特许经营、供给端开放和政府主动让利，撬动社会资本参与

---

① 宋道雷：《国家治理的基层逻辑：社区治理的理论、阶段与模式》，《行政论坛》2017 年第 5 期。

投资。

三是强化"循数治理",即遵循数据进行治理。理念,提升基层治理能力。整合各部门资料数据,建立集民政、工商、人社、环保、公安等多个部门于一体的"大数据中心",通过数据公开和数据分享,促进各部门间的数据按需流动。同时,通过深挖大数据,准确发现和预测群众的公共服务需求,并针对性地予以满足。

(三) 提高社区依法办事能力

"法者,治之端也。"国外基层社会治理所体现的"底线思维",其前提和实质是依法办事。目前我国基层社会治理的难点之一就是邻里纠纷、物业纠纷。针对居民反应强烈的噪音问题、宠物问题、污染问题,地方政府和社区"不想管、不会管、管不了"的现象十分普遍,其原因在于缺乏依法办事的思维和执行落实的能力,社会矛盾化解机制亟待创新。

法治是规则之治,更是良法之治。党的十九大提出,基层社会治理要提高社区依法办事能力,提升社区法治思维理念。这不仅要求从国家立法的高度,以刚性法律法规为社会主体划定底线;而且要求从公民立约的角度,以软法规范个体行为,以美德唤起共同体意识。软硬兼施,将矛盾消解于未然。

一是完善硬法。健全立法体系,特别是民生领域的立法。有立法权的地方要结合当地实际和社会关注,出台相关地方性法规,以良法保障人民正当权益;探索促进社区治理创新的政策机制,同时对破坏与损害社区发展的主体及行为采取限制性或惩罚性措施;严格执法。明确执法主体,强化执法刚性,适当下放处置权力。加大处罚力度,加强威慑力度;大力普法。促进基层法治建设,开展法治宣传教育和法律进社区活动,让普法活动下沉一线,更加接地气、见实效。

二是培育软法。通过多元协商、开放共赢的创新机制,引导制定业主公约、文明公约等软法条例,促进社区治理在取得广泛共识的基础上高效、规范、有序地运行。

（四）创新社区资源开发利用

基层社会治理受制于地方经济增长与财政投入，同时也受到社区自然禀赋和内部资源的影响。目前，我国许多社区都存在建设主体单一、内在驱动乏力、"等靠要"思想严重等问题。社区资本的概念及其实践提供了一个社区发展的新视角。

一是重新认识社区资本，有效管理与运作。社区资本有强有弱但不存在优劣，一些弱势群体、闲置资产同样深藏着能够推动社区发展的能量。如，荒废的土地及商铺可能潜藏商机，传统生活和行为方式具有文化传承的价值。需要做的就是发现和认识这些资源并促发行动，通过不同的策略有效管理、配置和运作，使社区资本最大限度地增值。

二是提升社区居民自我建设的意识和能力。鼓励社区（特别是贫困社区及群体）积极的自我评价，通过举办社区文体娱乐活动或引入专家团队，挖掘与提升社区的人力资本、文化资本和社会资本。

三是加强社区组织协作。资产为本的社区发展最终需要以组织的形式来推动。在我国，社区内组织包括正式组织和非正式组织，正式组织是社区发展的权利主体，非正式组织是社区发展的行为主体和利益主体。两者的联系与协作有助于形成合力，共同促进集体行动的可持续性。

（五）重视乡村过疏地区振兴

中国目前部分乡村存在着的"空心化"与日本20世纪80年代的乡村过疏化有相似之处。日本在应对过疏化过程中走过的弯路、积累的经验，对中国的乡村治理具有一定的借鉴价值。

一是培养新型农民，建设乡村人才队伍。开展农业技术培训和职业教育，培养"有文化、懂技术、会经营"的新型农民；发展多形态新农业，拓展就业空间，为青壮年留乡就业、返乡就业提供条件和便利。

另外，发展特色农业，完善产业化经营机制。挖掘本地特色资源，并将其转化为产业优势，打造品牌；建立合理的利益分配机制，真正使农民受益。

二是针对性地加强社会服务，为居民生活提供便利。加大投入，优先保障乡村基础设施建设；通过建设"中心村"或小型村落的方式，集中开展公共服务；推进城乡融合、互助联盟，以强带弱。

三是传承历史文化，保护地方特色。重视、保护、传承和弘扬历史文化、传统工艺；探索文化体验型乡村旅游模式，提高乡土文化的认知度和认同感。

（六）提升基层应急管理能力

基层应急管理能力弱小，往往加重城市应对突发灾害的困难。我国虽已建立了"一案三制"的应急管理制度体系，但从大的方面来说，社区层面的应急管理法规体系欠缺、应急机构和设施不完善、社会风险意识淡薄、社区居民自救能力低等问题仍普遍存在。基层应急管理能力亟待提高。

一是健全社区应急管理法律法规。国外的经验是"依法应急"，通过立章建制、动态修订，保证社区应急管理工作在法律法规的指导下有序进行。

二是建立社应急机构协作机制。打破条块限制，建立应急管理的专门机构，提高横向资源的整合与配置能力；鼓励多元化的社会应急组织发展，特别注重培育民间高素质的应急志愿者队伍。

三是形成互助型社区应急文化。运用各种途径进行社区安全教育与培训，培养社区居民的应急意识；定期开展应急演练（火灾、地震等）演习活动，使应急管理常态化；形成针对老弱病残群体的常态化帮扶，并为特殊时期的救援和救助做好预案，如指定责任主体。

四是加强社区应急网络与设施建设。一方面，在社区建设规划中融入防灾理念，提高安全设施的日常利用率；另一方面，建设完善应急管理网络平台，实现信息和资源的互通共享。

参考文献

一 中文著作

蔡林海：《老化预防、老年康复与居家养老》，上海科技教育出版社 2012 年版。

曹荣湘：《走出囚徒困境——社会资本与制度分析》，上海三联书店 2003 年版。

曹现强、王佃利：《公共管理学概论》，中国人民大学出版社 2007 年版。

陈洁：《医院管理学》，人民卫生出版社 2005 年版。

陈卫佐：《德国民法典》，法律出版社 2004 年版。

褚蓥：《美国公共慈善组织法律规则》，知识产权出版社 2015 年版。

范愉、李浩：《纠纷解决——理论、制度与技能》，清华大学出版社 2010 年版。

冯英：《外国的慈善组织》，中国社会出版社 2008 年版。

冈部守、章政：《日本农业概论》，中国农业出版社 2004 年版。

金锦萍：《非营利组织法译汇英国慈善法》，社会科学文献出版社 2017 年版。

李亚虹：《美国侵权法》，法律出版社 1999 年版。

罗豪才、宋功德：《软法亦法——公共治理呼唤软法之治》，法律出版社 2009 年版。

彭小兵：《公益慈善事业管理》，南京大学出版社 2012 年版。

潘泽泉：《行动中的社区建设转型和发展》，中国人民大学出版社

2014 年版。

石国亮、张超、徐子梁：《国外公共服务理论与实践》，中国言实出版社 2011 年版。

陶希东：《全球城市区域跨界治理模式与经验》，东南大学出版社 2014 年版。

王浦劬、［美］莱斯特·M. 萨拉蒙：《政府向社会组织购买公共服务研究——中国与全球经验分析》，北京大学出版社 2010 年版。

王振耀：《国外救灾救助法规汇编》，中国社会出版社 2004 年版。

王书江：《日本民法典》，中国法制出版社 2000 年版。

王思斌：《社会工作概论》，高等教育出版社 2014 年版。

魏后凯：《中国农村发展报告（2018）——新时代乡村全面振兴之路》，中国社会科学出版社 2018 年版。

夏建中、［美］特里·N. 克拉克等：《社区社会组织发展模式研究：中国与全球经验分析》，中国社会出版社 2011 年版。

谢芳：《美国社区》，中国社会出版社 2004 年版。

张金岭：《法国社团组织的现状与发展》，《中国民间组织报告（2011—2012）》，社会科学文献出版社 2012 年版。

周湘斌、田绪永：《中国社会工作》，河南人民出版社 2002 年版。

周志忍：《当代国外行政体制改革比较研究》，国家行政出版社 1999 年版。

中国现代国际关系研究院课题组：《外国非政府组织概况》，时事出版社 2010 年版。

中国发展研究基金会"日本养老与医疗"调研组：《日本长期护理保险制度及经验借鉴》，［2018 年第 158 号（总 5433 号）］。

二　中文译著

［英］安东尼·吉登斯：《现代性的后果》，田禾译，译林出版社 2000 年版。

［美］贝奇·布查特·阿德勒：《美国慈善法指南》，NPO 信息咨询中

心译，中国社会科学出版社 2002 年版。

［美］理查德·C. 博克斯：《公民治理：引领 21 世纪的美国社区》，孙柏瑛译，中国人民大学出版社 2014 年版。

［美］莱斯特·M. 萨拉蒙、［美］S. 沃加斯·索可洛斯基等：《全球公民社会：非营利部门国际指数》，陈一梅等译，北京大学出版社 2007 年版。

［英］杰瑞·莱特克里菲：《情报主导警务》，崔嵩译，中国人民公安大学出版社 2010 年版。

［美］雷克斯福特·E. 桑特雷、［美］史蒂芬·P. 纽恩：《卫生经济学——理论、案例和产业研究》，程晓明译，北京大学医学出版社 2006 年版。

［美］利维：《现代城市规划》，孙景秋等译，中国人民大学出版社 2003 年版。

［法］卢梭：《社会契约论》，黄小彦译，译林出版社 2014 年版。

［美］帕特南：《使民主运转起来：现代意大利的公民传统》，王列、赖海榕译，江西人民出版社 2001 年版。

［美］乔尔·科特金：《全球城市史》，王旭等译，社会科学文献出版社 2010 年版。

［美］乔尔·L·弗雷施曼：《基金会：美国的秘密》，北京师范大学社会发展与公共政策学院社会公益中心译，上海财经大学出版社 2013 年版。

［德］滕尼斯：《共同体与社会》，林荣远译，商务印书馆 1999 年版。

［日］森冈清美：《新社会学辞典》，有斐阁 1993 年版。

［日］内藤正中：《过疏和新产都》，今井书店 1968 年版。

［日］内藤正中：《过疏问题和地方自治体》，多贺出版社 1991 年版。

三　中文期刊

巴曙松：《活跃的美国社区金融》，《银行家》2002 年第 9 期。

Buschmann Schultz：《中国城镇化可借鉴德国》，《中国房地产业》

2013 年第 7 期。

曹瑾、堀口正、焦必方等：《日本过疏化地区的新动向：特征、治理措施及启示》，《中国农村经济》2017 年第 7 期。

曹永红、丁建定：《日本社会养老服务体系发展及介护服务人才培养镜像》，《中国社会工作》2018 年第 16 期。

曹震男：《基于新形势下提升医疗服务质量的思考》，《产业与科技论坛》2018 年第 24 期。

迟福林：《新阶段政府购买公共服务的几个问题》，《中国机构改革与管理》2014 年第 5 期。

陈丹妮：《政府灾害应急管理体系的国际比较研究》，《防灾科技学院学报》2009 年第 1 期。

陈鲁南：《当前美国社工职业状况》，《中国社会导刊》2007 年第 12 期。

陈晗婧：《数据驱动的美国社区警务及对我国治安防控工作的启示》，《福建警察学院学报》2018 年第 4 期。

陈鸣声、周俊：《国际健康养老服务提供模式及对我国的启示》，《医学与社会》2018 年第 5 期。

陈文涛：《国外社区灾害应急模式概述》，《中国职业安全健康协会 2007 年学术年会论文集》，2007 年。

陈为：《日本过疏农山村的振兴及其对中国农村现代化的启示——以日本国福岛县三岛町为例》，《广西师院学报》1999 年第 1 期。

陈为：《日本一个人口过疏农山村的振兴》，《乡镇论坛》2000 年第 12 期。

陈霞：《新加坡社区管理借鉴》，《领导之友》2011 年第 10 期。

陈旸等：《英国养老设施医养结合模式分析及经验借鉴》，《建筑学报》2016 年第 16 期。

陈亚蕾：《新公共管理视域下我国社区警务改革研究——以西方经验为鉴》，《铁道警察学院学报》2014 年第 4 期。

程永明：《企业的社区志愿者活动——以日本为例》，《社会工作》

2010 年第 2 期。

宋宇翔：《美国志愿者服务机制探究与启示》，《攀登》2016 年第 4 期。

邓大松、王凯：《日韩英美社区居家养老模式深度分析》，《中国房地产》2017 年第 17 期。

丁开杰：《英国志愿组织联盟与志愿者参与实践——以英格兰志愿组织理事会（NCVO）为例》，《理论月刊》2009 年第 3 期。

党秀云：《论志愿服务的常态化与可持续发展》，《中国行政管理》2011 年第 3 期。

董希森：《发展社区银行应重点实施三措施》，《金融时报》2019 年 1 月 21 日。

高强、赵海：《日本农业经营体系构建及对我国的启示》，《现代日本经济》2015 年第 3 期。

顾桂兰：《国外民众防灾教育》，《城市与减灾》2013 年第 2 期。

郭珏：《德、美两国现代社会工作理论的比较研究》，《社会工作》2013 年第 4 期。

韩铁英：《日本町内会的组织和功能浅析》，《日本学刊》2002 年第 1 期。

韩雅煌等：《英国、日本社区养老服务经验对我国的启示》，《中国初级卫生保健》2016 年第 4 期。

郝健：《城市社区软治理破题》，《人民论坛》2014 年第 19 期。

郝晓宁、李士雪、李湘江：《美国社区卫生服务运行机制和管理模式研究》，《医学与哲学》（人文社会医学版）2006 年第 8 期。

郝运、王姗：《浅析当代美国大学志愿服务的运行机制》，《外国教育研究》2010 年第 4 期。

胡灿伟：《新加坡家庭养老模式及其启示》，《云南民族大学学报》（哲学社会科学版）2003 年第 3 期。

胡霞：《日本过疏地区开发方式及政策的演变》，《日本学刊》2007 年第 5 期。

胡仙芝：《自由、法治、经济杠杆：社会组织管理框架和思路——来自法国非营利社团组织法的启示》，《国家行政学院学报》2008 年第 4 期。

黄存瑞、叶文彬、李国鸿：《英国社区服务制度及其启示》，《国外医学》（卫生经济分册）2004 年第 4 期。

黄辉：《论美国乡村自治法律制度——以〈纽约乡村法〉为例》，《当代法学》2009 年第 1 期。

黄瓴：《从"需求为本"到"资产为本"——当代美国社区发展研究的启示》，《室内设计》2012 年第 5 期。

黄晴、刘华兴：《治理术视域下的社区治理与政府角色重构：英国社区治理经验与启示》，《中国行政管理》2018 年第 2 期。

黄晓鹏：《美国志愿服务观察及其启示》，《中国青年研究》2012 年第 11 期。

黄燕婷、兰华礼：《依托民间文化社团推动社会主义核心价值观大众化》，《广西教育学院学报》2018 年第 6 期。

贾西津：《"伙伴关系"——英国政府与社会关系的启示》，《学会》2006 年第 6 期。

焦必方：《伴生于经济高速增长的日本过疏化地区现状及特点分析》，《中国农村经济》2004 年第 8 期。

焦必方：《当前日本农地规模化经营的主要形式》，《上海农村经济》2009 年第 9 期。

金煜：《洛杉矶抗霾 70 年》，《新京报》2012 年 1 月 15 日。

孔娜娜、张大维：《美国的社区建设是如何展开的》，《社区》2007 年第 15 期。

李安君：《建立健全打防管控一体化的社会治安防控体系研究》，《辽宁公安司法管理干部学院学报》2010 年第 4 期。

李伯杰：《"三个德国人，必有一社团"》，《读书》2015 年第 10 期。

李国荣、郭爽、蓝建中：《国外家庭农场：小农场，大农业》，《农村·农业·农民（B 版）》2013 年第 10 期。

李娟:《日本的防灾抗灾机制与灾害救助中的社会工作》,《大视野》2010 年第 10 期。

李礼:《城市公共安全服务供给的合作网络》,《中国行政管理》2011 年第 7 期。

李林凤:《从"候鸟"到"留鸟"——论城市少数民族流动人口的社会融合》,《贵州民族研究》2011 年第 1 期。

李敏兰:《新加坡社工社会服务经验与启示》,《中国社会工作》2011 年第 12 期。

李姗:《德国社区印象》,《中国社区报》2016 年 1 月 28 日。

李潇:《德国"区域公园"战略实践及其启示——一种弹性区域管治工具》,《规划师》2014 年第 5 期。

李肖明:《英国警务中的志愿者活动》,《现代世界警察》2017 年第 5 期。

李鑫:《中外社区治安管理对策的比较——以西方社区邻里守望和中国群防群治为例》,《四川警察学院学报》2010 年第 8 期。

李义勤:《新加坡的志愿服务制度》,《中国社会组织》2017 年第 8 期。

李迎生:《英国社会工作教育发展概况及其启示》,《华东理工大学学报（社会科学版）》2007 年第 3 期。

李政辉:《慈善组织监管机构的国际比较与启示》,《北京行政学院学报》2016 年第 1 期。

厉以贤:《社区教育的理念》,《教育研究》1999 年第 3 期。

林家彬:《日本防灾减灾体系考察报告》,《城市发展研究》2002 年第 3 期。

刘冰新:《从新加坡的护理实践看我国延续性护理的开展》,《全科护理》2019 年第 10 期。

刘畅:《美国加州南海岸区域清洁空气激励市场项目概况及进展》,《环境科学与管理》2011 年第 6 期。

刘玲玲、史兵、刘承水等:《推动社会工作者专业化职业化——美国经验及启示》，《社会工作》2014 年第 1 期。

刘思思：《美国城市社区公共安全服务供给经验及启示》，《新西部》
（理论版）2014 年第 18 期。

刘原兵：《实现区域与学生的共同发展——以日本大学志愿者教育为
核心的考察》，《洛阳师范学院》2014 年第 1 期。

柳拯、黄胜伟、刘东升：《中国社会工作本土化发展现状与前景》，
《广东工业大学学报》（社会科学版）2012 年第 4 期。

卢学晖：《日本社区治理的模式、理念与结构——以混合型模式为中
心的分析》，《日本研究》2015 年第 2 期。

陆素菊：《社会工作者职业化和专业化的现状及对策》，《教育发展研
究》2005 年第 10 期。

罗豪才、宋功德：《认真对待软法——公域软法的一般理论及其中国
实践》，《中国法学》2006 年第 2 期。

吕外：《美国政府公共服务购买模式及其启示》，《长江论坛》2013 年
第 5 期。

马广志：《政府购买公共服务的欧美模式》，《华夏时报》2014 年 2 月
26 日。

梅诗晔：《台湾、新加坡的双向转诊制度及启示》，《医学与哲学》
2013 年第 12A 期。

倪赤丹、苏敏：《英国社区发展经验及对当代中国的借鉴》，《理论
界》2013 年第 1 期。

［英］尼古拉斯·迪金：《政府、民间团体和企业在英国社会福利中
的协作伙伴关系》，《行政管理改革》2010 年第 7 期。

牛坤玉、李思经、钟珏：《日本乡村振兴路径分析及对中国的启示》，
《世界农业》2018 年第 10 期。

潘梦琳：《基于内生式发展模式的乡村振兴途径研究》，《中国名城》
2018 年第 4 期。

彭兵：《合法性、策略和组织局限：国外社区组织的生发逻辑》，《浙
江社会科学》2015 年第 4 期。

彭思敏：《美国社会工作教育及实务体系发展见闻》，《中国社会工作》2017 年第 25 期。

彭思敏：《对新加坡社会工作的点滴体会》，《中国社会工作》2017 年第 1 期。

钱洁：《西方国家警务协同治理对中国的启示》，《中国人民公安大学学报（社会科学版）》2015 年第 2 期。

饶传坤：《日本农村过疏化的动力机制、政策措施及其对我国农村建设的启示》，《浙江大学学报》（人文社会科学版）2007 年第 6 期。

任朋朋、张丹华等：《国外村庄规划中文化要素的处理》，《城乡建设》2012 年第 2 期。

荣莉、冯少勤，余宜珂：《日本"故乡纳税"的评析与借鉴》，《税务研究》2018 年第 7 期。

沈红：《穷人主体建构与社区性制度创新》，《社会学研究》2002 年第 1 期。

邵祖峰等：《对"大治安，一警多能"现象的反思》，《净月学刊》2015 年第 1 期。

上官莉娜：《整体治理视野下的法国市镇联合体》，《江汉论坛》2012 年第 7 期。

石国亮：《国外政府与非营利组织合作的新形式——基于英国、加拿大、澳大利亚三国实践创新的分析与展望》，《四川师范大学学报》（社会科学版）2012 年第 3 期。

石玲：《英国养老服务政策对中国的启示》，《福利中国》2018 年第 6 期。

宋雄伟：《英国公民治理的形与实》，《学习时报》，2012 年 8 月。

宋云超：《关于借鉴日本应急志愿服务机制的思考》，《法制与社会》2014 年第 9 期。

宋迎昌：《美国的大都市区管治模式及其经验借鉴——以洛杉矶、华盛顿、路易斯维尔为例》，《城市规划》2004 年第 5 期。

陶希东：《"大上海"空气跨界治理设想》，《东方早报》2013 年 3 月

5 日。

唐桂娟：《美国应急管理全社区模式：策略、路径与经验》，《学术交流》2015 年第 4 期。

田毅鹏：《20 世纪下半叶日本的"过疏对策"与地域协调发展》，《当代亚太》2006 年第 7 期。

田毅鹏：《乡村过疏化背景下村落社会原子化及其对策——以日本为例》，《新视野》2016 年第 6 期。

万江、余涵、吴茵：《国外养老模式比较研究——以美国、丹麦、日本为例》，《南方建筑》2013 年第 2 期。

王大伟：《英国警察在社区警务中有板有眼》，《社区》2001 年第 10 期。

王大伟、孙中华：《从英国警务革命看我国公安改革热点》，《江苏警官学院学报》2003 年第 9 期。

王菲、王福山：《香港与英美社会工作专业化模式比较研究》，《西安石油大学学报》（社会科学版）2014 年第 4 期。

王宏伟：《日本集落营农组织研究》，《世界农业》2015 年第 11 期。

王兰、叶启明、蒋希冀：《迈向全球城市区域发展的芝加哥战略规划》，《国际城市规划》2015 年第 4 期。

王雷、祖运奇：《日本小城镇的过疏化衰败现象及其对策》，《华中建筑》2016 年第 11 期。

王杰秀等：《发达国家养老服务发展状况及借鉴》，《社会保障制度》2018 年第 9 期。

王坤、朱俊峰：《村庄经营：会成为中国农业又一个新型经营主体吗？——日本的发展与中国案例》，《世界农业》2017 年第 4 期。

王世强：《英国慈善组织的法律形式及登记管理》，《社团管理研究》2012 年第 8 期。

汪梦：《议法国 1901 非营利性社团法》，《理论界》2010 年第 1 期。

王树文、韩鑫红：《德国公共服务提供的市场化改革的启示》，《济南大学学报（社会科学版)》2015 年第 2 期。

魏爽：《美国社会工作执照考试分层制度对我国社会工作专业人才培养的启示》，《北京联合大学学报》2016 年第 2 期。

韦钦云：《美国退伍军人就业培训概况及其启示》，《山东人力资源和社会保障》2012 年第 9 期。

文军、黄锐：《论资产为本的社区发展模式及其对中国的启示》，《湖南师范大学社会科学学报》2008 年第 6 期。

文雅：《加拿大社会工作的发展、现状及挑战》，《社会工作》2014 年第 1 期。

吴迪：《居家养老服务中的非营利组织：日本经验及其中国启示》，《湖北行政学院学报》2015 年第 1 期。

吴帆、周镇忠、刘叶：《政府购买服务的美国经验及其对中国的借鉴意义——基于对一个公共服务个案的观察》，《公共行政评论》2016 年第 4 期。

武洁水、叶飞霞：《国外社区教育的特色及其对我国的启示》，《中国远程教育》2013 年第 5 期。

吴晓林、郝丽娜：《国外社区治理研究的理论考察》，《中国民政》2015 年第 23 期。

吴珍彩：《日本乡村振兴实现路径及对中国的启示》，《河南牧业经济学院学报》2018 年第 5 期。

邬德平：《基督新教与美国早期社会稳定》，《湖南科技学院学报》2010 年第 3 期。

伍国春：《日本互动型防灾减灾志愿者制度建设研究》，《国际地震动态》2010 年第 7 期。

夏国永：《国外政府与社会组织合作治理的经验借鉴与启示》，《经济研究导刊》2012 年第 6 期。

夏军等：《英国社区"睦邻友好警务"及启示》，《上海公安高等专科学校学报》2017 年第 12 期。

夏涛：《英美两国社区公共服务探析》，《商场现代化》2007 年第 20 期。

谢芳：《美国的退休社区与"居家援助式"养老模式》，《社会》2004
年第 12 期。

谢志强、周平：《社区建设中的社会组织作用研究——以上海为例》，
《北京师范大学学报》2017 年第 3 期。

辛华：《美国志愿服务组织成长中的政府角色》，《中国社会工作》
2014 年第 3 期。

薛克勋：《公共安全服务中的政府响应机制研究：对某沿海城市一般
紧急事件报警情况的调查》，《武汉大学学报》2004 年第 2 期。

薛欢：《浅析有权利能力的社团——读梅迪库斯〈德国民法总论〉有
感》，《法制与社会》2010 年第 30 期。

徐道稳：《积极升级社会工作职业化水平》，《中国社会科学报》2017
年 4 月 26 日。

杨金蔚：《社会工作证照制度比较与借鉴》，《南方论坛》2017 年第
12 期。

叶秀仁、王晓先、刘静林：《专职社工制度立法研究》，民政部政策研
究中心，2013 年 3 月 8 日。

佚名：《美国养狗规矩很多》，《健康博览》2006 年第 12 期。

佚名：《致公党中央：将"积极老龄化"上升为国家战略》，《二十一
世纪经济报道》2018 年 2 月 27 日。

佚名：《英国伦敦道克兰地区城市更新案例研究》，百度文库 2014 年
4 月 8 日。

殷洁、彭仲仁：《积极老龄化：美国活跃退休社区对中国养老社区建
设的启示》，《国际城市规划》2017 年第 6 期。

郁建兴、金蕾：《法国地方治理体系中的市镇联合体》，《中共浙江省
委党校学报》2006 年第 1 期。

余红星、冯友梅，等：《医疗机构分工协作的国际经验及启示——基
于英国、德国、新加坡和美国的分析》，《中国卫生政策研究》
2014 年第 6 期。

于立深：《城市家养动物自由的行政法规制——美国经验的中国借

鉴》，《华东政法大学学报》2018 年第 5 期。

俞祖成：《日本非营利组织：法制建设与改革动向》，《中国机构改革与管理》2016 年第 7 期。

岳金柱、宋珊、何桦：《新加坡志愿服务主要经验做法及其启示》，《社团管理研究》2012 年第 12 期。

张红梅：《新加坡医疗保障体系的特点及启示》，《全科护理》2015 年第 21 期。

张俊浦：《日本养老经验对我国社会养老服务体系建设的启示》，《改革与战略》2014 年第 8 期。

张鲁康：《英美社区医疗服务模式比较及对我国的启示》，《当代经济》2017 年第 18 期。

张敏杰：《欧美志愿服务考察工作》，《青年研究》1997 年第 5 期。

张强、张玮琪：《多中心治理框架下的社区养老服务——美国经验及启示》，《国家行政学院学报》2014 年第 4 期。

张素娟：《国外减灾型社区建设模式概述》，《中国减灾》2014 年第 1 期。

张威：《大数据时代犯罪防控困境及出路探讨》，《铁道警察学院学报》2018 年第 2 期。

张威：《德国社会工作立法的演变特征》，《中国社会工作》2016 年第 13 期。

张卫国：《美国养老社区研究》，《世界经济与政治论坛》2012 年第 5 期。

张贤木、聂志平：《英美新三国社区医疗服务模式及借鉴——以农村空巢老人医疗服务为视角》，《老区建设》2017 年第 18 期。

张暄：《日本特色的社区教育》，《科技传播》2009 年第 8 期。

张旭升、林卡：《"成功老龄化"理念及其政策含义》，《社会科学战线》2015 年第 2 期。

张颖、李永辉：《国外全科医生的特点及启迪》，《中华医院管理杂志》2005 年第 3 期。

张雨明：《日本社会工作的专业资格培养》，《中国社会工作》2014 年第 7 期。

章光明、黄文志：《大数据在犯罪侦查中的应用》，《上海公安高等专科学校学报》2016 年第 2 期。

赵广俊：《美国人养犬先要研读法律》，《法制日报》2006 年 10 月18 日。

赵秋月、李冰：《美国南加州空气质量管理经验及启示》，《环境保护》2013 年第 16 期。

郑琦：《社会组织监管：美国的经验与启示》，《社会主义研究》2013 年第 2 期。

朱凤梅：《新加坡养老保障体系：制度安排、政府角色及启示》，《社会政策研究》2018 年第 1 期。

朱敏：《日本社会工作职业化及其启示》，《兰州学刊》2012 年第12 期。

朱静：《养老地产的"美国梦"》，《新理财》（政府理财）2011 年第 8期。

中国疾病预防控制中心：《亚洲减少灾害风险北京行动计划》，《中国减灾》2005 年第 11 期。

周晨虹：《内生的社区发展："资产为本"的社区发展理论与实践路径》，《社会工作》2014 年第 4 期。

周贤日：《慈善信托：英美法例与中国探索》，《华南师范大学学报》（社会科学版）2017 年第 2 期。

周湘斌：《关于英国社会工作资格教育的考察与思考》，《北京科技大学学报》（社会科学版）2003 年第 1 期。

周向红、齐超：《加拿大多伦多平安建设的经验及对我国的启示》，《青少年犯罪问题》2006 年第 6 期。

邹丽琼：《走向善治：美国城市社区治理模式及其启示》，《中国社会报》2014 年 6 月 3 日。

左彦鹏：《美国社区学院的发展历程及办学经验》，《中国职业技术教育》2003 年第 11 期。

四 英文文献

Administrative Divisions of France, from Wikipedia, *the Free Encyclopedia*, http：//en. wikipedia. org/wiki/Administrative divisions of France.

Alistair Cole & Peter John, *Local Governance in England and France*, London：Routledge, 2001.

Bookman A. , "Innovative Models of Aging in Place：Transforming Our Communities for an Aging Population", *Community, Work & Family*, 2008, Vol. 11, No. 4.

Burkard Eberlein, "French Center-Periphery Relations and Science Park Development：Local Policy Initiatives and Intergovernmental Policymaking", *Governance：An International Journal of Policy and Administration*, 1996, Vol. 9, No. 4.

Francis S. , "The Effective of European Community Law：Institutions, Process, Tools and Techniques", *Modern Law Review*, 1993, Vol. 56, No. 1.

Gray Paul Green & Anna Haines, *Asset Building and Community Development*, Stage Publications, 2012.

Great Britain. , *Dept of Social Security New Ambitions for our Country：a New Contract for Welfare*, Secretary of State for Social Security and Minister for Welfare Reform, London：Stationery Office, 1998.

John Kretzmunn & John McKnight, *Building Communities from Inside Out：a Path toward Finding and Mobilizing a Community's Assets*, Chicago：ACTA Publications.

Joseph S. Nye & John D. Donahue edited, *Governance in a Globalizing World*, Brookings Institution Press, 2000.

Justin F. Marceau, "Killing for Your Dog", *George Washington Law Review*, Vol. 83, Issue 3, April 2015.

Mattessich，P. W. & B. Monsey，*Community Building*：*What Makes it Work—A Review of Factors Influencing Successful Community Building*，Minnersota：Amherst H. Wilder Foundation，1997.

Miller，M.，Grover，K. S. & Kacirek，K.，"The Organization and Structure of Community Education Offerings in Community Colleges"，*Community College Journal of Research and Practice*，2014，Vol. 38，No. 2.

Municipal Code of Chicago，Chapter7-Animal Care and Control，7-12-020 Definitions.

Olive. M. Forward，*Asset for the Poor*：*The Benefit of Spreading Asset Ownship*，New York：Russell Sage Foundation，2001.

Our Towns and Cities：*The Future-Delivering an Urban Renaissance*，London：DETR 2000.

The UK Voluntary Sector Almanac 2006，*The* 2006 *State of the Sector*，National Council for Voluntary Organizations.

Tracey P.，Phillips N.，Haugh H.，*Beyond Philanthropy*：*Community Enterprise as a Basis for Corporate Citizenship*，Journal Of Business Ethics，Springer，Van Godewijckstraat 30，3311 Gz Dordrecht，Netherlands，2005，Vol. 58，No. 4.

Urian Edelenbos，Ingmar van Meerkerk，Todd Schenk，"The Evolution of Community Self-Organization in Interaction With Government Institutions：Cross-Case Insights From Three Countries，Cross-Case Insights from Three Countries"，*American Review of Public Administration*，2016.

Walter J. Nicholls，"Power and Governance：Metropolitan Governance in France"，*Urban Studies*，2005，Vol . 42，No. 4.

五 网络文献

冯婧：《日本的乡村问题："逆城市化"是最后的选择吗?》，澎湃新闻网 2019 年 4 月 4 日，https：//www. thepaper. cn/newsDetail_ forward_ 3247828。

黄蕾：《政府工作报告首提发展社区银行 与你想的概念或不一样》，经济观察网 2019 年 3 月 9 日，https：//baijiahao. baidu. com/s？id = 1627496124899390367&wfr = spider&for = pc。

陈春华：《英国的长期照护体系》，《中国发展简报》2018 年 11 月 22 日，http：//www. chinadevelopmentbrief. org. cn/news-22241. html.。

中国财政部国际司：《英国、法国社会组织发展与管理体制情况介绍》，http：//gjs. mof. gov. cn/pindaoliebiao/cjgj/201308/t20130821_980382. html.。

中国扶贫基金会：《中国扶贫基金会 2017 年度报告》，http：//www. cfpa. org. cn/information/institution. aspx？typeid = 1。

联合国：《联合国老龄化议题：老龄问题国际行动计划》，http：//www. un. org/chinese/events/ageing/ecn5-01pcl9. pdf. 2002。

中国政府网：《中华人民共和国突发事件应对法》，2018 年 3 月 27 日，http：//www. chinasafety. gov. cn/fw/flfgbz/201803/t20180327 _ 2317 75. shtml.。

美国司法部诊断中心，ABOUT US，https：//www. ojpdiagnosticcenter. org/。

美国国家司法研究所，ABOUT Crime Solution. gov，https：//www. crimes-olutions. gov/about. aspx。

日本国际基督教大学志愿者教育服务中心主页 http：//sub-site. icu. ac. jp /slc /j/about_ icu. html.。

Westway Development Trust 企业官网：http：//www. westway. org。

滋贺县立大学主页 http：//ohmirakuza. net/。